厩舎力

陣営のクセを掴めば
馬券は面白いように当たる！

村山弘樹 著
JRDB 監修

「パラダイムシフト」という言葉があります。ある分野において、常識であった思考や価値観（パラダイム）が、あることを境に劇的に転換（シフト）するという意味です。例を挙げると、インターネットの登場がわかりやすいでしょう。私たちの趣味嗜好、ワークスタイルを一変させた出来事といえます。

競馬ではどうでしょうか。まずは、90年代半ば、大種牡馬サンデーサイレンスの登場がそれに該当します。血統理論をはじめ、折り合って末脚を伸ばすという騎手の意識も、これによって形成されました。

同様の劇的なパラダイムシフトが、近年の競馬界にも起こりました。

①外国出身騎手への騎手免許の交付

15年にCルメール騎手、Mデムーロ騎手が、JRAの通年騎手免許を取得しました。これにより勝利数はもちろん、騎手の起用法まで外国出身騎手優先に変化しました。

②外厩の拡充

競走馬は調教師が鍛えるものという定説も、今は昔。「外厩」が競走馬の育成を担い、調教師が最後の仕上げをする。このような構図ができています。

まえがき

③ノーザンファーム (F)

　中央競馬はノーザンFを中心に動いているのではないか。このように思うほど、近年はノーザンFの影響力が増しています。

「国際化」「外厩」「ノーザンF」この3つが現在の競馬界を大きく様変わりさせました。

　そのような状況下で、なぜ『厩舎力』なのか。それは今、このタイミングで、厩舎についてしっかりと考え直してみる必要があるからです。厩舎は競走馬を扱う主体。よって、厩舎のデータを見ることで、今の競馬がわかります。
　外国出身騎手によって、勝利数を増加させているところはどこか。外厩全盛の時代でも、自らのスタイルを貫いている厩舎はどこか。ノーザンFと強い結びつきがある厩舎はどこか。これを理解することが、「現代競馬のしくみ」を知ることにつながります。本書がそのきっかけになれば、著者としてこれほど嬉しいことはありません。

　　　　　　　　　　　　　　　　　　　　　──村山　弘樹

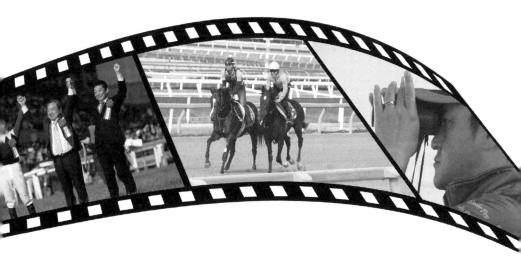

厩舎力

陣営のクセを掴めば
馬券は面白いように当たる!

まえがき……002
用語説明……008

1章　現代の厩舎事情 　009

01	厩舎力とは	010
02	ノーザンF1強時代の厩舎	012
03	厩舎と騎手のつながりは今	014
04	外厩制度の拡充	016
05	トレセンよりも長くいる場所	018
06	外厩時代の厩舎の役割	020
07	厩舎間格差の緩和	022
08	上位厩舎と下位厩舎	024
09	生き残るための活路	026
10	効果的な調教とは①	028
11	効果的な調教とは②	030
column 1	特徴ある厩舎は素直に信頼!	032

CONTENTS

2章　厩舎毎に違う傾向　033

01	厩舎コメントを読むならば…	034
02	ホンネは記者の印にあり!	036
03	厩舎評価で狙う	038
04	調教評価で狙う	040
05	1番人気で狙う	042
06	穴馬で狙う	044
07	ローカル競馬場で狙う	046
08	Cルメール・Mデムーロで狙う	048
09	新馬で狙う	050
10	調教から狙える厩舎(坂路)	052
11	調教から狙える厩舎(コース)	054
12	外厩から狙える厩舎	056
column 2	厩舎の特徴を馬券に活かす!	058

3章　クセが強い厩舎ランキング

059

クセ強度A厩舎　060

加藤征弘	昆貢	友道康夫	藤沢和雄
木村哲也	須貝尚介	中内田充正	森田直行

クセ強度B厩舎　076

浅見秀一	国枝栄	中竹和也	堀宣行
池江泰寿	鹿戸雄一	萩原清	松永幹夫
大久保龍志	杉山晴紀	橋田満	南井克巳
音無秀孝	高木登	藤岡健一	安田隆行
菊沢隆徳	手塚貴久	藤原英昭	矢作芳人

クセ強度C厩舎　096

相沢郁	栗田徹	武英智	林徹
五十嵐忠男	古賀慎明	武井亮	平田修
池添学	小島茂之	田村康仁	本田優
石坂正	今野貞一	土田稔	松下武士
石橋守	鮫島一歩	角田晃一	松田国英
伊藤圭三	清水久詞	寺島良	宮本博
梅田智之	庄野靖志	戸田博文	村山明
大竹正博	角居勝彦	西浦勝一	森秀行
奥村武	高野友和	西園正都	安田翔伍
奥村豊	高橋義忠	西村真幸	矢野英一
尾関知人	高橋亮	野中賢二	吉村圭司
河内洋	武幸四郎	橋口慎介	和田正一郎

CONTENTS

クセ強度D厩舎　　　　　　　　　　　　　　　　120

青木孝文	金成貴史	勢司和浩	畠山吉宏
浅野洋一郎	萱野浩二	高市圭二	羽月友彦
安達昭夫	加用正	高橋文雅	服部利之
荒川義之	川村禎彦	高橋康之	浜田多実雄
飯田祐史	菊川正達	高橋裕	藤沢則雄
飯田雄三	北出成人	高橋義博	藤原辰雄
池上昌和	木原一良	高橋祥泰	星野忍
池添兼雄	久保田貴士	高柳大輔	堀井雅広
石栗龍彦	栗田博憲	高柳瑞樹	本間忍
石毛善彦	黒岩陽一	武市康男	牧光二
伊藤伸一	古賀史生	竹内正洋	牧浦充徳
伊藤大士	小崎憲	田島俊明	牧田和弥
伊藤正徳	小西一男	田所秀孝	松永昌博
岩戸孝樹	小桧山悟	田中清隆	松永康利
上原博之	斉藤崇史	田中剛	松元茂樹
蛯名利弘	斎藤誠	田中博康	松山将樹
大江原哲	坂口正則	谷潔	的場均
大根田裕之	崎山博樹	谷原義明	水野貴広
大橋勇樹	作田誠二	千田輝彦	南田美知雄
大和田成	佐々木晶三	柄崎孝	宮徹
小笠倫弘	笹田和秀	天間昭一	武藤善則
岡田稲男	佐藤吉勝	中尾秀正	宗像義忠
尾形和幸	柴田政人	中川公成	山内研二
沖芳夫	清水英克	中舘英二	湯窪幸雄
奥平雅士	新開幸一	中野栄治	吉田直弘
小野次郎	杉浦宏昭	中村均	和田雄二
粕谷昌央	鈴木孝志	西橋豊治	和田勇介
加藤和宏	鈴木伸尋	根本康広	渡辺薫彦

column 3　困った時は「厩舎力」が高い厩舎!　　　　　　148

4章　全厩舎一覧データ　　149

あとがき……170

袋綴じ企画　知って得する! ㊙外厩データ

用 語 の 説 明

外厩

　主にトレセン近郊に設けられ、厩舎から放牧に出された馬の管理、育成、調教を行う放牧先（育成牧場）のことを指します。JRAには、地方競馬のような認定厩舎（外厩）という制度はありません。そのため、通称としてこの表現を用いています。

　外厩データは、運営主体や実際の名称とは異なる場合があります。集計期間が運営主体の過渡期に該当した場合は、新旧の運営主体のデータが混在して集計されている場合があります。

単勝回収値　複勝回収値

　データに該当した馬の単勝および複勝を買い続けた場合の、100円あたりの回収値を意味します。値が80円であれば、毎回1,000円ずつ買うと、平均800円の払い戻しがあったという意味です。

　特に記載していない場合、データの集計期間は、2015年1月1日〜2018年8月31日。件数は20件以上です。

　3章の厩舎別データにおいて、「4角5番手以内率」および「上がり最速率」「内外を通る割合」は、単勝1〜5番人気を対象としています。

　いずれもデータはJRDBのものを使用しています。

1章
現代競馬の厩舎事情

厩舎を取り巻く環境は、日々変化しています。
仕事の仕方、在り方も十数年前とは明らかに様変わりしており、
厩舎経営は決して楽な仕事ではなくなりました。
しかし、そんな逆境の中、結果を出し続ける厩舎も確実に存在します。
では彼らは一体、どんな立ち回り方で結果を出しているのでしょうか？
そこには、現代競馬を生き抜く術があったのです。

CHAPTER 1

厩舎力 〜陣営のクセを掴めば馬券は面白いように当たる!〜

CHAPTER 1

01 厩舎力とは

　まえがきに記したとおり、現代競馬は新しい時代を迎えています。一流の厩舎として活躍するために必要な能力、それが「厩舎力」です。「厩舎力」は、以下の3つに分類できます。

①育成力=競走馬の管理、飼養、育成、調整
②マネジメント力=レース選択や戦略マネジメント
③ブランド力=生産者や馬主、騎手との結びつき

　厩舎の代表は調教師。"調教"師と呼ばれるように、最たる仕事は「調教」です。競走馬を鍛えて、少しでも多くの勝利と賞金を得る。このことが、厩舎で最も重要な要素といえます。各々の信念に基づき、競走馬を鍛えて結果を出す。この「育成力」が厩舎には必要です。

　レース選択も厩舎の大切な仕事です。管理馬の状態と適性を見極め、その馬が最大のパフォーマンスを発揮できるレースに出走させる。また、レースで勝てなかったとしても、入着の賞金を得ることはできます。勝てないけれど、賞金は得られそうなレースを選択する。成績が安定している厩舎は、「マネジメント力」が高いのです。

　しかし、いくら育成力とマネジメント力が高くても、馬主から良い馬を預かれなければ、厩舎は良績を残すことができません。優れた血統の馬(=高額馬)をどれだけ多く集めることができるか。これが、調教師の成績を決定するといっても過言ではありません。そのため、厩舎には「ブランド力」が重要になります。「有力な○○牧場の出身」「親が調教師」「元騎手」といった強力なバックボーンがあれば、新規開業の厩舎でも、他の厩舎よりも早く飛躍することができます。毎年、継続的に預託してくれる馬主を抱えること。これが安定した厩舎経営につながります。また、「ブランド力」の向上には、厩舎のイメージを確立させることが重要です。短距離なら○○厩舎という厩舎の特徴が、馬主の間で共有されることで預託馬が揃うということもあります。

　「厩舎力が高い」厩舎とは、先述の3点をすべて満たした厩舎を指します。厩舎のデータを見る際は、この3つを特に意識してみてください。

育成力、マネジメント力、ブランド力の変遷

第1章

育　成　力

調教パターン

以前	調教師が創意工夫を凝らし、厩舎内で馬の個性に合わせてジックリと調教。仕上げまでを殆どトレセンで行う。
現在	外厩と協力し、放牧＆帰厩を繰り返しながら育成。「鍛える調教」と「仕上げる調教」を使い分けてレースへ。

マネジメント力

レース選択

以前	レース体系が整備されてないため、どの厩舎もオーソドックスなレース選択に。
現在	レース体系が整い、あらゆる選択が可能に。結果、レース選びのセンスが問われる時代に。

ブランド力

生産牧場の形態

以前	中小規模の牧場が多く存在し、あらゆる牧場から名馬誕生の可能性があった。
現在	社台・ノーザングループが経営努力により強大な力をつけたことで、一極集中化の様相が顕著になった。

騎手起用

以前	調教師が所属騎手や厩舎に縁のある騎手中心に起用し、勝負時には乗り替わり。
現在	エージェントが下級条件からリーディング上位騎手、外国人騎手を積極的に起用する傾向。

厩舎を取り巻く環境の変化に伴い、「育成力」に長ける調教師が活躍する時代→「育成力」「マネジメント力」「ブランド力」の3つをバランス良く兼ね備えた調教師（厩舎）が活躍する時代に！

厩舎力
～陣営のクセを掴めば
馬券は面白いように当たる！～

CHAPTER 1

02 ノーザンファーム1強時代の厩舎

どの分野にも、圧倒的な成績を収めるリーダーがいるもの。競馬界では、ノーザンファーム（F）がそれにあたります。

18年は8月31日まで、ノーザンF生産馬の勝利数が、全勝利数の17.8％を占めています。これを同牧場が得意とする芝の1600m以上に限れば、29.8％にまで上昇。この条件では、およそ3レースに1回、同牧場の生産馬が勝っているという、驚異的な数字です。さらに、GⅠを17年に9勝。18年もこれまで6勝と、大舞台でも活躍。まさにノーザンFの1強時代といえます。

厩舎の視点に立つと、ノーザンFの生産馬を多く管理することが、成績の向上につながります。これほどまでに影響力が大きくなると、ノーザンFの意向に合わせることも、厩舎にとって重要なポイントとなるのです。

ノーザンFとの関係を密にし、成績を上げている厩舎は多くあります。顕著なのは木村哲也厩舎です。出走馬の実に53.5％を、ノーザンFの生産馬が占めています。18年はこれまで挙げた29勝のうち、22勝が同牧場の生産馬でのものでした。木村厩舎は、レース選択や調整過程について、牧場側と綿密な情報交換をすることで、勝率、3着内率を15年から毎年高めています。「ノーザンFがトレセンの中にもあるのか？」という声もあるかもしれません。しかし、ノーザンFと強く結びついた「ブランド力」がある厩舎が、現代競馬で成績を伸ばしているのは間違いのない事実。厩舎の利益の最大化には、これが最適解なのです。

一方で、戸田博文厩舎は、2016年をピークに、ノーザンF生産馬の出走数が減少中。実績がある厩舎でも、出走数を確保できなければ勝利数が増えません。ノーザンFとの関係が希薄になると、大レースに管理馬を送り込めなくなる。このような懸念も同時に抱くのが、ノーザンF1強時代の現状です。

松田国英厩舎も、近年はノーザンF生産馬の出走数が少なくなりました。しかし、17年の新設GⅠホープフルSをタイムフライヤーで制したように、「厩舎力」は健在です。また、西村真幸、池添学厩舎など、元々ノーザンFに勤めていた調教師も登場しています。このようなケースから、ノーザンFの影響力、それと密な関係を築いた厩舎の存在感は、今後さらに大きくなっていきます。

ノーザンFで勤務・研修経験のある主な調教師

厩舎名	開業年数	全出走数	厩舎内における ノーザンF生産馬の 出走数	厩舎内における ノーザンF生産馬の 出走数の割合	全勝利数	ノーザンF 生産馬の 勝利数
池添学	5年目	849	418	49.2%	80	42
高野友和	9年目	1025	407	39.7%	106	48
斉藤崇史	4年目	566	210	37.1%	36	17
西村真幸	5年目	1059	172	16.2%	67	10

2018年リーディング上位厩舎の成績とノーザンF生産馬の出走数&勝利数

順	厩舎名	全出走頭数	厩舎内におけるノーザン F生産馬の出走数	現在の勝利数	ノーザンF生産馬の 勝利数
1	藤原英昭	193	67	44	14
2	安田隆行	260	66	35	11
3	矢作芳人	355	70	34	9
4	中内田充正	149	32	34	6
5	角居勝彦	182	67	33	14
6	堀宣行	162	49	32	8
7	藤沢和雄	172	61	31	11
8	中竹和也	266	12	30	1
9	木村哲也	147	94	29	22
10	国枝栄	226	93	28	16
11	音無秀孝	253	78	26	10
12	友道康夫	169	115	26	22
13	須貝尚介	247	100	25	14
14	石坂正	215	109	25	12
15	高野友和	177	91	25	14
16	田村康仁	213	23	25	5
17	浅見秀一	215	23	24	8
18	池江泰寿	211	85	23	12
19	大久保龍志	187	45	23	9
20	梅田智之	208	54	21	6

厩舎力 ～陣営のクセを掴めば馬券は面白いように当たる！～

CHAPTER 1

03

厩舎と騎手のつながりは今

大手生産牧場以外の馬では、オーナーサイドや調教師の希望により、騎手が決まるケースがよくあります。互いの競馬観を共有し、信頼関係を築いているのが18年の皐月賞を勝ったエポカドーロの戸崎騎手×藤原英昭厩舎です。その他にも、気性や脚部に難しさを抱えている馬に、普段から調教をつけている騎手を、そのままレースで乗せるケースもあります。そして、松若騎手×音無秀孝厩舎のように、厩舎所属の騎手をデビューから育てていく師弟関係も多く見られることです。

一方、大手生産牧場の馬であれば、生産者サイドが主導して、騎乗する騎手を決めることがほとんど。ノーザンFは、国内屈指の調教設備や優秀な技術者、豊富な育成牧場を擁し、競馬界で非常に強い影響力を持っています。それゆえに、「厩舎と騎手の関連性」は、「大手生産牧場と騎手の関連性」と表現することもできるのです。

リーディング上位の騎手や外国出身の騎手は、騎乗馬が先々のレースまで決定しています。特に、近年のノーザンF生産馬はその傾向が顕著です。

芝中距離のGⅠともなると、出走馬の過半数がノーザンFの生産というケースも多くあります。この場合、外国出身騎手など、より勝率の高い騎手が騎乗している馬が、生産者の期待度が高い馬だと推測できます。短期免許で来日する、RムーアやJモレイラなどの外国人騎手。この背景にもやはり、ノーザンFという巨大な影響力を持つ生産牧場があることを忘れてはいけません。

トライアルレースで好走させ、GⅠへの出走権利を獲得したにもかかわらず、本番では外国出身の騎手に乗り替わる。このような乗り替わりも目立ちます。しかし、生産者と厩舎にとっては、管理馬を1つでも上の着順に導いてくれる騎手を選択するのは、ごく自然なことなのです。

「厩舎力」の視点からは、大手生産牧場以外の馬で、どれだけ有力な騎手を確保できるかをみます。リーディング上位の騎手を、エージェント（騎乗依頼仲介者）を通して確保する「マネジメント力」が大切です。一度敗れた馬に、再度上位の騎手を確保することが、成績の向上につながります。

来日外国人騎手全体の年度別騎乗数とノーザンF生産馬の騎乗数&勝利数

年	全騎手合計騎乗数	うち外国出身騎手	外国出身騎手NF生産馬騎乗数	外国出身騎手NF生産馬騎乗の割合	外国出身騎手勝利数
12	49779	1087	228	21.0%	133
13	49901	1542	286	18.5%	181
14	50144	1867	402	21.5%	187
15	49822	2556	530	20.7%	382
16	49910	3308	805	24.3%	488
17	49148	2403	778	32.4%	486
18	32894	1439	443	30.8%	307

※15年からMデムーロ、Cルメール騎手がJRA通年騎乗を開始

短期免許騎手、招待騎手を含む　18年は8月31日まで

Cルメール騎手とMデムーロ騎手の年度別成績とノーザンF生産馬の騎乗数&勝利数

騎手名	年	騎乗数	勝利数	NF生産馬騎乗数	NF生産馬勝利数
Cルメール	12	152	23	27	2
	13	171	29	20	1
	14	144	22	24	6
	15	573	112	162	41
	16	786	186	283	81
	17	809	199	333	84
	18	497	123	212	57
Mデムーロ	12	158	30	13	2
	13	211	27	22	3
	14	57	7	8	2
	15	639	118	114	20
	16	741	132	146	33
	17	665	171	169	49
	18	450	106	114	24

厩舎力 ～陣営のクセを掴めば 馬券は面白いように当たる！～

CHAPTER 1

04 外厩制度の拡充

「**外厩**」の影響力は、看過できないほど大きくなっています。特に10年以降、大手生産者がトレセン近郊に育成場を設けてからは、この傾向が加速度的に進んでいる状況です。外厩へ放牧に出すことで得られる効果には、以下の3つが挙げられます。

① リフレッシュ効果を得られる

外厩で得られる1番のメリットは、心身ともリフレッシュできることです。トレセンには、レースを控えた血気盛んな競走馬が多く在厩しています。この環境に長く居続けることは、競走馬にとって大変なストレスでもあります。外厩に放牧に出ることで、競走馬の気力、体力を充実させることができるのです。

② トレセンとは異なる調教が可能

東西の差はあれ、トレセン内では、どの厩舎も同一の施設内で調教を行います。しかし、各外厩はそれぞれ異なる設備を有します。トレッドミル（ウォーキングマシン）などの機器に加え、勾配がきつく負荷が掛かる坂路など、ハード面でトレセンを凌駕する外厩があるほどです。

③ 馬房の調整に使用する

円滑な厩舎経営のためには、(A) 出走数を確保しつつ、(B) よりデキの良い馬をレースに使うことが重要です。厩舎によって差がありますが、厩舎内で管理できるのは20頭程度。競走馬を、外厩ー厩舎間を移動させて馬房の入れ替えを行うことが、A、Bの条件を達成するために重要になるのです。トレセン近郊の外厩なら、数十分で放牧に出ることができます。競走馬に負担を掛けずに多くの出走数を確保する。このような利点が外厩から得られます。

現代競馬は、外厩を取り入れた調整方法が主流です。外厩で調教、リフレッシュされた競走馬の「最後の仕上げ」を行う。極端な表現にはなりますが、これが厩舎の重要な仕事になりつつあるのです。大手生産者の馬に対しては、「育成力」のなかでも、「調整力」の有無が厩舎成績に大きな影響を与えます。これは厩舎の形骸化というよりも、新しい育成のスタイルと捉えるべきです。

なぜ外厩帰りの馬は走るのか？

第1章

外厩の効果	①リフレッシュ効果 ②トレセンと異なる調教が可能 ③馬房の調整に使用する

成績が良い 主な外厩	ノーザンファームしがらき（滋賀県） ノーザンファーム天栄（福島県） 山元トレーニングセンター（宮城県） 吉澤ステーブルWEST（滋賀県） 宇治田原優駿ステーブル（京都府）

トレセンと外厩ではここが違う！

栗東の坂路は最大勾配が4.5％

ノーザンファームしがらきの坂路は、最大勾配が8％

勾配だけでなく、敷き材（コースの素材）はポリトラックを使用しているなどの違いがある

➡ **軽めの調教でも負荷が掛かり、
トレセンよりも効果的に競走馬を
育成することができる**

トレッドミルとは？	競走馬用のランニングマシン。傾斜を付けることができ、坂路調教と同様の効果を得られる

厩舎力
~陣営のクセを掴めば
馬券は面白いように当たる!~

CHAPTER 1

05 トレセンよりも長くいる場所

「もはや馬を鍛えるのはトレセンではなく、外厩なのではないのか」
外厩が拡充された今、このような声も聞こえるほどです。ここではイメージしていただきやすいように、外厩時代の育成例を挙げていきます。

18年のダービー馬となったワグネリアンは、7月の中京でデビューしました。ノーザンFの生産馬は、デビューの時期を早める傾向にあります。このメリットは、①早期の勝ち上がりが計算できること。そして、②その後のローテーションにゆとりを持たせられることにあります。余裕のある賞金加算ができれば、それだけ長く外厩に滞在することができます。

18年の牝馬三冠馬アーモンドアイは、8月6日にデビュー(2着)し、10月8日に未勝利勝ち。そこから年明けのシンザン記念まで中12週の休養があり、桜花賞までの間にも中12週の休養を挟みました。この間の調整は、ノーザンF天栄(福島県)で行われています。クラシックに出走するような馬は、厩舎にいる期間よりも、外厩へ放牧に出ている時間の方が長くなるのです。

18年の新潟記念を制したブラストワンピースも同様です。ダービー出走時は毎日杯からのローテーション。18年秋は菊花賞を目標として、セントライト記念ではなく、9月初旬の新潟記念を前哨戦として選択しました。これも、新潟記念と菊花賞の間に外厩で調整する期間を少しでも長く設けたい、という陣営の意図が感じ取れるローテーションです。

これらの馬以外でも、体質や脚元の状態に難しさを抱える馬に関しては、ゆとりを持ったローテーションを組むことが理想です。そのためには、トレセンではなく外厩で調整をすることが望ましい。このような理論をノーザンFは重視していると感じます。

ルール上、既走馬はレースの10日前にJRAの施設(トレセンや競馬場)に入る必要があります。日曜日のレースの場合、10日前は2週前の木曜日にあたります。そこから軽めの調整を行い、レース当週は本追い切りをさっとこなす。旧来の概念では、「調教本数が不足している」と軽視してしまうことでしょう。それでも実際は外厩で乗りこまれており、このような調整過程だけでも、GIで好走することができるのです。

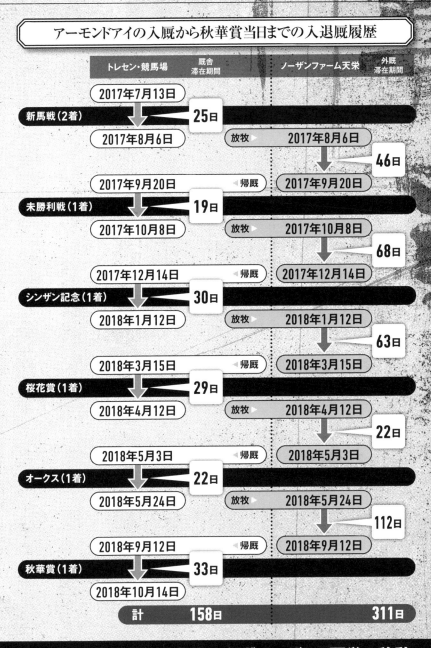

厩舎力 ～陣営のクセを掴めば馬券は面白いように当たる！～

CHAPTER 1
06 外厩時代の厩舎の役割

今の時代に活躍できるのは、「育成力」「マネジメント力」「ブランド力」のすべてを兼ね備えた厩舎です。加えて、「育成力」に関しては、次の2つがそれぞれ高いレベルにあることが大切です。

①鍛える技術　②仕上げる技術

　リーディング上位の厩舎には、この2つを組み合わせたハイブリッドな「育成力」が不可欠です。先ほども紹介しましたが、既走馬はレースの10日前にはトレセンに入厩しておく必要があります。そのため、外厩で仕上げ過ぎてしまうと、その後のトレセン内でピークを維持できません。これだけ外厩の影響力が高まった現在でも、現行のルールでは、レース直前の「調整」は厩舎が行います。特にノーザンF生産馬が多い厩舎では、この調整する技術を習得できているかどうかが成績を左右します。トレセン内での調整技術が高いことはもちろん、最後の調整には、厩舎と外厩の連携が欠かせません。この能力も、今の調教師には必要とされています。

　18年の関屋記念を勝ったプリモシーンは、約3か月ぶりの出走でもトレセン内での追い切りは6本のみ。管理する木村哲也厩舎は、外厩との意思疎通に長けています。このような厩舎の場合、ノーザンF系の外厩で調整された馬に関しての「仕上げ」はこれで十分なのです。

　一方、大手牧場の生産ではない馬は、外厩で十分な調教が行われているとは限りません。調教施設が十分に完備されていないところでは、軽い乗り運動程度しか行われないものです。当然、これらの馬はトレセンで「鍛えること」が必要となります。調教、そして実際のレースを走ることで心肺機能を高め、競走馬を作っていく。いわゆる昔ながらの調整過程を取ることで、厩舎の成績を挙げる資質も必須といえます。

　もちろん、管理する馬すべてがノーザンFの生産という厩舎はありません。A馬には鍛える調教を、B馬には仕上げる調教を、と分ける必要があるのです。ハイブリッドな調教方法を、しっかりと取れる厩舎が今のリーディング上位に名を連ねています。

外厩帰りかどうかで調教パターンは変わる!

仕上げる調教

⑩ステルヴィオ〔好気配示す〕

17.5	南W良	81.5	66.5	51.8	37.7	12.8	⑪馬なり余力
助手	南W良	82.0	67.5	52.7	38.7	12.9	④馬なり余力
助手	南W良	84.6	70.3	55.0	40.3	13.6	④馬なり余力

クリミアタイガー(障連)馬なりの内0.8秒追走同入

| 助手3 | 美坂良 | 1回 | 56.2 | 41.0 | 26.5 | 12.8 | 馬なり余力 |
| 助手6 | 南W良 | 83.0 | 68.6 | 54.2 | 39.6 | 12.7 | ④直一杯追う |

クリミアタイガー(障連)一杯の内0.6秒追走0.4秒先着

| 8美坂1回 | 60.6 | 44.6 | 14.6なり | 10美坂1回 | 54.9 | 39.3 | 12.7なり |
| 助手13南W良 | | | | 53.8 | 40.0 | 13.0 | ③馬なり余力 |

モルジアナ(古1600)直一杯の内0.8秒追走同入

1週前に長目からしっかり追って、今週は終い重点。3頭併せの一番後ろから進んで最内へ。最後まで抑え切れないほどの手応えで、迫力満点の伸び脚。万全の態勢が整った。

ステルヴィオ(木村哲也厩舎)の2017年朝日杯FS出走時

外厩(NF天栄)帰りの初戦。強めの調教は外厩で行っているためか、この時は馬なりを中心とした仕上げるための調教が主となっている。

結果 **3番人気2着**

---

⑫プリモシーン〔抜群の脚捌き〕

17.8	南W良	81.3	66.2	51.3	37.3	12.7	⑫馬なり余力
助手	南W良			55.8	40.1	12.7	④直強目追う
戸崎◇南W良				53.0	38.4	12.3	③馬なり余力
助手22美坂良	1回	61.9	45.1	29.8	14.8		馬なり余力
助手25南W良	83.3	68.8	53.1	39.0	12.7	④馬なり余力

グラッパディローザ(新馬)強目の外0.7秒先行0.3秒先着

| 助手29美坂不 | 1回 | 56.6 | 41.1 | 26.8 | 13.0 | | 馬なり余力 |
| 助手1 | 南W良 | 83.5 | 68.3 | 52.7 | 38.5 | 12.4 | ④馬なり余力 |

ヴェラヴァルスター(障オープン)一杯の内0.6秒先行0.4秒先着

| 助手5 | 美坂良 | 1回 | 53.7 | 38.9 | 25.0 | 12.0 | 強目に追う |
| 北宏8 | 南W稍 | | | 50.6 | 36.9 | 12.1 | ④馬なり余力 |

リモンディ(古1000)一杯の内0.8秒追走0.4秒先着

道中から抜群の行きっぷりで、直線は抑え切れないほどの勢いで先着。成長感はそれほどないが、研ぎ澄まされてきた印象が強い。

プリモシーン(木村哲也厩舎)の2018年関屋記念出走時

放牧明け(外厩・NF天栄帰り)の一戦で3か月振りのレース前。基本、仕上げる調教も、「強め」も織り交ぜてバランス良く調教している。

結果 **1番人気1着**

鍛える調教

①リリーノーブル〔好時計マーク〕

17.10	CW重	83.4	66.6	51.8	38.2	12.0	⑤一杯に追う
川田	CW良	83.5	67.0	52.2	38.3	12.1	⑤馬なり余力
川田◇CW良	84.4	66.9	51.3	37.0	11.3	⑦末一杯追う
26美坂1回 55.0	40.3	12.7なり	29美坂1回 59.7	44.1	14.1なり
2美坂1回 53.9	39.5	12.1なり	6美坂1回 57.5	42.6	12.9なり
助手9 美坂良	1回	54.5	39.9	25.4	12.0	末一杯追う
助手13美坂良	1回	53.7	43.3	27.8	13.0	馬なり余力
川田16CW良	79.3	62.6	49.3	36.4	11.8	⑦一杯に追う

今週のCWコースは非常に時計が速かったが、それでも芝並みの自己ベストをマーク。少しハミを噛んで、ピッチの利いた走法&丸めの体形で、東京2400㍍はどうかだが、長距離輸送がありながら、牝馬でこれだけハードにやれた点は評価できる。

リリーノーブル(藤岡健一厩舎)の2018年オークス出走時

チューリップ賞(3月)から2か月以上在厩し、トレセン内で鍛える調教が主体。これによって強敵ラッキーライラックを逆転した。

結果 **4番人気2着**

厩舎力 ～陣営のクセを掴めば 馬券は面白いように当たる！～

CHAPTER 1

07 厩舎間格差の緩和

西高東低とは、栗東に所属する馬の成績が、美浦の所属馬を上回る傾向を冬場の気圧配置になぞらえた言葉です。外厩の拡充は、「西高東低の格差」を緩和することにつながりました。

そもそも、このような格差が生じた一因として、東西トレセンにある坂路の勾配差が挙げられます。栗東の坂路は美浦よりも傾斜がきつく、強い負荷が掛かります。トレセン内で調教を積むにつれて、栗東入厩馬の方が鍛えられるというハード面での格差がありました。これに関連して、馬主も栗東に良血馬を集めたことが影響しています。

依然として関西馬が優勢ではあるものの、近年はこの格差が小さくなりつつあります。わかりやすいところでは、美浦所属馬のGＩ制覇が増えていることから説明できます。17年の藤沢和雄厩舎のオークス、ダービー制覇や、18年アーモンドアイの牝馬三冠などが代表例です。GＩ勝利数に占める美浦所属馬の割合は、12年から14年の間では24％。これが15年から18年宝塚記念まででは、32％に向上しています。

これは、栗東とのハード面での格差を、外厩によって埋めることに成功したからだといえます。今の育成は、外厩が占める割合が大きくなりました。東西トレセンの差よりも、外厩の差が成績に現れています。11年にノーザンＦの関東の育成拠点であるノーザンＦ天栄（福島県）ができてからは、ノーザンＦも関東の厩舎に有力馬を多く預託するようになりました。

また、19年９月より順次、美浦の坂路の改修が予定されています。坂路の高低差が15ｍ大きくなり、ウッドチップのコースを移転するなど、実現されれば大きな効果が期待できるものばかり。東西の格差は少しずつ縮まっていくのではと推測しています。

このように、東西の格差は、外厩により緩和されつつあります。しかし、根本的には改善されていないのが現状。先の外厩の話でも、結局は充実した外厩施設を抱えるノーザン、社台グループの馬に限られます。それ以外では、外厩や預託馬の質の向上というメリットを享受できていません。西高東低よりも、美浦トレセン内での格差が大きくなっている。このような新たな現象が生じています。

022

東西トレセン所属馬の年度別重賞成績

年	栗東勝利数	美浦勝利数	美浦の3着以内回数	年	栗東勝利数	美浦勝利数	美浦の3着以内回数
09	91	31	98	14	87	38	118
10	81	41	128	15	81	44	130
11	96	27	113	16	79	48	131
12	87	37	100	17	85	43	132
13	86	38	98	18	58	25	78

障害戦を除く　18年は8月31日まで

2018年ノーザンファーム天栄を利用する厩舎TOP20

順	厩舎	総数	1着	2着	3着	着外	勝率	連対率	3着内率	単回値	複回値
1	木村哲也	93	23	13	6	51	24.7%	38.7%	45.1%	90円	85円
2	国枝栄	72	12	11	6	43	16.6%	31.9%	40.2%	115円	80円
3	手塚貴久	67	7	8	4	48	10.4%	22.3%	28.3%	59円	59円
4	萩原清	63	10	2	8	43	15.8%	19.0%	31.7%	63円	79円
5	古賀慎明	43	6	8	3	26	13.9%	32.5%	39.5%	51円	67円
6	尾関知人	39	7	4	3	25	17.9%	28.2%	35.8%	97円	133円
7	藤沢和雄	34	7	1	4	22	20.5%	23.5%	35.2%	67円	58円
8	鹿戸雄一	27	3	2	2	20	11.1%	18.5%	25.9%	48円	75円
9	高柳瑞樹	26	5	2	3	16	19.2%	26.9%	38.4%	48円	60円
10	奥村武	25	6	4	2	13	24.0%	40.0%	48.0%	121円	86円
11	斎藤誠	23	1	2	1	19	4.3%	13.0%	17.3%	23円	38円
12	武井亮	22	4	0	2	16	18.1%	18.1%	27.2%	197円	90円
13	宗像義忠	22	2	3	0	17	9.0%	22.7%	22.7%	21円	45円
14	大竹正博	21	3	5	1	12	14.2%	38.0%	42.8%	44円	152円
15	黒岩陽一	21	2	4	0	15	9.5%	28.5%	28.5%	57円	59円
16	田村康仁	17	5	1	3	8	29.4%	35.2%	52.9%	61円	66円
17	栗田徹	16	3	2	1	10	18.7%	31.2%	37.5%	54円	168円
18	久保田貴士	15	2	0	1	12	13.3%	13.3%	20.0%	85円	47円
19	加藤征弘	15	1	1	2	11	6.6%	13.3%	26.6%	29円	50円
20	和田正一郎	14	2	1	0	11	14.2%	21.4%	21.4%	22円	23円

第1章

厩舎力 〜陣営のクセを掴めば馬券は面白いように当たる！〜

CHAPTER 1

08 上位厩舎と下位厩舎

現代競馬では、リーディング上位の厩舎に勝ち星が集中しています。確認しておきたいのは、勝利数TOP50の厩舎が、全勝利数の何％を占めていたかというデータです。これが、05年〜14年までの10年間では41％でした。「外国出身騎手への短期免許交付」と「外厩の整備」によって、上位厩舎と下位厩舎の格差が拡大する要因が生まれたのが15年です。前出のデータを15年からで見ると44％に上昇。数字では3％の差ですが、確実にリーディング下位の厩舎の勝利数は減少しています。

これにより、厩舎数も減少中です。05年に225あった開業厩舎は、17年は193厩舎に、18年は188厩舎に数を減らしています。上位の厩舎に勝ち星が集中するのは、勝負の世界なので仕方がないこと。それでも、この傾向が続くと、5年後、10年後の厩舎数は180に達しないのではないかという危惧が生まれます。

リーディング上位の厩舎と下位の厩舎では、管理する馬の質と頭数に大きな差があります。例えば、種付け料が高額な種牡馬の産駒には、芝のクラシックレースや、ＧＩレースでの活躍が期待できます。ディープインパクトなどの産駒をどれだけ集められるか。すなわち、そのような馬を購入できるオーナーを集められる「ブランド力」を持っているかが、上位厩舎となる秘訣の最たるひとつです。そして、同じディープインパクトの産駒でも、それがノーザンFの生産馬であれば、系列グループの外厩で、科学的、獣医学的なデータの裏付けとともに育ててもらうことができます。このように、大手の生産牧場とのパイプを持ち、それを維持することが、調教師として成功するためには不可欠です。

ただし、大手の活躍馬の層が比較的薄い短距離戦や、ダート戦で活躍できる種牡馬の良質な産駒を多数集めることで、勝利数を積み上げることも可能です。このケースでは、トレセン近郊の外厩のサポートが必要不可欠。大手生産牧場の馬がいなくても勝ち星が多い厩舎は、外厩との連携が上手くいっている厩舎ばかりです。連携が取れていないと、管理馬は心身両面での疲れや消耗が貯蓄されてしまい、良績を残すことが難しくなります。馬主と外厩とのパイプがあるかどうか。これによって、上位厩舎と下位厩舎の格差が生まれているのです。

リーディングTOP50厩舎の勝利数の割合

年	全勝利数	TOP50の勝利数	TOP50が占める割合
05年～14年	34507	14149	41.0%
15年～	12698	5624	44.3%

18年は8月31日まで

勝利数の占有率が示す通り、厩舎間格差は確実に進行している!

日高生産馬での勝利数TOP10(2018年)

順	厩舎	総数	1着 2着 3着 着外	勝率	連対率	3着内率	単回値	複回値
1	中内田充正	103	27-12-11- 53	26.2%	37.9%	48.5%	99円	79円
2	中竹和也	221	22- 6 -10-183	10.0%	12.7%	17.2%	123円	73円
3	矢作芳人	225	19-16-25-165	8.4%	15.6%	26.7%	118円	85円
4	安田隆行	149	18-18-13-100	12.1%	24.2%	32.9%	135円	94円
5	寺島良	161	18-11-11-121	11.2%	18.0%	24.8%	104円	83円
6	高橋義忠	172	18- 9 -14-131	10.5%	15.7%	23.8%	149円	90円
7	藤原英昭	66	18- 9 - 4 - 35	27.3%	40.9%	47.0%	218円	115円
8	森田直行	194	17-25-15-137	8.8%	21.6%	29.4%	134円	124円
9	昆貢	134	17-14- 6 - 97	12.7%	23.1%	27.6%	137円	76円
10	河内洋	143	17- 9 -14-103	11.9%	18.2%	28.0%	104円	75円

社台グループ生産馬が過剰人気になる分、
日高生産馬の馬券は美味しくなるが…。

厩舎力 〜陣営のクセを掴めば馬券は面白いように当たる!〜

CHAPTER 1

09 生き残るための活路

ノーザンFや有力馬主と深く結び付き、リーディング上位の騎手を確保する。このようにして、上位厩舎は勝ち星を伸ばしていきます。下位厩舎は以前はデビューの時期を早めることで、これに対抗することができました。しかし、今は大手の生産牧場も早期の始動を進めており、下位の厩舎は2歳戦で勝つことも大変です。

では、リーディング下位の厩舎はどのように対抗すればよいか。結論から言えば、これらの厩舎が目指すところは、ダートや芝の短距離路線です。ノーザンFの生産馬は、芝の中長距離では圧倒的な強さを見せます。一方、芝の短距離やダートでは、他の生産牧場の後塵を拝することがあるのです。データを見ると、ノーザンF生産馬の勝率は、芝1800m以上が14.0%であることに対し、芝1400m以下では10.9%と差があります。

さらに、ダートでは勝率が9.9%まで落ち込みます。ノーザンF系の馬は、モーニンやゴールドドリームで、ダートのG1レースを制しています。しかし、条件戦では過剰に人気になって敗れるというケースも多いです。

多くの生産者は、この傾向を踏まえて生産を行っています。それらの中から馬を預けてもらうことが、生き残りの術となります。例えば、「タガノ」の冠名でおなじみの新冠タガノファームは、ダートでの勝率が10.6%あります。同牧場の馬を管理できれば、ノーザンFのダート馬よりも勝つことができる、と言っても過言ではありません。

短距離やダート戦を目指せばよいとは言っても、実現するのは難しいことです。それでも、今の時代に生き残るための方針として、正しいといえます。代表例としては、芝の短距離に強い馬を育成する方針がヒットし、年々成績を上げている森田直行厩舎です。18年はラブカンプー、ダイメイプリンセスが、重賞で好走を見せています。また、昆貢厩舎や本田優厩舎のように、ノーザンFの生産馬を管理せずとも、大舞台で活躍している厩舎もあります。

「短距離」「ダート」に特化した馬を作る「育成力」を持つ。そして、それらが得意のイメージを作り、有力馬を預託してもらう「ブランド力」があれば、このノーザンF1強時代で活躍できるのです。

026

条件別にみるノーザンファーム生産馬&それ以外の生産馬の成績表

芝2000m

生産者	総数	1着 2着 3着 着外	勝率	連対率	3着内率	単勝回収値	複勝回収値
ノーザンファーム	1038	297-172-140- 429	28.6%	45.2%	58.7%	98円	89円
ノーザンファーム以外	2484	504-458-325-1197	20.3%	38.7%	51.8%	76円	82円

芝1200m

生産者	総数	1着 2着 3着 着外	勝率	連対率	3着内率	単勝回収値	複勝回収値
ノーザンファーム	392	80 - 59 - 44 - 209	20.4%	35.5%	46.7%	73円	76円
ノーザンファーム以外	3115	617-501-390-1607	19.8%	35.9%	48.4%	79円	80円

ダート全体

生産者	総数	1着 2着 3着 着外	勝率	連対率	3着内率	単勝回収値	複勝回収値
ノーザンファーム	1976	404-325-285- 962	20.4%	36.9%	51.3%	70円	79円
ノーザンファーム以外	16334	3458-2799-2213- 7864	21.2%	38.3%	51.9%	79円	82円

ダート1400m

生産者	総数	1着 2着 3着 着外	勝率	連対率	3着内率	単勝回収値	複勝回収値
ノーザンファーム	323	59 - 57 - 43 - 164	18.3%	35.9%	49.2%	58円	73円
ノーザンファーム以外	2887	626-493-374-1394	21.7%	38.8%	51.7%	83円	83円

クラシックディスタンスの芝2000mでは、圧倒的な成績を収めるノーザンF生産馬。しかし、ダートや芝の短距離では成績を落とし、配当的な妙味は落ちる!

厩舎力 〜陣営のクセを掴めば馬券は面白いように当たる！〜

CHAPTER 1

10 効果的な調教とは①

　れまで、現代競馬での厩舎の現状についてみてきました。育成の主体が、厩舎から外厩へとシフトした現在ですが、厩舎の仕事である「今の調教」を、どのようにして評価するべきかについても確認していきます。

　実は、重視するべき調教は、外厩時代の前から変わっていません。というのも、全ての外厩が、トレセン以上の施設を兼ね備えているわけではないからです。大手の外厩を利用していない馬は、トレセンでの調教で強くなります。

　練習と本番は別。しかしながら、練習でできない事は本番でもできません。調教タイムは、競走馬の基本的な能力を測るためには最適のファクターです。調教コースの中でも、特に栗東の坂路コースに注目します。基本的な能力は、ここでのタイムで測ることができます。

　坂路でのラスト1ハロン（F）の速さは、瞬発力の有無を表します。特に芝の中距離戦では、ラスト1Fのタイムが好走凡走を左右すると言っても過言ではありません。右図は、栗東の坂路でラスト1Fタイムが12秒5以下だった馬の距離別成績です。2000m以上の距離では、勝率20％以上が多くあることがわかります。特に2200m、2400mでは、回収値が単複とも100円超と抜群の成績です。同じ1〜5番人気の馬でも1000mでは勝率11.8％。極限のスピード勝負となる舞台では、レース結果にラスト1Fの速さが直結しないという興味深いデータです。

　このデータから、中距離の瞬発力勝負に強い馬を育成するには、坂路でラスト1Fが速くなる調教が効果的です。このように、成績に影響を与える調教を課しているかで、「育成力」がある厩舎かどうかの判断基準となります。

　リーディング上位厩舎は、管理馬の質が高いことから速い時計が出やすいもの。それでいてラスト1Fの伸びがない調教をしていれば、予想の際に疑ってかかることができます。

　一方で、4Fの速さは、各馬のスピードを表します。800mをどれだけ速く走れるかというタイムアタックとも考えられるため、短距離戦では坂路の4Fを速く走れる馬が優勢です。短距離馬を育成するのであれば、4Fをとにかく速く走れることが理想です。その中で、折り合い等も教えなければいけないということは大前提です。

028

栗東坂路ラスト1F12秒5以下
距離別成績

距離	総数	1着	2着	3着	着外	勝率	連対率	3着内率	単回値	複回値
1000	34	4 - 4 - 7 - 19				11.8%	23.5%	44.1%	51円	86円
1200	706	121 - 124 - 81 - 380				17.1%	34.7%	46.2%	79円	85円
1400	409	62 - 60 - 57 - 230				15.2%	29.8%	43.8%	74円	86円
1600	537	104 - 77 - 81 - 275				19.4%	33.7%	48.8%	83円	83円
1700	2	0 - 0 - 0 - 2				0.0%	0.0%	0.0%	0円	0円
1800	416	72 - 73 - 68 - 203				17.3%	34.9%	51.2%	77円	89円
2000	411	85 - 64 - 48 - 214				20.7%	36.3%	47.9%	89円	82円
2200	69	15 - 15 - 11 - 28				21.7%	43.5%	59.4%	108円	105円
2300	1	0 - 0 - 0 - 1				0.0%	0.0%	0.0%	0円	0円
2400	76	18 - 9 - 10 - 39				23.7%	35.5%	48.7%	108円	103円
2500	9	1 - 0 - 2 - 6				11.1%	11.1%	33.3%	60円	60円
2600	11	4 - 0 - 1 - 6				36.4%	36.4%	45.5%	88円	77円
3000	8	2 - 0 - 2 - 4				25.0%	25.0%	50.0%	133円	70円
3200	1	0 - 0 - 0 - 1				0.0%	0.0%	0.0%	0円	0円
3400	1	0 - 0 - 0 - 1				0.0%	0.0%	0.0%	0円	0円

栗東の坂路でラスト1Fのタイムが12秒5以下だった馬の成績
単勝1～5番人気　レース当週の本追い切りを対象とする

調教タイムからは、状態だけでなく、その馬の適性も見ることができる。瞬発力が必須の芝中距離以上では、栗東坂路のラスト1Fタイムが速い馬に注目!

厩舎力 ~陣営のクセを掴めば馬券は面白いように当たる!~

CHAPTER 1

11 効果的な調教とは②

坂路コースは、計測区間が4F（800m）と短いです。そのため、短距離向きのスピードや、中距離での瞬発力を伸ばすことに効果的な調教コースといえます。しかし、スタミナの育成には、やや不向きといえます。また、カーブがあるとはいえ、栗東坂路はほぼ直線といえるコース形態です。実際の競馬で大切な、コーナリングを教えることにはつながりません。

　これら坂路調教のネガティヴな部分を補うのが、「栗東のCW」や「美浦の南W」といったコース調教です。コースの外を周回し、6Fのタイムが82秒を切るようなタイムでの調教は、スタミナを育むには最適です。また、並みの馬では6Fをこのタイムで走ることができません。CWでの6Fタイムは、競走馬の素質を測る面でも活用することができます。

　CWで競走馬を鍛え上げる代表例は、やはり友道康夫厩舎。16年マカヒキ、18年ワグネリアンは、CWコースで鍛え上げられてダービー馬となりました。安田隆行厩舎は、短距離馬を育成することに定評があります。坂路で好タイムを出し、芝、ダートを問わずに好走させています。興味深いのは、安田厩舎の短距離馬が距離を延長してくるタイミングです。この場合、坂路ではなく、CWコースを使用する傾向があります。スタミナを育成するというコース調教の側面を上手く生かしている厩舎です。

　ポリトラックコース（栗東DP、美浦P）や芝コース（栗東芝、美浦芝）は、同じコース調教でも、坂路に近い調教効果が見込めることに注意が必要です。また、函館競馬場のウッドチップコース（函W）は、競馬場のダートコースのさらに内側に設けられています。このため、コーナーがかなり急な構造です。コーナリングに難がある馬では、函Wで速い時計を出すことができません。このことを念頭に置くと、予想に役立てることができます。

　このように、坂路調教では教えることが難しい面をコース調教で育むことができます。「育成力」がある厩舎といえるのは、管理馬の特質に合わせて、調教内容を工夫できる厩舎です。どちらかの調教コースだけでしか調教を積まない、という場合はどこかでマイナス要素が出てきてしまいます。

CWや南Wでの鍛え方によって競走馬は大きく変わる!

17ワグネリアン〔攻め強化はプラス〕 →
18.2 栗坂良 1回 53.9 39.9 25.9 12.3 馬なり余力
助手 ■ 栗坂良 1回 53.9 39.9 25.9 12.3 馬なり余力
助手◇CW良 86.1 69.2 53.8 40.0 13.0 [6]馬なり余力
29栗坂1回 58.3 43.3 14.6なり 3栗坂1回 55.2 40.5 12.7なり
助手 6 CW良 86.4 69.8 53.5 37.7 11.7 [7]一杯に追う
藤康 9 CW不 84.2 68.2 52.2 37.4 11.7 [5]一杯追伸る
インヴィクタ(古1000)一杯の内0.5秒追走0.6秒先着
助手13栗坂良 1回 55.4 40.1 25.9 12.5 馬なり余力
藤康16CW良 7 92.8 77.4 62.6 49.7 36.8 11.7 [6]一杯追伸る
ポポカテペトル(古オープン)叩一杯の内0.9秒追走0.5秒先着
助手20栗坂良 1回 57.8 43.1 28.7 14.1 馬なり余力
助手23栗坂良 1回 55.2 40.1 25.7 12.4 馬なり余力
1週前に7ハロンからビッシリ追われて好タイムをマーク。前走に比べて調教の量も質も格段にアップしている。それが応えた様子もなく、今週は坂路で軽快に動いた。好気配。

ワグネリアン（友道康夫厩舎）の2018年ダービー前の調教

1週前のCWでビッシリと追われて速い時計をマーク。競馬ブック紙上でのコメントも高評価。

結果 5番人気1着

3マ カ ヒ キ〔気配抜群〕 ↗
16.2 栗坂重 1回 51.1 37.5 25.0 12.8 馬なり余力
助手 ■ 栗坂良 1回 52.7 38.6 25.7 13.0 馬なり余力
1栗坂1回 60.2 44.5 15.0なり 5栗坂1回 55.0 40.5 13.9なり
助手 8 CW良 89.3 74.0 58.9 43.2 13.8 [9]馬なり余力
助手12CW不 7 97.0 80.1 64.6 50.0 36.6 11.8 [5]一杯追伸る
エトランドル(古1000)一杯の内0.9秒追走0.3秒先着
助手15栗坂良 1回 56.9 41.3 26.7 12.8 馬なり余力
川田18CW重 7 98.8 82.9 67.2 52.5 38.7 11.6 [8]G前仕掛け
ジルダ(古1600)強目の外追走0.5秒先着
助手22栗坂良 1回 56.6 40.9 26.4 13.0 馬なり余力
助手25栗坂良 1回 52.9 38.5 24.7 12.1 強目に追う
前2週はCWで7ハロンからの攻めを消化。いつものパターンで最終調整は坂路。馬場が荒れた時間帯だったが、好時計を余裕綽々マークした。全身がバネのようで、とにかく動きが軽い。息遣いが良く、落ち着きも十分ある。心身ともに最高と思える状態で大一番へ。

マカヒキ（友道康夫厩舎）の2016年ダービー前の調教

CWの7ハロン追いを2回敢行。渾身の仕上げで挑んでいることが見てとれる。

結果 3番人気1着

8サトノダイヤモンド〔攻め強化はプラス〕 ↗
16.4 CW稍 83.2 67.2 52.3 38.8 11.7 [5]一杯追伸る
ルメ ■ CW稍 87.4 69.7 54.4 40.4 12.3 [7]末強目余力
ルメ◇CW良 84.2 67.5 53.4 39.6 11.9 [6]末一杯追う
4栗坂1回 60.1 44.5 15.0なり 8栗坂1回 56.1 40.7 13.2なり
助手12CW不 7 97.3 81.3 65.8 51.6 37.2 11.9 [5]一杯に追う
プロフェット(三オープン)強目の内1.8秒追走0.2秒先着
助手15栗坂良 1回 55.5 40.3 25.6 12.7 馬なり余力
助手18CW重 7 98.1 81.6 66.4 51.8 37.1 11.9 [5]一杯に追う
プロフェット(三オープン)叩一杯の内0.4秒追走0.4秒先着
助手22栗坂良 1回 56.5 41.0 26.3 12.8 馬なり余力
ルメ25CW良 7 97.3 81.2 65.2 51.3 37.4 11.6 [6]一杯追伸る
プロフェット(三オープン)一杯の内1秒追走0.5秒先着
例によってCWで3頭併せ。いつものようにラスト11秒台で内から抜き去る。結果として皐月賞は久々で少し重かったが、今回は3週続けて81秒台をマークし、1角まで目一杯に追って大幅に攻め強化。筋肉が浮いた逞しい体と、重心の低い豪快な走りは迫力十分。

サトノダイヤモンド（池江泰寿厩舎）の2016年ダービー前の調教

悪い馬場状態もお構いなしに、CW中心に量・質ともハードな内容で猛調教を積んでいる。

結果 2番人気2着

ダービーで勝ち負けするような馬は、必ずと言っていいほどCWで長めからビッシリ調教を積んでいる!

特徴ある厩舎は素直に信頼！
18年夏の須貝尚介厩舎

当コラムでは、厩舎の特徴から、どのように予想や馬券を購入したかを説明しています。競馬には様々データがあるため、厩舎のデータだけで馬券を買うことは、あまり推奨できません。ただし、厩舎特有の好走パターンをしっかりと把握できている場合は、その限りではありません。厩舎を理由に馬券を買うことで、的中、好配当を狙えます。

夏競馬で好走する須貝尚介厩舎は、特に人気馬で素直に信頼できます。下の3つの馬券は、18年の夏に、須貝厩舎の馬を軸にして的中したものです。

8月4日の札幌11R、札幌日経オープンは、③アドマイヤエイカン（3番人気2着）を軸に、⑩ヴォージュ（5番人気1着）、⑬ブライトバローズ（1番人気10着）に流しました。

小倉記念は、⑪トリオンフ（1番人気1着）から、⑩サトノクロニクル（2番人気2着）、⑫サンマルティン（3番人気7着）へ。

京成杯AHは、②ロジクライ（2番人気3着）から、3連複で⑦ヒーズインラブ（4番人気9着）、⑩ミッキーグローリー（1番人気1着）、⑭ワントゥワン（3番人気2着）へ流しています。

いずれも須貝厩舎の人気馬を信頼し、相手も人気馬に絞った馬券です。競馬の予想は多角的な視点が必要とされますが、馬券は難しく考えない方が案外上手くいくものです。

札幌日経オープン
馬連17.4倍を1,500円的中
購入3,000円　払戻2万6,100円

小倉記念
馬連7.9倍を5,000円的中
購入1万円　払戻3万9,500円

京成杯AH
3連複12.8倍を5,300円的中
購入1万2,000円　払戻6万7,840円

厩舎毎に違う傾向

第2章

厩舎のこと、騎手のこと、生産者のこと…
調べたら次々に面白い特徴や傾向が見えてきました。
本章ではそれらを一つ一つ拾い上げ、
テーマ別にデータを収集しています。
きっとこれを読んで頂ければ、
馬券の購買意欲がいつも以上に増すはずです！

CHAPTER 2

厩舎力 〜陣営のクセを掴めば馬券は面白いように当たる!〜

CHAPTER 2
01 厩舎コメントを読むならば・・・

記者は厩舎に取材をすることを生業としています。取材を拒否されないよう、厩舎が出したくない情報は書きません。そのため、競馬新聞(専門情報紙)の厩舎コメントには忖度(そんたく)があふれています。

厩舎は、馬主から競走馬を預かることが仕事。よって、厩舎は馬主が気を悪くする恐れがあるコメントを基本的には出しません。もし状態が芳しくなくても、悪いとは言えないのです。これらの理由から、厩舎コメントは、ほとんど読む必要はないといっても過言ではありません。

調教や前走のレース内容から、状態や勝負度合いを探れるようになることが理想です。仮にコメントを参考にする場合は、「本当にそうなのか?」と、常に疑問を持って読み進めてみるとよいでしょう。以下にコメントの捉え方をまとめましたが、あくまで参考程度に考えていただきたいです。

人気馬のコメント

「一度使って状態は上向いている」といった競馬ファンなら誰でもわかるようなプラスの情報に関しては意味を持ちません。一方、「体調が戻っていない」などのマイナス要素に関しては、誤りではないことが多いです。

穴馬のコメント

人気薄が予測される馬には、肯定的なコメントであっても「〜なら」「〜であれば」という願望が混じった表現がほとんど。そのなかで自信満々な「断言コメント」があれば好走する機会がある印象ですが、同時に裏切られることも多く、判断は難しいです。

競走馬のクセに関するコメント

活用できるコメントは「他馬を怖がるので馬群が苦手」「前走は砂を被って嫌がった」といった、競走馬の気性やクセに関するコメントです。これらのコメントは枠順が発表される前に取材されたもの。「怖がりで揉まれ弱い馬」が内枠に入った際は基本的に割り引くとよいでしょう。逆に、外枠で他馬に揉まれないことが予測されるならばプラスの評価ができます。

18年エプソムC上位人気&上位入線馬に見る
厩舎コメントのパターン

第2章

1着 サトノアーサー

| 騎手 | 戸崎 | 調教師 | 池江 | 人気 | 2 |

前走のメイSは、中13週の休み明け。ひと叩きされての良化は、誰にでも推測できる。典型的な人気馬に対してのコメントだ。「エンジンのかかりが遅い」というクセは、正しいと考えられる。

○サトノアーサー(叩いて上昇)
池江寿師——エンジンのかかりが遅いタイプなんですが、最後までトップギアに入らなかったのは久々の影響でしょうね。トモの蹴っ張りからして前回とは違いますし、叩いての上積みは確実です。

2着 ハクサンルドルフ

| 騎手 | 川田 | 調教師 | 西園 | 人気 | 4 |

18年はエプソムCまでに4走。いずれも4着以下だった。5走前に不良馬場で好走していたことから、願望が混じった表現がされている。コメントからは取捨選択が悩ましいが、2着に好走した。

○ハクサンルドルフ(条件合う)
西園助手——前走は進路を探しながらでも速い上がりを使ってくれました。決め手があるので良いがいです。昨秋に東京で勝った時が不良馬場。マイナスにはならないので、他馬が苦にするならむしろいいと思います。この条件は合っているし、中間も順調なので楽しみですね。

3着 グリュイエール

| 騎手 | 福永 | 調教師 | 藤原英 | 人気 | 5 |

長期休養明けだった前走(2000m)で復活V。道中は引っかかり気味だった。厩舎コメントからも「力んでいた」というクセがわかり、1800mへの距離短縮はプラスに働くと判断できる。

○グリュイエール(重賞でも楽しみ)
田代助手——力む面はあったけど、最後までよく踏ん張ってくれた。3番手から運んで上がり3ハ33秒7だからね。結果的に準オープンでは力が上だった。反動もなさそうだし、順調に調整できている。相手は強くなるけど、流れやすくなるのでむしろ競馬はしやすいはず。中京でレコード勝ちしているように、スピードもあるからね。もともと重賞でやれると思っていた馬。楽しみだね。

4着 サーブルオール

| 騎手 | ルメール | 調教師 | 萩原 | 人気 | 3 |

中10週の休み明け。人気馬なので、状態面に関するプラスのコメントは深く捉える必要はない。「放牧先から帰厩して日は浅い」というコメントから、ノーザンF系の外厩で調整されたことがわかる。

○サーブルオール(重賞でどうか)
萩原師——体がしっかりしてスタートが安定。素質の良さを出せるようになった。放牧先から帰厩して日は浅いが、順調に調整できて今週の動きも良かったから力は出せそう。ただ、今回は古馬になって初めての重賞。そう甘くはないだろう。

14着 ダイワキャグニー

| 騎手 | 横山典 | 調教師 | 菊沢 | 人気 | 1 |

前走でサトノアーサーに先着し人気を集めたが14着。「重馬場が向かない」というマイナスコメントのとおり、見せ場なく敗れた。1番人気なので、状態面の不安が書かれなかった可能性もある。

○ダイワキャグニー(重賞でも)
菊沢師——ペースが速くていつもより後ろからになった前走だが、最後は馬込みから抜け出したように収穫のある競馬だった。1頭だと気を抜くので追い切りは動かなくても大丈夫。疲れはなく今回も状態はいい。極端な道悪になった時に心配はあるが、重賞でも期待している。

基本、希望や願望込みの強気コメントはあまり気にせず。
断言コメントがあれば過去の陣営の発言実績と共に判断。
弱点のある馬は確定した枠順と照らし合わせて最終決断を!

厩舎力 ～陣営のクセを掴めば馬券は面白いように当たる！～

CHAPTER 2
02 ホンネは記者の印にあり！

先述の通り、厩舎コメントは「タテマエ」がベースです。では、記者の「ホンネ」はどこに現れるのでしょうか。記者の心の声は、彼らの打つ印に表れます。「自分だけが知っている情報を、何とかして世間に出したい」と考えるのが人間です。

また、「絶好調」や「状態不安」という話が、各社の内部で共有されている場合があります。このような内部情報を確認するためには、A紙とB紙を比較して、記者の印の差を見るのが手です。両者の印に大きな差がある場合、何かが怪しいと勘ぐることができます。また、関西馬は関西の記者が高く評価し、関東馬は関東の記者の印が厚くなるもの。この逆をいく場合も、疑念を抱くとよいでしょう。

私が所属するJRDBでは、印の成績が優れている記者から「番記者」を算出し、この番記者の印から「ホンネ」を掴むことに努めています。

右ページの図表は、角居厩舎の番記者が、17年の菊花賞馬キセキにどのような印を打ったかを表しています。キセキは常に上位の人気に支持されている馬だったので、レースの度に各記者は本命や対抗の印を打っていました。しかし、専門情報紙の番記者の印の遍歴を見てみると、見事なまでに宝塚記念（8着）では印を下げていることがわかります。特に記者A氏は、日経賞までは本命と対抗の評価だったのが、一転して無印に。結果、宝塚記念でキセキは2番人気に支持されましたが、結果は全く見せ場なく敗退。事前の報道では、海外帰りから一戦使って上昇があるとされていましたが、キセキが何らかの不安を抱えていたことが、番記者の間では共有されていたと推測できます。

最後に、専門情報紙の番記者を見極めるヒントを1つご紹介します。専門情報紙によっては、厩舎コメントの下に、担当した記者名が書かれています。このコメントと印を照らし合わせて番記者の「ホンネ」をチェックすることが可能です。ポイントは、人気馬であるのに、コメントの担当記者が印を打っていないなど、マイナスの面で評価することにあります。競馬が終わった後に、着外に沈んだ人気馬を軽視していた記者をマークしてみてください。骨が折れる作業にはなりますが、これによって「ホンネ」を探ることができます。

キセキの番記者印の履歴

人気	着順	レース名	記者A	記者B	記者C	記者D
2番人気	2着	神戸新聞杯	◎	▲	◎	▲
1番人気	1着	菊花賞	◎	▲	注	○
2番人気	9着	香港ヴァーズ	−	−	−	−
1番人気	9着	日経賞	○	◎	−	−
2番人気	8着	宝塚記念	無	無	無	△

印の優先度は、◎→○→▲→注→△の順
「無」は無印、「消し」の評価を表す
「−」は印のデータがないことを表す
注は4番手の印。△が二つ重なったものも含む
データはJRDB調べ

第2章

前年の菊花賞馬ということもあり、宝塚記念でも当然のように人気となっていたキセキだったが、結果は良いところなく8着に敗れた。

厩舎力 ～陣営のクセを掴めば 馬券は面白いように当たる！～

CHAPTER 2
03 厩舎評価で狙う

厩舎のコメントを鵜呑みにするのはNG。しかし、強気のコメントが出た際の厩舎成績を把握しておくことは、馬券検討において有効な手立てです。ここでいう「強気」とは、厩舎コメント付近に◎の印が打たれていたり、情報注目馬として取り上げられたりしている馬を指します。専門情報紙の強気情報を基に、JRDBが分析したデータから、厩舎評価が強気の際に狙える厩舎について見ていきます。

　強気の評価が入るのは人気馬がほとんどで、弱気の評価になるのは人気薄の馬ばかりです。メディアの立場上、仕方がないことですが、人気の馬で弱気のコメントが出ることは滅多にありません。

　右の表をご覧ください。強気のコメントが出ているだけでは、軒並み標準的な1番人気程度の好走率です。馬券で注目できる厩舎は、あまり多くありません。「強気」かつ、プラスアルファの強調点がある馬に狙いを立てることが望ましいです。

　しかし、「強気」の際に狙える厩舎も僅かながら存在します。友道康夫厩舎は期間中の勝率が37%で、3着内率は66.9%。単勝オッズでいうと2.0～2.1倍の馬の成績に相当する勝率の高さです。これだけ高い好走率を誇り、回収値は単複とも100円を超えているのが、友道厩舎の凄いところです。

　18年日本ダービーを制したワグネリアンは、同レースで唯一「強気」の評価に該当していました。皐月賞（7着）時は強気の評価に該当しながら敗れましたが、それでもなお、厩舎内での自信度は落ちなかったのです。友道厩舎の勝てる能力がある馬に、強気の評価が入っていれば見逃せません。

　他に複勝回収値が100円を超えたのは音無秀孝厩舎。友道厩舎には及ばないものの、勝率、3着内率の高さは際立っています。強気での好走例は、18年ファルコンSで7番人気2着と好走したアサクサゲンキ。朝日杯FS（10着）から距離短縮となるレースで、陣営としては自信を持って臨んでいたのでしょう。音無厩舎の強気馬を1番人気に限定すると、勝率は45.1%、3着内率78.9%。信頼できる軸馬として、馬券の中心に据えることができます。該当件数は多くないものの、鹿戸雄一、久保田貴士厩舎は、1番人気で強気のコメントが出た際の3着内率が80%以上ありました。

強気コメントが結果に直結する厩舎ランキング
(3着内率順)

順	厩舎	総数	1着 2着 3着 着外	勝率	連対率	3着内率	単回値	複回値
1	友道康夫	181	67-30-24-60	37.0%	53.6%	66.9%	131円	104円
2	古賀慎明	115	24-35-17-39	20.9%	51.3%	66.1%	78円	96円
3	木村哲也	118	36-28-14-40	30.5%	54.2%	66.1%	76円	87円
4	音無秀孝	155	46-33-22-54	29.7%	51.0%	65.2%	92円	107円
5	国枝栄	135	39-28-21-47	28.9%	49.6%	65.2%	70円	87円
6	中内田充正	123	42-24-14-43	34.1%	53.7%	65.0%	88円	87円
7	池江泰寿	294	87-63-33-111	29.6%	51.0%	62.2%	91円	91円
8	藤原英昭	236	75-45-26-90	31.8%	50.8%	61.9%	90円	82円
9	松永幹夫	103	25-22-16-40	24.3%	45.6%	61.2%	66円	88円
10	大久保龍志	130	34-31-14-51	26.2%	50.0%	60.8%	80円	91円

JRDBの厩舎評価がプラスの馬。100件以上

強気コメントが結果に直結する厩舎ランキング
(複勝回収値順)

順	厩舎	総数	1着 2着 3着 着外	勝率	連対率	3着内率	単回値	複回値
1	音無秀孝	155	46-33-22-54	29.7%	51.0%	65.2%	92円	107円
2	友道康夫	181	67-30-24-60	37.0%	53.6%	66.9%	131円	104円
3	古賀慎明	115	24-35-17-39	20.9%	51.3%	66.1%	78円	96円
4	清水久詞	106	27-15-19-45	25.5%	39.6%	57.5%	73円	94円
5	大久保龍志	130	34-31-14-51	26.2%	50.0%	60.8%	80円	91円
6	池江泰寿	294	87-63-33-111	29.6%	51.0%	62.2%	91円	91円
7	平田修	103	21-22-12-48	20.4%	41.7%	53.4%	94円	89円
8	藤岡健一	139	38-23-21-57	27.3%	43.9%	59.0%	94円	89円
9	藤沢和雄	278	72-43-39-124	25.9%	41.4%	55.4%	87円	89円
10	庄野靖志	104	29-16-11-48	27.9%	43.3%	53.8%	85円	89円

第2章

厩舎力 〜陣営のクセを掴めば馬券は面白いように当たる！〜

CHAPTER 2
04 調教評価で狙う

　続いては、専門情報紙の「調教評価」から狙える厩舎です。調教の評価は「7」「8」などの点数や「↑」「→」といった矢印、あるいは馬番で「調教注目馬④②⑦」として取り上げられます。これらは、タイムが速い、豪快な動きをしていた、騎乗者が絶賛していた等の理由で評価が決まります。また、人気馬だからという理由で評価が高いケースもあるため、注意しなければなりません。こちらもJRDBのデータから、調教評価が高いときに好走できる厩舎はどこかについて見ていきます。

　3着内率順で見ると、リーディング上位の厩舎がそのまま上位に来ていることがわかります。ただし、3着内率で50％ほどの高い値が出ているとはいえ、回収値から注目できる厩舎はありません。これは、リーディング上位厩舎の馬の調教評価は、全体的に高くつけられやすいことに起因しています。「強い馬の調教はよく見えてしまう」というのが人間の心理なのです。よって、「絶好の動き」や「バネ感じる走り」といったコメントともに、高い調教評価が付けられていたとしても、上位厩舎の馬を重視する必要はありません。

　複勝回収値順に並び替えると、萱野浩二、土田稔、谷潔厩舎がTOP3。調教評価は、リーディング下位の厩舎で重視するべきということが、よくわかるデータです。下位の厩舎も同様に、人気の馬が高い調教評価になりやすい傾向にあります。それでも複勝回収値はいずれも100円オーバー。下位厩舎でも動きが良く見える＝良い仕上がりだと推測でき、配当的な妙味が生まれています。

　庄野靖志厩舎は、回収値が単複ともに優秀です。実際に18年の大阪杯を制した際のスワーヴリチャードは、高い調教評価を集めていました。右回りの阪神コースという適性面での不安はありましたが、多くの記者の目には、状態は万全だと映ったということです。

　調教評価からは、様々な可能性について思案することができます。例えば、速い調教時計にもかかわらず、調教評価が標準である場合は、その馬が常に好時計を出していることが多いです。あるいは、折り合いを欠いた調教だった可能性もあります。このように、調教評価の活用法は、高い評価が出ている馬だけに限りません。

好調教が結果に直結する厩舎ランキング
（3着内率順）

順	厩舎	総数	1着 2着 3着 着外	勝率	連対率	3着内率	単回値	複回値
1	藤原英昭	452	116-78-57-201	25.7%	42.9%	55.5%	82円	83円
2	木村哲也	315	85-49-36-145	27.0%	42.5%	54.0%	89円	87円
3	堀宣行	258	78-41-18-121	30.2%	46.1%	53.1%	87円	81円
4	池江泰寿	398	97-67-47-187	24.4%	41.2%	53.0%	83円	84円
5	松永幹夫	209	43-35-31-100	20.6%	37.3%	52.2%	78円	95円
6	中内田充正	297	72-53-27-145	24.2%	42.1%	51.2%	103円	85円
7	国枝栄	370	78-59-51-182	21.1%	37.0%	50.8%	92円	90円
8	大久保龍志	388	68-73-54-193	17.5%	36.3%	50.3%	84円	88円
9	友道康夫	276	71-40-27-138	25.7%	40.2%	50.0%	86円	77円
10	大和田成	103	20-16-15-52	19.4%	35.0%	49.5%	105円	89円

JRDBの調教評価がプラスの馬。100件以上

好調教が結果に直結する厩舎ランキング
（複勝回収値順）

順	厩舎	総数	1着 2着 3着 着外	勝率	連対率	3着内率	単回値	複回値
1	萱野浩二	114	12- 5-13-84	10.5%	14.9%	26.3%	121円	131円
2	土田稔	133	21-14-15-83	15.8%	26.3%	37.6%	93円	110円
3	谷潔	123	18-13-16-76	14.6%	25.2%	38.2%	103円	107円
4	木原一良	126	20-14-11-81	15.9%	27.0%	35.7%	110円	106円
5	庄野靖志	199	47-23-25-104	23.6%	35.2%	47.7%	114円	106円
6	高市圭二	173	17-27-24-105	9.8%	25.4%	39.3%	41円	106円
7	栗田博憲	191	30-21-23-117	15.7%	26.7%	38.7%	78円	105円
8	森田直行	103	14-12-14-63	13.6%	25.2%	38.8%	56円	105円
9	松永昌博	177	28-26-28-95	15.8%	30.5%	46.3%	105円	103円
10	沖芳夫	121	26-14-15-66	21.5%	33.1%	45.5%	123円	103円

厩舎力 〜陣営のクセを掴めば馬券は面白いように当たる!〜

CHAPTER 2
06 穴馬で狙う

競馬の醍醐味は、やはり万馬券。獲得するためには、穴馬を購入する必要があります。人気がない馬を激走させられるのは、戦略マネジメント能力が高い厩舎です。前走の敗因を分析し、適条件を選べている。そして、相手関係が楽になるレースを狙って使えているということです。また、大敗から巻き返す調整力が高い厩舎ともいえます。

　一括りに穴馬といっても、単勝人気が二桁の馬を狙うことは難しいものです。そのため、今回は集計を単勝4~10番人気としました。この辺りの人気帯の馬を買えるか買えないかが、馬券の結果を大きく左右します。いずれも人気がない馬なので、好走する可能性は低めです。それでも必ず相手に加えたい厩舎をまとめました。右表に入らなかった厩舎でも、可能であれば、単勝4~10番人気での成績を確認してみてください。

　集計条件の都合上、3着内率の上位は、4~5番人気に支持される回数が多いリーディング上位の厩舎が多くなります。藤原英昭厩舎の単勝回収値117円は、流石といえる素晴らしい数字です。池江泰寿厩舎もこの人気帯での単勝回収値が114円と高く出ています。

　先述の条件を考慮すると、昆貢、安達昭夫、高木登厩舎は、4~10番人気の馬でしっかり結果を残せていると評価できます。いずれも回収値が90円あるので、十分馬券の相手として重宝できる厩舎です。安達昭夫厩舎は、牡馬、セン馬でダート戦に出走してきた穴馬が狙い目になります。高木登厩舎はダート戦で強さを見せる厩舎。ダートの単勝4~10番人気で、主戦の大野拓弥騎手が騎乗した際は、単勝回収値145円、複勝回収値109円と信頼できる数字です。該当数も137件と多いので、今後も高配当の使者となってくれるでしょう。

　複勝回収値順では、18年新規開業の武英智、田中博康厩舎が100円を超えています。該当件数が多かった厩舎では、沖芳夫、飯田雄三、大根田裕之厩舎が優秀。沖芳夫厩舎は、和田竜二、幸英明、太宰啓介騎手の騎乗数が多く、回収値が単複とも100円超える成績です。19年2月で定年なので、忘れずに狙いを立てたい厩舎といえます。飯田雄三厩舎は、前走で連対していても人気になりにくい厩舎です。単勝4~10番人気に該当した馬で結果を残しています。

4〜10番人気で結果を出す厩舎ランキング
（3着内率順）

順	厩舎	総数	1着 2着 3着 着外	勝率	連対率	3着内率	単回値	複回値
1	藤原英昭	363	27-32-39-265	7.4%	16.3%	27.0%	117円	91円
2	昆貢	389	26-39-36-288	6.7%	16.7%	26.0%	90円	90円
3	安達昭夫	394	23-27-45-299	5.8%	12.7%	24.1%	112円	105円
4	高木登	533	36-48-43-406	6.8%	15.8%	23.8%	90円	90円
5	藤沢和雄	445	25-42-37-341	5.6%	15.1%	23.4%	66円	83円
6	中内田充正	356	27-23-33-273	7.6%	14.0%	23.3%	100円	72円
7	池江泰寿	488	40-37-36-375	8.2%	15.8%	23.2%	114円	78円
8	金成貴史	499	27-39-45-388	5.4%	13.2%	22.2%	102円	93円
9	鮫島一歩	519	28-34-53-404	5.4%	11.9%	22.2%	78円	89円
10	大根田裕之	375	12-29-42-292	3.2%	10.9%	22.1%	39円	101円

単勝4〜10番人気。　総数20件以上

4〜10番人気で結果を出す厩舎ランキング
（複勝回収値順）

順	厩舎	総数	1着 2着 3着 着外	勝率	連対率	3着内率	単回値	複回値
1	沖芳夫	371	20-32-28-291	5.4%	14.0%	21.6%	77円	111円
2	安達昭夫	394	23-27-45-299	5.8%	12.7%	24.1%	112円	105円
3	武英智	53	3-3-5-42	5.7%	11.3%	20.8%	103円	105円
4	田中博康	41	2-2-5-32	4.9%	9.8%	22.0%	80円	104円
5	飯田雄三	385	23-26-36-300	6.0%	12.7%	22.1%	104円	102円
6	大根田裕之	375	12-29-42-292	3.2%	10.9%	22.1%	39円	101円
7	奥村豊	433	24-37-33-339	5.5%	14.1%	21.7%	86円	99円
8	池添兼雄	519	27-37-47-408	5.2%	12.3%	21.4%	91円	96円
9	松下武士	495	32-35-40-388	6.5%	13.5%	21.6%	98円	94円
10	伊藤圭三	539	29-39-37-434	5.4%	12.6%	19.5%	83円	94円

厩舎力 〜陣営のクセを掴めば馬券は面白いように当たる!〜

CHAPTER 2

07 ローカル競馬場で狙う

基本的に、ローカル競馬場 (札幌、函館、福島、新潟、中京、小倉) は、東西の主場 (東京、中山、京都、阪神) と比較すると、出走馬のレベルが低くなる傾向があります。また、北海道や福島、小倉は直線が短いことが特徴。ローカル開催は、広いコースでの瞬発力勝負に強いノーザンF生産馬が少ない厩舎にとっては、絶好の稼ぎどころです。厩舎の戦略としてローカルに狙いをつけ、少しでも出走馬を上位の着順にすることは大切な要素といえます。

実際に、厩舎の成績を見ても、東西主場よりもローカル競馬場で成績を上げる厩舎が多くいます。これらは「マネジメント力」が優れている厩舎です。度々高配当を演出するため、覚えておいて損はありません。

3着内率順では、リーディング上位の厩舎が高くなります。その中で注目なのが、藤原英昭厩舎と須貝尚介厩舎。藤原英昭厩舎は中京競馬場での成績が優れており、3着内率は54.6%でした。芝コースに限定すると、単勝回収値106円、複勝回収値103円と配当的な妙味も十分。未勝利から重賞まで、クラスの隔たりなく高い好走率を残しています。レースを選択する精度の高さも日本でトップクラス。多くの集計条件で上位に入る素晴らしい厩舎で、ローカル競馬場での84勝という数字も驚異的です。

須貝尚介厩舎が活躍するのは、夏の北海道開催です。毎年安定して好走させており、滞在競馬での調整力が光ります。期間中、札幌、函館で1番人気に支持された馬は、47頭中38頭が3着内という大車輪の活躍を見せました。

複勝回収値上位では、110円以上を達成した厩舎が3つもありました。浜田多実雄厩舎は福島、新潟のダートで好成績を挙げています。3着内率は福島が37.5%で、新潟が42.9%。浜田厩舎のダートの全体成績である3着内率21.3%を大きく上回りました。ダートの強豪がそろう京都や阪神を避け、しっかりと好走させています。

高木登厩舎は、ダートが狙い目。人気に関係なく高い3着内率を残しており、常に相手に加えておきたいところです。

単複とも回収値が100円を超えた池添兼雄厩舎は、須貝厩舎に並ぶ北海道巧者。1~3番人気に支持されたときの勝率は36.4%と突出しており、単勝回収値は139円でした。

ローカル競馬場で結果を出す厩舎ランキング
（3着内率順）

順	厩舎	総数	1着 2着 3着 着外	勝率	連対率	3着内率	単回値	複回値
1	藤原英昭	405	84-63-39-219	20.7%	36.3%	45.9%	90円	81円
2	藤沢和雄	361	52-42-46-221	14.4%	26.0%	38.8%	75円	80円
3	須貝尚介	521	62-74-64-321	11.9%	26.1%	38.4%	55円	78円
4	木村哲也	279	45-35-22-177	16.1%	28.7%	36.6%	82円	77円
5	友道康夫	329	49-34-32-214	14.9%	25.2%	35.0%	110円	82円
6	角居勝彦	347	41-46-33-227	11.8%	25.1%	34.6%	69円	73円
7	池江泰寿	449	55-50-50-294	12.2%	23.4%	34.5%	85円	77円
8	堀宣行	266	51-21-16-178	19.2%	27.1%	33.1%	92円	65円
9	田中博康	43	4 - 5 - 5 - 29	9.3%	20.9%	32.6%	93円	94円
10	安田隆行	563	70-65-45-383	12.4%	24.0%	32.0%	77円	68円

ローカル競馬場での成績。20件以上

ローカル競馬場で結果を出す厩舎ランキング
（複勝回収値順）

順	厩舎	総数	1着 2着 3着 着外	勝率	連対率	3着内率	単回値	複回値
1	浜田多実雄	366	29-38-34-265	7.9%	18.3%	27.6%	137円	138円
2	高木登	349	29-34-33-253	8.3%	18.1%	27.5%	108円	119円
3	畠山吉宏	353	20-24-26-283	5.7%	12.5%	19.8%	229円	110円
4	安田翔伍	51	4 - 4 - 7 - 36	7.8%	15.7%	29.4%	230円	108円
5	奥平雅士	412	25-26-33-328	6.1%	12.4%	20.4%	71円	107円
6	安達昭夫	265	15-18-32-200	5.7%	12.5%	24.5%	116円	106円
7	大根田裕之	321	21-25-34-241	6.5%	14.3%	24.9%	60円	105円
8	中尾秀正	333	20-24-28-261	6.0%	13.2%	21.6%	90円	103円
9	池添兼雄	390	39-32-34-285	10.0%	18.2%	26.9%	109円	101円
10	橋口慎介	248	19-23-18-188	7.7%	16.9%	24.2%	58円	101円

厩舎力 〜陣営のクセを掴めば馬券は面白いように当たる！〜

CHAPTER 2

09 新馬で狙う

新馬戦で人気になる馬は、以下のように大別できます。

①ディープインパクト産駒や母がGI馬など、大手生産者の良血馬
②調教で好タイムを出している馬
③リーディング上位厩舎の馬

　これらの馬は過剰に人気になるケースが多く、配当的な妙味はありません。そこで新馬戦を購入する際には、「厩舎の新馬戦成績」を重視することをお勧めします。新馬は基本的に、レースの1か月前にはトレセンに入厩しているので、入厩〜デビューまでの厩舎の影響が強く出てくるのです。もちろん外厩と厩舎を合わせて判断するのが1番ですが、ここでは厩舎のみで見ていきます。

　堀宣行厩舎は新馬戦での勝率が高く、単勝1〜10番人気では41.5%もあります。回収値は単複とも100円超え。秋の東京開催で外国出身騎手を鞍上に迎え、勝ち星を量産するのが毎年の傾向です。

　中内田充正、藤岡健一、浅見秀一厩舎も、積極的に馬券で狙える厩舎といえます。集計条件では3着内率が50%以上で、単勝回収値、複勝回収値とも100円以上。軸に最適な厩舎です。いずれもGIで多数の好走馬を出していますが、過剰な人気にはならないため、このような高い回収値が出ています。

　複勝回収値順で見ると、TOP10はいずれも複勝回収値が100円超。上記3厩舎に加え、新馬戦で注目の厩舎は、3着内率が40%を超えている相沢郁、萩原清、小島茂之厩舎です。人気薄の馬でも、ワイドの軸や、3連複フォーメーションの2列目に据えることで威力を発揮します。

　リーディング上位の厩舎で、新馬戦の成績が振るわないのが国枝栄厩舎。勝率は10.5%で、単勝回収値は39円と、馬券では狙い辛い厩舎です。高野友和厩舎も同様に、使いながら良化していく厩舎といえます。森秀行厩舎は調教の動きから人気を集めますが、期間中は1勝のみと新馬戦で勝てていません。

　このように外厩主導の傾向が強くなっている時代においても、厩舎の個性が出やすく、馬券的な妙味があるのが新馬戦です。

050

新馬戦で結果を出す厩舎ランキング
（3着内率順）

順	厩舎	総数	1着 2着 3着 着外	勝率	連対率	3着内率	単回値	複回値
1	堀宣行	53	22- 9 - 5 - 17	41.5%	58.5%	67.9%	122円	106円
2	藤原英昭	72	15-16-13-28	20.8%	43.1%	61.1%	63円	82円
3	角居勝彦	81	20-25- 3 - 33	24.7%	55.6%	59.3%	92円	92円
4	中内田充正	71	21-15- 5 - 30	29.6%	50.7%	57.7%	146円	100円
5	木村哲也	80	17-17- 9 - 37	21.3%	42.5%	53.8%	74円	91円
6	友道康夫	64	15-10- 9 - 30	23.4%	39.1%	53.1%	69円	80円
7	藤岡健一	65	13-14- 6 - 32	20.0%	41.5%	50.8%	118円	116円
8	池江泰寿	89	24-11-10-44	27.0%	39.3%	50.6%	62円	69円
9	浅見秀一	62	8 -13-10-31	12.9%	33.9%	50.0%	120円	107円
10	加藤征弘	73	12-12-12-37	16.4%	32.9%	49.3%	64円	83円

単勝1〜10番人気。　総数20件以上

新馬戦で結果を出す厩舎ランキング
（複勝回収値順）

順	厩舎	総数	1着 2着 3着 着外	勝率	連対率	3着内率	単回値	複回値
1	相沢郁	76	13- 8 -13-42	17.1%	27.6%	44.7%	268円	163円
2	藤岡健一	65	13-14- 6 - 32	20.0%	41.5%	50.8%	118円	116円
3	高木登	64	8 - 9 - 8 - 39	12.5%	26.6%	39.1%	53円	115円
4	萩原清	56	10- 9 - 5 - 32	17.9%	33.9%	42.9%	136円	112円
5	牧浦充徳	62	8 - 4 - 9 - 41	12.9%	19.4%	33.9%	182円	112円
6	中川公成	54	4 - 5 -12-33	7.4%	16.7%	38.9%	61円	112円
7	栗田徹	76	7 -14- 9 - 46	9.2%	27.6%	39.5%	117円	111円
8	小島茂之	51	12- 8 - 4 - 27	23.5%	39.2%	47.1%	180円	108円
9	浅見秀一	62	8 -13-10-31	12.9%	33.9%	50.0%	120円	107円
10	田中剛	66	4 - 4 - 7 - 51	6.1%	12.1%	22.7%	191円	107円

厩舎力 ～陣営のクセを掴めば馬券は面白いように当たる！～

CHAPTER 2

10 調教から狙える厩舎（坂路）

坂路調教は4Fタイム、そしてラスト1Fの時計が速くなるほど、好走率が高くなります。栗東坂路であれば4Fは53秒、ラスト1Fは12秒5前後が好調教の目安です。美浦はやや全体時計が掛かる傾向にあるので、4Fは54秒以内であれば問題ありません。もちろん、この時計で調教を行った馬を全頭買っていては、利益は出ません。厩舎ごとの成績、回収値をしっかりと把握しておく必要があります。

音無秀孝厩舎は、基準のタイムをクリアした馬の数、好走率、回収値とも上位で、坂路の調教タイムで馬券が買える厩舎といえます。18年宝塚記念を制したミッキーロケットは、レース週の水曜日に4F50秒7-ラスト1F12秒3を計時しており、「買える音無厩舎の調教」に該当していました。注意したい点は、体重の軽い松若風馬騎手（45kg）が調教をつけるケースが多いこと。この場合、タイムはやや早くなる傾向があるため、騎乗者の確認は怠らず行うべきです。

今回は該当数を確保するため、4F53秒以下で、ラスト1F12秒5以下という基準を設けました。理想を言えば、ラスト1Fはこれよりも速い方が望ましいです。右図に記載されていない厩舎でも、ラスト1Fが11秒台であれば、好走率、回収値の上昇が期待できます。

美浦では、該当数が多かった、高木登、小西一男厩舎に注目できます。ともに単勝回収値が30円台であるものの、複勝回収値は100円を超えています。これは調教タイムが良かった穴馬が、しっかりと好走できている証拠です。

該当数が少ないものの、藤沢和雄厩舎の3着内率51.9％は流石の数字です。上位の人気が多いことを考えると、回収値は単複とも非常に高く出ています。調教タイムを軸馬の決定にも役立てられる厩舎です。

厩舎名、加えて以下の3点を意識して調教タイムを見ると、より正確に判断できるようになります。

①調教タイムの速さと好走率の高さには、正の相関関係がある
②全体時計（4F）とラスト1Fのタイムの両方を重視する
③1週前の調教は、レース当週の調教と同様に大切

坂路調教〈栗東〉のタイムが結果に直結しやすい厩舎ランキング（複勝回収値順）

順	厩舎	総数	1着 2着 3着 着外	勝率	連対率	3着内率	単回値	複回値
1	飯田祐史	20	3 - 1 - 2 - 14	15.0%	20.0%	30.0%	162円	134円
2	沖芳夫	20	4 - 1 - 1 - 14	20.0%	25.0%	30.0%	149円	115円
3	石橋守	40	5 - 9 - 2 - 24	12.5%	35.0%	40.0%	99円	114円
4	音無秀孝	103	27-14-11-51	26.2%	39.8%	50.5%	126円	114円
5	笹田和秀	66	8 - 7 - 7 - 44	12.1%	22.7%	33.3%	69円	113円
6	鮫島一歩	22	2 - 3 - 4 - 13	9.1%	22.7%	40.9%	28円	113円
7	吉村圭司	29	6 - 5 - 2 - 16	20.7%	37.9%	44.8%	74円	96円
8	橋田満	39	4 - 2 - 7 - 26	10.3%	15.4%	33.3%	312円	91円
9	谷潔	25	0 - 4 - 2 - 19	0.0%	16.0%	24.0%	0円	90円
10	須貝尚介	99	7 -10-15-67	7.1%	17.2%	32.3%	54円	88円

4F53秒以下で、ラスト1F12秒5以下が対象　　　　　　　　　レースの当週の本追い切りが対象。総数20件以上

坂路調教〈美浦〉のタイムが結果に直結しやすい厩舎ランキング（複勝回収値順）

順	厩舎	総数	1着 2着 3着 着外	勝率	連対率	3着内率	単回値	複回値
1	萱野浩二	20	0 - 1 - 1 - 18	0.0%	5.0%	10.0%	0円	323円
2	中野栄治	20	1 - 2 - 3 - 14	5.0%	15.0%	30.0%	37円	160円
3	黒岩陽一	21	1 - 2 - 4 - 14	4.8%	14.3%	33.3%	22円	148円
4	高木登	60	4 - 5 - 4 - 47	6.7%	15.0%	21.7%	31円	132円
5	小西一男	42	5 - 4 - 6 - 27	11.9%	21.4%	35.7%	35円	120円
6	尾関知人	38	2 - 4 - 6 - 26	5.3%	15.8%	31.6%	18円	119円
7	矢野英一	20	2 - 2 - 1 - 15	10.0%	20.0%	25.0%	83円	108円
8	藤沢和雄	27	6 - 4 - 4 - 13	22.2%	37.0%	51.9%	99円	107円
9	田島俊明	27	3 - 3 - 2 - 19	11.1%	22.2%	29.6%	93円	101円
10	大和田成	33	3 - 4 - 4 - 22	9.1%	21.2%	33.3%	45円	97円

4F54秒以下で、ラスト1F12秒5以下が対象

厩舎力 ～陣営のクセを掴めば馬券は面白いように当たる！～

CHAPTER 2

11 調教から狙える厩舎（コース）

続いてコース調教から、好時計をマークした際に狙える厩舎について見ていきます。コース調教のタイムは手動計測のため、正確なタイムではありません。各社、あるいは各人でタイムにばらつきがあることを念頭に置き、調教欄を眺めるとよいでしょう。当たり前のことですが、コース調教は内側を通るほどタイムが速くなります。コースの位置取りは、内から1～9で表記されることが多いですが、6より外を回した調教であることが望ましいです。

また、コース調教では6Fや4Fなど、調教タイムを計測する距離が各馬によってまちまちです。一定の基準を設けるため、4Fとラスト1Fのタイムを見ることを推奨します。コース調教でも、坂路と同じく4Fは52秒5、ラスト1Fは12秒5が目安です。基準は以下で設定しています。

・栗東 CW…4F53秒以下で、ラスト1Fが12秒5以下に相当するタイム
・美浦 南W…4F52秒5以下で、ラスト1Fが13秒以下に相当するタイム

実際は、4Fがこの基準よりも遅く、1Fが速いという調教が多くなります。この場合、ラスト1Fで11秒台の動きを見せる馬は迫力を感じますが、とにかく4Fの時計を合わせて重視する必要があります。

栗東の厩舎では、リーディング上位の厩舎を押さえて坂口正則厩舎がトップ。3着内率は47.8％と、調教が結果に結びつきやすい厩舎の代表格です。19年2月をもって定年なので、残された機会を逃さないようにマークが必要です。

流石なのは、中内田充正、藤原英昭厩舎。ともに該当数が多く、単勝回収値まで優秀です。調教評価が高い時に狙える、と取り上げた庄野靖志厩舎は、ここでも高い回収値を残しています。タイムと調教評価を合わせて、調教欄から狙いを立てやすい厩舎であることがわかります。

美浦では藤沢和雄厩舎が3着内率54.6％と優秀。坂路調教で狙える厩舎としても取り上げたように、好タイムを出している馬の成績は高く、数字通りに評価することができる厩舎です。

該当数が多く、軸には最適なのが国枝栄厩舎です。休み明けの馬の場合は、仕上がり度合いを判断するために調教タイムを活用することもできます。

054

コース調教〈栗東・CW〉のタイムが結果に直結しやすい厩舎ランキング（3着内率順）

順	厩舎	総数	1着 2着 3着 着外	勝率	連対率	3着内率	単回値	複回値
1	坂口正則	23	5 - 2 - 4 - 12	21.7%	30.4%	47.8%	273円	127円
2	松永幹夫	34	6 - 6 - 4 - 18	17.7%	35.3%	47.1%	67円	82円
3	中内田充正	132	33-16-13-70	25.0%	37.1%	47.0%	113円	84円
4	安田隆行	83	17-13- 9 -44	20.5%	36.1%	47.0%	71円	85円
5	加用正	59	8 - 9 -10-32	13.6%	28.8%	45.8%	59円	116円
6	池江泰寿	186	34-31-20-101	18.3%	35.0%	45.7%	76円	86円
7	昆貢	66	9 -14- 7 -36	13.6%	34.9%	45.5%	64円	112円
8	庄野靖志	91	18-12-11-50	19.8%	33.0%	45.1%	177円	123円
9	藤原英昭	191	37-31-14-109	19.4%	35.6%	42.9%	115円	89円
10	友道康夫	115	23-14-12-66	20.0%	32.2%	42.6%	81円	80円

4F53秒以下で、ラスト1F12秒5以下に相当するタイム。　　　　　　　レースの当週の本追い切りが対象。総数20件以上

コース調教〈美浦・南W〉のタイムが結果に直結しやすい厩舎ランキング（3着内率順）

順	厩舎	総数	1着 2着 3着 着外	勝率	連対率	3着内率	単回値	複回値
1	藤沢和雄	33	6 - 7 - 5 -15	18.2%	39.4%	54.6%	93円	90円
2	加藤征弘	30	6 - 6 - 4 -14	20.0%	40.0%	53.3%	53円	75円
3	国枝栄	127	22-27-17-61	17.3%	38.6%	52.0%	83円	102円
4	木村哲也	52	11- 9 - 5 -27	21.2%	38.5%	48.1%	89円	89円
5	柄崎孝	20	4 - 2 - 3 -11	20.0%	30.0%	45.0%	263円	195円
6	牧光二	41	7 - 6 - 5 -23	17.1%	31.7%	43.9%	87円	93円
7	堀宣行	37	9 - 5 - 2 -21	24.3%	37.8%	43.2%	128円	82円
8	上原博之	68	8 -12- 8 -40	11.8%	29.4%	41.2%	125円	135円
9	斎藤誠	58	9 - 2 -11-36	15.5%	19.0%	37.9%	101円	180円
10	手塚貴久	46	9 - 3 - 5 -29	19.6%	26.1%	37.0%	163円	82円

4F52秒5以下で、ラスト1F13秒以下に相当するタイム。

厩舎力 ～陣営のクセを掴めば馬券は面白いように当たる！～

CHAPTER 2

12 外厩から狙える厩舎

　それでは外厩（放牧先の育成牧場）から狙える厩舎について見ていきます。しかし、どこの育成牧場から帰ってきたかは、ごく一部のメディアでしか公開されていません。そのなかで、成績が優秀な大手生産牧場の馬に関しては、以下の3条件から放牧先を推測することが可能です。

①生産者がノーザンF
②前走からの間隔が中5週以上
③関西馬ならノーザンFしがらき、関東馬ならノーザンF天栄が基本

　ノーザンFしがらきへ放牧に出た際、好走率、回収値の両方が高いのは清水久詞厩舎です。有力厩舎が揃った中で、上位の好走率を誇っています。放牧帰りに安定して好走する馬が多い傾向があり、代表例はダートのOP馬アキトクレッセント（※社台コーポレーション白老ファーム生産）です。
　矢作芳人厩舎は、連闘などで間隔を詰めて好走させる技術に長けています。しかし、ノーザンF生産馬では少し傾向が変わり、外厩で調整された馬が初戦から好走しています。
　特筆に値する成績を残しているのが、堀宣行厩舎。美浦の厩舎ながら、外厩は滋賀県のノーザンFしがらきを利用します。この際の勝率は、驚異の27.4%。藤原英昭厩舎など、他のリーディング上位厩舎と比較すると、数字の突出度合いがわかります。勝率が高く、回収値も高いことから、単勝や3連単の1列目に置くことが理想です。
　ノーザンF天栄では、勢司和浩厩舎だけが複勝回収値で100円以上の成績を残しています。90円を超えたのも尾関知人厩舎のみと、ノーザンFしがらきと比較すると、全体的に回収値は低め。これは、関東圏ではノーザンF生産馬が過剰に人気になることが原因です。
　3着内率と回収値のバランスでは、手塚貴久、国枝栄厩舎が優秀です。条件戦から重賞まで、外厩帰りで高い好走率が期待できます。これらの厩舎のノーザンF生産馬が、間隔を空けて出走してきた場合は注目です。いずれも調教評価や厩舎評価、1番人気の成績と合わせることで、より効果を発揮します。

ノーザンFしがらきからの帰厩初戦時の好成績厩舎ランキング（複勝回収値順）

順	厩舎	総数	1着 2着 3着 着外	勝率	連対率	3着内率	単回値	複回値
1	中尾秀正	107	5 - 8 - 11 - 64	4.7%	12.2%	22.4%	81円	121円
2	清水久詞	131	20 - 15 - 13 - 63	15.3%	26.7%	36.6%	129円	119円
3	矢作芳人	215	27 - 24 - 22 - 112	12.6%	23.7%	34.0%	98円	96円
4	大久保龍志	136	11 - 15 - 17 - 71	8.1%	19.1%	31.6%	54円	93円
5	安田隆行	195	27 - 23 - 20 - 99	13.9%	25.6%	35.9%	62円	91円
6	藤原英昭	198	39 - 27 - 24 - 82	19.7%	33.3%	45.5%	91円	90円
7	音無秀孝	207	28 - 21 - 16 - 105	13.5%	23.7%	31.4%	97円	90円
8	友道康夫	272	46 - 26 - 23 - 133	16.9%	26.5%	34.9%	92円	90円
9	須貝尚介	182	21 - 22 - 22 - 92	11.5%	23.6%	35.7%	64円	89円
10	堀宣行	157	43 - 17 - 7 - 64	27.4%	38.2%	42.7%	124円	84円

新馬戦を除く。総数100件以上

ノーザンF天栄からの帰厩初戦時の好成績厩舎ランキング（複勝回収値順）

順	厩舎	総数	1着 2着 3着 着外	勝率	連対率	3着内率	単回値	複回値
1	勢司和浩	102	10 - 12 - 10 - 58	9.8%	21.6%	31.4%	80円	128円
2	尾関知人	186	33 - 14 - 17 - 100	17.7%	25.3%	34.4%	109円	93円
3	萩原清	250	43 - 24 - 31 - 114	17.2%	26.8%	39.2%	60円	89円
4	鹿戸雄一	137	15 - 13 - 14 - 72	11.0%	20.4%	30.7%	95円	87円
5	宗像義忠	107	11 - 15 - 4 - 62	10.3%	24.3%	28.0%	86円	85円
6	手塚貴久	268	43 - 28 - 20 - 139	16.0%	26.5%	34.0%	99円	85円
7	国枝栄	216	38 - 22 - 15 - 104	17.6%	27.8%	34.7%	121円	85円
8	古賀慎明	139	19 - 20 - 9 - 68	13.7%	28.1%	34.5%	89円	80円
9	大竹正博	109	15 - 9 - 7 - 56	13.8%	22.0%	28.4%	75円	79円
10	木村哲也	412	78 - 52 - 37 - 186	18.9%	31.6%	40.5%	78円	79円

厩舎の特徴を馬券に活かす！18年セントウルS

Ⓐ強い人気馬が信頼できるかを精査する
Ⓑ厩舎の特徴から軸馬を絞る
Ⓒ相手馬は難しく考えない

この3つは、私が厩舎の特徴から馬券を購入する際、強く意識していることです。ポイントは、軸馬は厩舎の特徴を踏まえて選ぶこと。一方で、相手馬はパフォーマンスなどの実績を評価することが望ましいです。すべての馬を「○○厩舎だから～」と型にはめると、かえってうまくいきません。

このレースには、春のスプリント王者で、国内では重賞3連勝中の⑭ファインニードルが出走していました。本番を見据えた仕上がりでしたが、さすがに同馬の実力は頭ひとつ抜けています。先述のⒶに当てはまり、軸にできる1頭です。

森田直行厩舎は、良績が短距離戦に集中しています。芝、ダートを合わせると、1200mでは、3着内率が23.6%で複勝回収値が104円。また、Mデムーロ騎手が騎乗した場合では、3着内率72.2%と、信頼できる数字が出ていました。Ⓑに該当しており、厩舎の特徴から②ラブカンプーを狙います。

上位の人気に支持された2頭が信頼でき、3連複の軸として絞って購入することができます。馬券はラブカンプーとファインニードルから、5頭に流しています。相手も難しく考えずに、重賞で5着までに入れるパフォーマンスを示していた馬を選び、的中できた一例です。

セントウルS
3連複40.1倍を
1,500円的中

購入1万2,000円
払戻6万150円

2018年4月2日
阪神
11レース

TRIO		
2-9-14	¥¥	4000円
2-6-14	¥¥	3400円
2-11-14	¥¥	2600円
2-13-14	¥¥	1500円
2-3-14	¥¥	500円

第51回（GⅡ）
阪神競馬セントウルS
9月9日

¥¥1200円 ¥¥12000円

3章 クセが強い厩舎ランキング

― 本章のデータの見方 ―

◆**芝ダ別平均連対距離**
平均連対距離は、連対時の距離の平均を表します。距離が長いほど、順位は高くなります。平均差は全厩舎（188）の平均と比較して、長いほどプラスの値になります。

◆**4角5番手以内率**
4角5番手以内率は、厩舎所属馬の「先行力」を表します。この順位が高いほど、前で競馬を進める厩舎であるとわかります。

◆**上がり最速率**
上がり最速率は、厩舎所属馬の「末脚」を表します。この順位が高いほど、後ろから差せる馬が多いことを表します。

◆**内外通る割合**
内外通る割合は、4角で内外どちらを通ることが多いかを表します。順位が高ければ、戦略を立てて内外を通っている厩舎だとわかります。

CHAPTER 3

加藤征弘 (カトウ ユキヒロ)

クセ強度 A

	総数	1着	2着	3着	着外	勝率	連対率	3着内率	単回値	複回値
芝成績	408	34	41	45	288	8.3%	18.4%	29.4%	61円	66円
ダート成績	589	77	54	51	407	13.1%	22.2%	30.9%	98円	76円

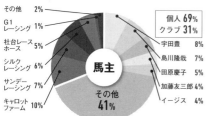

馬主

個人 69% / クラブ 31%

- その他 41%
- キャロットファーム 10%
- サンデーレーシング 7%
- シルクレーシング 6%
- 社台レースホース 5%
- G1レーシング 1%
- その他 2%
- 宇田豊 8%
- 島川隆哉 7%
- 田原慶子 5%
- 加藤友三郎 4%
- イージス 4%

騎手

- その他 39%
- Cルメール 15%
- 菱田裕二 10%
- 戸崎圭太 7%
- 大野拓弥 6%
- 石川裕紀人 6%
- Mデムーロ 4%
- 吉田隼人 4%
- 内田博幸 4%
- Tベリー 3%
- Cデムーロ 3%

馬主3着内率TOP3
馬主名	3着内率
山田和正	50.0%
森保彦	44.0%
吉田晴哉	42.9%

馬主複勝回収値TOP3
馬主名	複勝回収値
林正道	181円
諸江幸祐	129円
森保彦	100円

騎手3着内率TOP3
騎手名	3着内率
Fミナリク	54.5%
Mデムーロ	51.2%
横山典弘	47.6%

騎手複勝回収値TOP3
騎手名	複勝回収値
Fミナリク	181円
大野拓弥	124円
横山典弘	98円

生産者

社台系 70% / その他 30%

- その他 14%
- 社台ファーム 30%
- ノーザンファーム 27%
- 社台コーポレーション白老ファーム 13%
- 恵比寿牧場 5%
- 村上欽哉 3%
- エスティファーム 2%
- Doug Branham & Felicia Branham 2%
- レイクヴィラファーム 2%
- 千代田牧場 1%
- Joe Walkoviak & Gene Walkoviak 1%

距離

- 1000m〜1300m 17%
- 1400m〜1600m 35%
- 1700m〜2000m 44%
- 2100m〜2400m 3%
- 2500m〜 1%

生産者3着内率TOP3
生産者名	3着内率
村上欽哉	40.7%
ノーザンファーム	32.8%
社台ファーム	30.8%

生産者複勝回収値TOP3
生産者名	複勝回収値
ノーザンファーム	90円
村上欽哉	71円
社台ファーム	67円

距離3着内率TOP3
距離	3着内率
1600m	35.6%
2000m	34.9%
1200m	32.9%

距離複勝回収値TOP3
距離	複勝回収値
2000m	82円
1200m	81円
1600m	80円

芝ダ別平均連対距離
芝ダ	平均連対距離	順位	平均差
芝	1735m	56	84
ダート	1538m	94	6

4角5番手以内率
芝ダ	総数	4角5番手戦	4角5番手以内率	順
芝	233	108	46.4%	159
ダート	345	208	60.3%	82

上がり最速率
芝ダ	総数	上がり最速数	上がり最速率	順
芝	233	38	16.3%	52
ダート	345	37	10.7%	133

内外通る割合
内外	総数	該当数	割合	順
内	578	238	41.2%	148
外	578	177	30.6%	66

　集計期間内のダート戦で、最も多く勝ったのが加藤征弘厩舎でした。ノンコノユメでフェブラリーSを制したイメージの通り、ダート馬の活躍が目立っています。特にダートの新馬戦では、17年10月から18年1月までに5連勝を収めるなど、デビューから勝ち上がりまでの早さが光る厩舎です。左回りのコースでの成績が良く、特に東京では勝率16.7%、3着内率38.4%と安定して好走しています。加えて、レース間隔が詰まったときには要注目。東京ダートで中2〜4週なら単複とも回収値が100円超えでした。18年に短期免許で来日したFミナリク騎手とのコンビは、3着内率54.5%と好走を連発。再来日の際、覚えておきたい組み合わせです。

第3章

1965年9月14日生
初免許年 2001年（18年目）

主な活躍馬
- ノンコノユメ
- シャドウゲイト
- フィフスペトル

PROFILE
02年厩舎開業。04年ピットファイターで武蔵野Sを勝ち重賞初制覇。07年シャドウゲイトでシンガポール航空インターナショナルカップを勝ち海外GI初制覇。今年ノンコノユメでフェブラリーSを勝ち、悲願の国内GI初制覇を飾った。社台Fとの繋がりが強い。

ダートの新馬戦での勝利数

順	厩舎	勝利数
1	加藤征弘	9
2	中内田充正	7
2	角居勝彦	7

牝馬限定戦での勝利数

順	厩舎	勝利数
1	藤原英昭	40
2	加藤征弘	30
3	尾関知人	28

東京ダートでの勝利数

順	厩舎	勝利数
1	加藤征弘	33
2	田村康仁	28
3	牧光二	25

ダートの未勝利戦での勝利数

順	厩舎	勝利数
1	田村康仁	29
2	伊藤圭三	26
2	加藤征弘	26

新潟ダートでの連対率
（総件数50以上）

順	厩舎	連対率
1	加藤征弘	25.0%
2	高木登	24.3%
3	小西一男	23.4%

初出走が未勝利戦だった馬での連対率
（総件数10以上）

順	厩舎	連対率
1	加藤征弘	33.3%
2	堀宣行	30.8%
3	斎藤誠	21.4%

POINT

▶ ダート戦全般で無類の強さを発揮！
▶ 東京や新潟など、直線が長く、差し脚が生きる舞台が得意！
▶ 前走混合戦から、今走牝馬限定戦への条件変更はチャンス！
▶ 初出走馬が未勝利戦であった場合でも見くびること勿れ！

クセ強度 A 木村 哲也（キムラテツヤ）

	総数	1着	2着	3着	着外	勝率	連対率	3着内率	単回値	複回値
芝成績	517	86	67	45	319	16.6%	29.6%	38.3%	67円	74円
ダート成績	298	42	34	26	196	14.1%	25.5%	34.2%	65円	67円

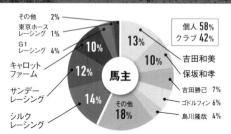

馬主3着内率TOP3

馬主名	3着内率
キャロットファーム	54.9%
サンデーレーシング	46.0%
シルクレーシング	44.2%

馬主複勝回収値TOP3

馬主名	複勝回収値
田上雅春	96円
キャロットファーム	94円
吉田勝己	80円

騎手3着内率TOP3

騎手名	3着内率
Cルメール	64.0%
戸崎圭太	43.4%
田辺裕信	40.0%

騎手複勝回収値TOP3

騎手名	複勝回収値
田辺裕信	99円
石橋脩	90円
丸山元気	89円

社台系 61%　その他 39%

生産者3着内率TOP3

生産者名	3着内率
社台コーポレーション白老ファーム	48.5%
ノーザンファーム	40.0%
ダーレー・ジャパン・ファーム	34.3%

生産者複勝回収値TOP3

生産者名	複勝回収値
社台コーポレーション白老ファーム	94円
ノーザンファーム	78円
岡田スタッド	69円

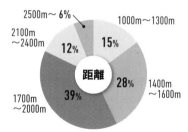

距離3着内率TOP3

距離	3着内率
1200m	43.0%
2400m	41.8%
2100m	38.5%

距離複勝回収値TOP3

距離	複勝回収値
1200m	87円
1600m	80円
2100m	79円

芝ダ別平均連対距離

芝ダ	平均連対距離	順位	平均差
芝	1816m	23	165
ダート	1649m	25	117

4角5番手以内率

芝ダ	総数	4角5番手	4角5番手以内率	順
芝	334	173	51.8%	117
ダート	171	106	62.0%	65

上がり最速率

芝ダ	総数	上がり最速数	上がり最速率	順
芝	334	84	25.1%	2
ダート	171	28	16.4%	45

内外通る割合

内外	総数	該当数	割合	順
内	505	193	38.2%	170
外	505	174	34.5%	21

　1章でも触れましたが、ノーザンFと関わりが非常に深い厩舎です。期間中の130勝のうち、77勝がノーザンF生産馬でのものでした。同牧場の馬では、レース→放牧→レース→放牧を繰り返しており、「外厩との連携力」が非常に優れた厩舎といえます。そのため、出走数が少なく、好走率が高いことが特徴です。主戦のCルメール騎手が騎乗した際は、過剰な人気になりますが、芝の1番人気では3着内率75%と逆らえません。特筆すべきは、15年から18年の8月31日現在まで、勝率、連対率、3着内率が右肩上がりに向上していること。「ノーザンF1強時代の申し子」として、そして、関東厩舎の中心としてその名を馳せています。

1972年11月16日生
初免許年 2011年（8年目）

主な活躍馬
プリモシーン
ゼーヴィント
アルビアーノ

PROFILE
11年厩舎開業。15年アルビアーノでフラワーCを勝ち重賞初制覇。その後もコンスタントに重賞を勝ち、今年はプリモシーンでフェアリーSと関屋記念を制し、ステルヴィオでスプリングSを制している。ノーザンFとの繋がりも強く、今後も飛躍が期待される。

1番人気での連対率
（総件数50以上）

順	厩舎	連対率
1	和田正一郎	64.8%
2	堀宣行	60.3%
3	木村哲也	59.8%

東京芝での勝率
（総件数100以上）

順	厩舎	勝率
1	堀宣行	21.6%
2	萩原清	16.8%
2	木村哲也	16.8%

半年以上の休養明けでの勝率
（総件数20以上）

順	厩舎	勝率
1	堀宣行	26.9%
2	木村哲也	20.7%
3	藤原英昭	19.0%

中山芝での3着内率
（総件数100以上）

順	厩舎	3着内率
1	木村哲也	39.7%
2	国枝栄	37.2%
3	堀宣行	36.2%

Cルメール騎手の1番人気での連対率
（総件数25以上）

順	厩舎	連対率
1	木村哲也	66.7%
2	国枝栄	65.7%
3	友道康夫	64.5%

シルクRの1番人気での勝利数

順	厩舎	勝利数
1	木村哲也	17
2	手塚貴久	10
3	国枝栄	9

POINT

▶ 1番人気での成績が総じて優秀！
▶ Cルメール騎手騎乗やシルクRの馬ならば更に期待度アップ！
▶ 外厩との連携力があり、半年以上の休み明けでも勝率高し！
▶ 中山芝の3着内率は東西の全厩舎中トップ！

第3章

クセ強度 A 昆 貢

	総数	1着	2着	3着	着外	勝率	連対率	3着内率	単回値	複回値
芝成績	451	44	48	34	325	9.8%	20.4%	27.9%	51円	75円
ダート成績	311	42	35	38	196	13.5%	24.8%	37.0%	99円	86円

馬主

個人 76% / クラブ 24%

- ヒルノ 27%
- 寺田千代乃 17%
- その他 15%
- 大野商事 7%
- エーティー 7%
- 安原浩司 6%
- ロードホースクラブ 7%
- ノルマンディーサラブレッドレーシング 7%
- ターフ・スポート 3%
- ローレルレーシング 3%
- 東京ホースレーシング 3%
- その他 1%

馬主3着内率TOP3

馬主名	3着内率
コオロ	44.4%
東京ホースレーシング	43.5%
ロードホースクラブ	37.9%

馬主複勝回収値TOP3

馬主名	複勝回収値
東京ホースレーシング	212円
ロードホースクラブ	97円
寺田千代乃	90円

騎手

- 四位洋文 28%
- 古川吉洋 14%
- 太宰啓介 14%
- 横山典弘 10%
- 鮫島良太 9%
- 福永祐一 3%
- 西谷誠 3%
- 横山武史 3%
- 浜中俊 2%
- 岩田康誠 2%
- その他 12%

騎手3着内率TOP3

騎手名	3着内率
西谷誠	57.1%
横山武史	40.0%
横山典弘	37.5%

騎手複勝回収値TOP3

騎手名	複勝回収値
西谷誠	120円
古川吉洋	111円
太宰啓介	91円

生産者

社台系 0% / その他 100%

- 辻牧場 18%
- 村田牧場 11%
- ケイアイファーム 11%
- 上村清志 7%
- 武牧場 5%
- カミイスタッド 3%
- 細川農場 3%
- オリエント牧場 3%
- 杵臼牧場 3%
- 猪野毛牧場 3%
- その他 32%

生産者3着内率TOP3

生産者名	3着内率
細川農場	51.9%
猪野毛牧場	50.0%
カミイスタッド	48.3%

生産者複勝回収値TOP3

生産者名	複勝回収値
杵臼牧場	213円
カミイスタッド	145円
猪野毛牧場	103円

距離

- 1000m～1300m 18%
- 1400m～1600m 30%
- 1700m～2000m 46%
- 2100m～2400m 5%
- 2500m～ 1%

距離3着内率TOP3

距離	3着内率
1900m	45.0%
1700m	40.7%
1800m	36.1%

距離複勝回収値TOP3

距離	複勝回収値
2000m	114円
1700m	99円
1900m	87円

芝ダ別平均連対距離

芝ダ	平均連対距離	順位	平均差
芝	1675m	91	24
ダート	1677m	14	145

4角5番手以内率

芝ダ	総数	4角5番手以内	4角5番手以内率	順
芝	235	125	53.2%	110
ダート	208	142	68.3%	22

上がり最速率

芝ダ	総数	上がり最速数	上がり最速率	順
芝	235	35	14.9%	64
ダート	208	32	15.4%	58

内外通る割合

内外	総数	該当数	割合	順
内	443	214	48.3%	50
外	443	137	30.9%	62

日高の生産馬のみを管理しているのが昆厩舎の特徴です。ノーザンFの生産馬が強い、芝の中距離での好走率が高く、「厩舎力」の高さを物語っています。多くの活躍馬を輩出できるのは、有力オーナーと結びつきが強固であるから。出走数が多いヒルノや寺田千代乃氏からは、毎年のように活躍馬が誕生しています。馬券的に狙いたいのは、500万～1600万のダート戦。続けて好走してくることが多く、この条件で前走1着馬なら、単勝回収値124円で複勝回収値が99円と安定しています。騎手では、ダート戦で四位、太宰、古川騎手が騎乗した1番人気が勝率41.9％、3着内率77.4％と高いことに注目です。

第3章

1958年6月14日生
初免許年 1999年（20年目）

主な活躍馬	ディープスカイ ローレルゲレイロ ヒルノダムール

PROFILE
00年厩舎開業。02年アルアランでオグリキャップ記念を勝ち、地方交流重賞初制覇。07年イイデケンシンで全日本2歳優駿を勝ち、地方交流GI初制覇。08年ディープスカイでNHKマイルCを勝ち、中央GI初制覇。同馬で同年のダービーも制覇した。

ダイワメジャー産駒での勝利数

順	厩舎	勝利数
1	昆貢	15
1	矢作芳人	15
3	上原博之	14

牝馬限定戦での連対率
（総件数50以上）

順	厩舎	連対率
1	昆貢	32.8%
2	藤沢和雄	31.7%
3	藤原英昭	27.3%

1600万クラスでの3着内率
（総件数50以上）

順	厩舎	3着内率
1	友道康夫	42.6%
2	昆貢	41.0%
3	西園正都	40.2%

中京ダートでの3着内率
（総件数50以上）

順	厩舎	3着内率
1	藤原英昭	49.0%
2	昆貢	40.0%
3	須貝尚介	38.0%

馬齢限定の500万クラスでの3着内率
（総件数30以上）

順	厩舎	3着内率
1	昆貢	58.1%
2	藤沢和雄	53.4%
3	堀宣行	52.9%

寺田千代乃氏の芝での勝利数

順	厩舎	勝利数
1	昆貢	21
2	中内田充正	4
3	藤原英昭	3

POINT

- 日高系トレーナーの代表格！
- 牡馬で活躍馬が多いイメージも、牝馬限定戦で驚異の連対率！
- 500万や1600万という条件クラスでの3着内率高し！
- 寺田千代乃オーナーからの信頼が厚く、勝利数も圧倒的！

須貝尚介 (スガイナオスケ)

クセ強度 A

	総数	1着	2着	3着	着外	勝率	連対率	3着内率	単回値	複回値
芝成績	878	96	114	112	556	10.9%	23.9%	36.7%	63円	85円
ダート成績	386	33	43	41	269	8.5%	19.7%	30.3%	41円	66円

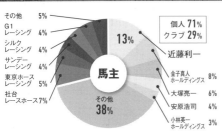

馬主3着内率TOP3

馬主名	3着内率
小林英一ホールディングス	50.0%
KTレーシング	50.0%
シルクレーシング	34.6%

馬主複勝回収値TOP3

馬主名	複勝回収値
永井啓弐	293円
大和屋暁	170円
シルクレーシング	103円

騎手3着内率TOP3

騎手名	3着内率
Cルメール	48.6%
川田将雅	48.0%
北村友一	44.6%

騎手複勝回収値TOP3

騎手名	複勝回収値
北村友一	118円
池添謙一	108円
加藤祥太	107円

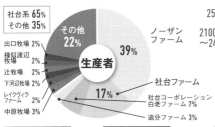

生産者3着内率TOP3

生産者名	3着内率
レイクヴィラファーム	53.3%
社台ファーム	45.2%
辻牧場	44.4%

生産者複勝回収値TOP3

生産者名	複勝回収値
辻牧場	220円
レイクヴィラファーム	114円
ノーザンファーム	90円

距離3着内率TOP3

距離	3着内率
2600m	46.2%
1700m	38.9%
2400m	38.7%

距離複勝回収値TOP3

距離	複勝回収値
2200m	156円
2600m	119円
1600m	92円

芝ダ別平均連対距離

芝ダ	平均連対距離	順位	平均差
芝	1731m	63	80
ダート	1609m	43	77

4角5番手以内率

芝ダ	総数	4角5番手以内	4角5番手以内率	順
芝	567	314	55.4%	96
ダート	245	141	57.6%	103

上がり最速率

芝ダ	総数	上がり最速数	上がり最速率	順
芝	567	90	15.9%	54
ダート	245	34	13.9%	76

内外通る割合

内外	総数	該当数	割合	順
内	812	368	45.3%	94
外	812	235	28.9%	90

ゴールドシップ、ジャスタウェイで、国内外のGIを制覇した須貝厩舎。厩舎の特徴は「夏競馬に強い」こと。18年は夏競馬(函館開幕から8月31日まで)13勝を挙げ、勝率15.7%、3着内率42.2%と大暴れ。競走馬は暑さに弱いため、夏季は調整が難しい時期です。そのことからも、須貝厩舎の「育成力」「マネジメント力」の高さをうかがい知ることができます。18年小倉記念は、トリオンフがレコードタイムで優勝。同馬にとって相性の良い小倉コースであったことに加え、仕上がりも万全。まさに夏の須貝厩舎といえる好走でした。馬主では、近藤利一氏との関係が強固。種牡馬はハーツクライの成績が良く、人気の際は安定して好走しています。

1966年6月3日生
初免許年 2008年（11年目）

主な活躍馬
ゴールドシップ
ジャスタウェイ
レッドリヴェール

PROFILE
09年厩舎開業。12年ゴールドシップで共同通信杯を勝ち重賞初制覇。同年に同馬で皐月賞を勝ちGI初制覇。その後、同馬は同年の菊花賞、有馬記念も制し、通算でGIを6勝した。また同厩舎で同世代のジャスタウェイもGIを3勝している。

ハーツクライ産駒での勝利数

順	厩舎	勝利数
1	須貝尚介	25
2	矢作芳人	23
3	友道康夫	14

ブリンカー使用時の勝利数

順	厩舎	勝利数
1	須貝尚介	37
2	牧光二	31
3	伊藤圭三	28

函館での勝利数

順	厩舎	勝利数
1	須貝尚介	15
2	矢作芳人	12
3	池添兼雄	11

札幌での勝利数

順	厩舎	勝利数
1	藤沢和雄	24
2	堀宣行	22
3	須貝尚介	16

連闘での3着内率
（総件数20以上）

順	厩舎	3着内率
1	須貝尚介	44.7%
2	梅田智之	44.4%
3	鈴木孝志	42.4%

社台F生産馬の芝レースでの3着内率
（総件数50以上）

順	厩舎	3着内率
1	須貝尚介	46.8%
2	藤原英昭	41.7%
3	池江泰寿	41.0%

POINT
- ジャスタウェイを筆頭に、ハーツクライ産駒での活躍馬多数！
- ブリンカー装着馬の勝利数はトップ！
- 夏の北海道開催（函館・札幌）で圧倒的な強さ！
- 状態の見極めに長けていて、連闘での成功率はナンバー1！

第3章

クセ強度 A 友道康夫(トモミチヤスオ)

	総数	1着	2着	3着	着外	勝率	連対率	3着内率	単回値	複回値
芝成績	634	121	76	68	369	19.1%	31.1%	41.8%	93円	87円
ダート成績	255	27	20	21	187	10.6%	18.4%	26.7%	105円	78円

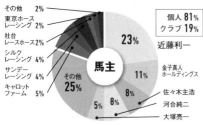

馬主

- その他 2%
- 東京ホースレーシング 2%
- 社台レースホース 2%
- シルクレーシング 4%
- サンデーレーシング 4%
- キャロットファーム 5%
- その他 25%
- 5%
- 大塚亮一 8%
- 河合純二 8%
- 佐々木主浩 11%
- 金子真人ホールディングス
- 近藤利一 23%
- 個人 81% / クラブ 19%

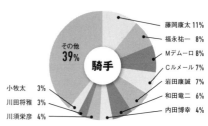

騎手

- 藤岡康太 11%
- 福永祐一 8%
- Mデムーロ 8%
- Cルメール 7%
- 岩田康誠 7%
- 和田竜二 6%
- 内田博幸 4%
- 川須栄彦 4%
- 川田将雅
- 小牧太 3%
- その他 39%

馬主3着内率TOP3
馬主名	3着内率
ラ・メール	57.1%
佐々木主浩	55.3%
シルクレーシング	50.0%

馬主複勝回収値TOP3
馬主名	複勝回収値
社台レースホース	138円
佐々木主浩	127円
河合純二	108円

騎手3着内率TOP3
騎手名	3着内率
Cルメール	62.1%
Mデムーロ	59.5%
福永祐一	54.7%

騎手複勝回収値TOP3
騎手名	複勝回収値
戸崎圭太	126円
福永祐一	115円
内田博幸	104円

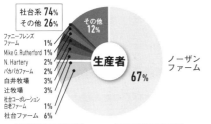

生産者

- 社台系 74% / その他 26%
- ファニーフレンズファーム 1%
- Mike G. Rutherford 1%
- N. Hartery 2%
- バカバカファーム 2%
- 白井牧場 3%
- 辻牧場 3%
- 社台コーポレーション白老ファーム
- 社台ファーム 6%
- その他 12%
- ノーザンファーム 67%

距離

- 2500m〜 5%
- 2100m〜2400m 19%
- 1000m〜1300m 5%
- 1400m〜1600m 19%
- 1700m〜2000m 52%

生産者3着内率TOP3
生産者名	3着内率
白井牧場	41.4%
辻牧場	38.7%
ノーザンファーム	37.8%

生産者複勝回収値TOP3
生産者名	複勝回収値
社台ファーム	95円
ノーザンファーム	83円
辻牧場	58円

距離3着内率TOP3
距離	3着内率
2400m	55.1%
2200m	46.0%
2000m	44.7%

距離複勝回収値TOP3
距離	複勝回収値
2400m	119円
2200m	92円
2000m	88円

芝ダ別平均連対距離
芝ダ	平均連対距離	順位	平均差
芝	1986m	2	335
ダート	1777m	1	245

4角5番手以内率
芝ダ	総数	4角5番手以内	4角5番手以内率	順
芝	417	225	54.0%	106
ダート	137	79	57.7%	101

上がり最速率
芝ダ	総数	上がり最速数	上がり最速率	順
芝	417	97	23.3%	4
ダート	137	17	12.4%	104

内外通る割合
内外	総数	該当数	割合	順
内	554	205	37.0%	177
外	554	210	37.9%	3

16年マカヒキ、18年ワグネリアンでダービーを2勝。師匠の松田国英調教師に並ぶ現役トップタイの記録を、驚異的な間隔で成し遂げました。期間中の平均連対距離は1946mと、全厩舎の中で最も長いもの。芝の中距離路線では日本一の厩舎といえ、芝2000m以上では、人気馬での好走率、回収値とも優秀。馬券でも非常に信頼できます。調整パターンは、レースの1週前にCWで6Fから速い時計を出し、当週は坂路で終い重点にサラッと追うこと。外厩全盛の時代において、この友道厩舎の「仕上げ」が、芝の中距離で末脚を爆発させるための最善手だと考えられます。騎手ではMデムーロ騎手に注目。勝率37.8%と抜群の成績を残しています。

1963年8月11日生
初免許年 2001年(18年目)

主な活躍馬　マカヒキ
　　　　　　ワグネリアン
　　　　　　シュヴァルグラン

第3章

PROFILE
02年厩舎開業。05年ワンモアチャッターで朝日CCを勝ち重賞初制覇。08年アドマイヤジュピタで天皇賞(春)を勝ちGI初制覇。16年にはマカヒキで、そして18年はワグネリアンでダービーを勝ち、現役2人目となるダービー2勝トレーナーになった。

芝の新馬戦での勝利数

順	厩舎	勝利数
1	池江泰寿	24
2	堀宣行	19
3	友道康夫	14

ハンデ戦での勝利数

順	厩舎	勝利数
1	友道康夫	20
2	藤原英昭	15
3	国枝栄	13

1600万クラスでの勝率
(総件数50以上)

順	厩舎	勝率
1	友道康夫	23.5%
2	音無秀孝	15.3%
3	昆貢	14.8%

中京芝での勝利数

順	厩舎	勝利数
1	藤原英昭	27
2	友道康夫	19
3	矢作芳人	16

京都芝での勝利数

順	厩舎	勝利数
1	池江泰寿	42
2	友道康夫	34
3	角居勝彦	32

ブリンカー使用時の勝率
(総件数50以上)

順	厩舎	勝率
1	友道康夫	18.1%
2	中竹和也	16.1%
3	加用正	15.5%

POINT

有力馬を多く抱える中にあって、ハンデ戦でも驚異の数字!
準オープンで無類の強さを誇り、現役でダントツの勝率!
京都芝コースは庭状態で、中距離以上ではかなりの信頼度!
ブリンカー装着時は「勝負気配」と捉えるべし!

クセ強度 A 中内田充正

	総数	1着	2着	3着	着外	勝率	連対率	3着内率	単回値	複回値
芝成績	373	63	48	37	225	16.9%	29.8%	39.7%	80円	73円
ダート成績	433	68	46	32	287	15.7%	26.3%	33.7%	92円	68円

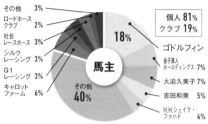

馬主3着内率TOP3

馬主名	3着内率
大迫久美子	70.0%
ダノックス	57.6%
吉田和美	52.4%

馬主複勝回収値TOP3

馬主名	複勝回収値
松本好雄	107円
吉田和美	101円
H. H. シェイク・ファハド	90円

騎手3着内率TOP3

騎手名	3着内率
Cルメール	64.7%
川田将雅	53.3%
武豊	52.2%

騎手複勝回収値TOP3

騎手名	複勝回収値
Aアッゼニ	107円
Cルメール	92円
武豊	83円

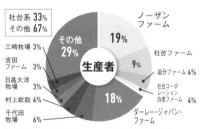

生産者3着内率TOP3

生産者名	3着内率
千代田牧場	54.9%
ケイアイファーム	52.2%
村上欽哉	45.2%

生産者複勝回収値TOP3

生産者名	複勝回収値
千代田牧場	96円
追分ファーム	90円
ノーザンファーム	81円

距離3着内率TOP3

距離	3着内率
2000m	50.7%
1800m	43.0%
1600m	40.7%

距離複勝回収値TOP3

距離	複勝回収値
1000m	86円
2000m	84円
1800m	80円

芝ダ別平均連対距離

芝ダ	平均連対距離	順位	平均差
芝	1690m	85	39
ダート	1547m	87	15

4角5番手以内率

芝ダ	総数	4角5番手以内	4角5番手以内率	順
芝	261	173	66.3%	23
ダート	280	199	71.1%	12

上がり最速率

芝ダ	総数	上がり最速数	上がり最速率	順
芝	261	41	15.7%	56
ダート	280	36	12.9%	94

内外通る割合

内外	総数	該当数	割合	順
内	541	241	44.5%	102
外	541	132	24.4%	152

欧州や米国で経験を積み、14年に開業。17年に46勝を挙げ、一躍関西のトップ厩舎に上り詰めました。身のこなしが柔らかい馬が多く、京都コースを得意としています。藤原英昭厩舎で学んだ経歴もあり、出走馬の状態が良く、勝率と3着内率が高いことが特徴です。元々はダートで良さを見せる厩舎でしたが、年々芝コースでの成績が上昇しています。特に18年の3着内率48.1%は出色の高さで、主戦である川田騎手に限れば65.2%まで跳ね上がります。ノーザンF系の一口クラブはもちろん、ゴドルフィンなど、大手馬主からの預託馬も多数。「育成力」「マネジメント力」「ブランド力」を兼ね備えた、今後更なる活躍が期待できる新進気鋭の厩舎です。

1978年12月18日生
初免許年 2012年（7年目）

主な活躍馬　ダノンプレミアム
　　　　　　グレイトパール
　　　　　　ベルーガ

PROFILE
14年開業。16年ヴゼットジョリーで新潟2歳Sを勝ち重賞初制覇。17年にダノンプレミアムで朝日杯FSを勝ちGI初制覇。同年には開業から僅か3年7ヶ月15日で通算100勝を達成し、JRAの新記録をマーク。今まさに、飛ぶ鳥を落とす勢いで躍進している。

新馬戦での勝利数

順	厩舎	勝利数
1	池江泰寿	24
2	堀宣行	22
3	中内田充正	21

京都ダートでの勝利数

順	厩舎	勝利数
1	中内田充正	31
2	木原一良	26
3	安田隆行	20

阪神ダートでの勝率

順	厩舎	勝率
1	加用正	16.0%
2	中内田充正	15.1%
3	野中賢二	14.0%

小倉芝での3着内率

順	厩舎	3着内率
1	池江泰寿	44.7%
2	中内田充正	42.6%
3	藤原英昭	42.2%

川田将雅騎手のダート戦での勝利数

順	厩舎	勝利数
1	中内田充正	16
2	西村真幸	10
3	池江泰寿	8

ディープインパクト産駒の芝での勝率

順	厩舎	勝率
1	中内田充正	33.3%
2	堀宣行	24.1%
3	萩原清	22.5%

第3章

POINT

▶ シッカリと調教を積み、新馬戦からいきなり結果を出す！
▶ 京都のダート戦では、ベテラン勢を差し置きトップの成績！
▶ 川田騎手とのコンビは、どの条件でも好走率が高い！
▶ ディープインパクト産駒の扱いは、業界ナンバー1！

クセ強度 A 藤沢和雄（フジサワカズオ）

	総数	1着	2着	3着	着外	勝率	連対率	3着内率	単回値	複回値
芝成績	738	114	93	73	458	15.4%	28.0%	37.9%	71円	79円
ダート成績	248	37	27	27	157	14.9%	25.8%	36.7%	77円	80円

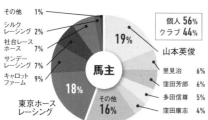

馬主

- 山本英俊 19%
- 個人 56% / クラブ 44%
- 里見治 6%
- 窪田芳郎 6%
- 多田信尊 5%
- 窪田康志 4%
- その他 16%
- 東京ホースレーシング 18%
- キャロットファーム 9%
- サンデーレーシング 7%
- 社台レースホース 7%
- シルクレーシング 2%
- その他 1%

馬主3着内率TOP3
馬主名	3着内率
窪田康志	54.3%
多田信尊	54.2%
サンデーレーシング	52.7%

馬主複勝回収値TOP3
馬主名	複勝回収値
多田信尊	122円
窪田康志	103円
飯塚知一	99円

騎手

- Cルメール 21%
- 北村宏司 13%
- 杉原誠人 9%
- 柴山雄一 9%
- 柴田善臣 6%
- 五十嵐雄祐 4%
- 戸崎圭太 4%
- 四位洋文 4%
- 蛯名正義 3%
- 木幡育也 3%
- その他 24%

騎手3着内率TOP3
騎手名	3着内率
Cルメール	60.8%
Vシュミノー	44.8%
五十嵐雄祐	43.5%

騎手複勝回収値TOP3
騎手名	複勝回収値
Vシュミノー	165円
木幡育也	138円
Cルメール	95円

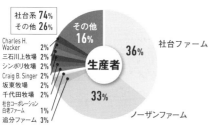

生産者

- 社台ファーム 36%
- ノーザンファーム 33%
- その他 16%
- 社台系 74% / その他 26%
- 追分ファーム 3%
- 社台コーポレーション白老ファーム 1%
- 千代田牧場 2%
- 坂東牧場 2%
- Craig B. Singer 2%
- シンボリ牧場 2%
- 三石川上牧場 2%
- Charles H. Wacker 2%

生産者3着内率TOP3
生産者名	3着内率
追分ファーム	47.2%
ノーザンファーム	42.8%
千代田牧場	36.4%

生産者複勝回収値TOP3
生産者名	複勝回収値
坂東牧場	134円
追分ファーム	114円
ノーザンファーム	80円

距離

- 1400m〜1600m 41%
- 1700m〜2000m 44%
- 2100m〜2400m 5%
- 2500m〜 1%
- 1000m〜1300m 9%

距離3着内率TOP3
距離	3着内率
1500m	59.1%
1700m	47.1%
1400m	46.7%

距離複勝回収値TOP3
距離	複勝回収値
1400m	120円
1500m	119円
1700m	87円

芝ダ別平均連対距離

芝ダ	平均連対距離	順位	平均差
芝	1703m	79	52
ダート	1586m	56	54

4角5番手以内率

芝ダ	総数	4角5番手以内	4角5番手以内率	順
芝	517	226	43.7%	172
ダート	185	113	61.1%	74

上がり最速率

芝ダ	総数	上がり最速数	上がり最速率	順
芝	517	102	19.7%	21
ダート	185	19	10.3%	145

内外通る割合

内外	総数	該当数	割合	順
内	702	291	41.5%	144
外	702	226	32.2%	42

17年にオークスとダービーを制覇。近年、「GⅠを勝てない」と言われていたのが嘘のように、大舞台で再び勝てる厩舎へと生まれ変わりました。この活躍を支えたのが外厩と外国出身騎手。追い切り以外の運動を重視する藤沢和雄厩舎の姿勢と、外厩時代に必要とされる厩舎の素質とがマッチした印象です。騎手では、先の2レースで優勝に導いたCルメール騎手とのコンビで、期間中は勝率32.4%。栗東所属であるにもかかわらず、勝ち星のほとんどは同騎手によるもので、他の外国出身騎手でも好走率が高い厩舎です。裏を返せば、その他の騎手では勝負度合いは低いということ。北村宏司、柴山雄一騎手は、ともに単勝回収値が30円台と低く出ています。

1951年9月22日生
初免許年 1987年（32年目）

主な活躍馬
- レイデオロ
- ソウルスターリング
- ゼンノロブロイ

PROFILE
88年厩舎開業。92年シンコウラブリイでニュージーランドT4歳Sを勝ち重賞初制覇。93年に同馬でマイルCSを勝ちGI初制覇。その後、数多くのGIを制覇するも、なかなか牝馬クラシックを勝てずにいたが、17年にレイデオロでダービーを勝ち、遂に戴冠した。

GⅡ戦での勝利数

順	厩舎	勝利数
1	堀宣行	11
2	池江泰寿	9
3	藤沢和雄	7

牝馬限定戦での勝率
（総件数50以上）

順	厩舎	勝率
1	藤沢和雄	18.8%
1	藤原英昭	18.5%
3	堀宣行	18.2%

東京芝での勝利数

順	厩舎	勝利数
1	堀宣行	51
2	藤沢和雄	42
3	国枝栄	35

セン馬での勝利数

順	厩舎	勝利数
1	藤沢和雄	29
2	中竹和也	17
3	高木登	11

母父サンデーサイレンスでの勝利数

順	厩舎	勝利数
1	池江泰寿	29
2	堀宣行	22
3	藤沢和雄	21

キングカメハメハ産駒での勝率
（総件数30以上）

順	厩舎	勝率
1	藤沢和雄	31.0%
2	藤原英昭	22.2%
3	堀宣行	21.1%

POINT

牝馬限定戦での抜きん出た強さは、もはやイメージ通り！
こちらもイメージ通りで、もっとも得意なのは東京コース！
セン馬の扱いは、調教師の中でダントツ！
キングカメハメハ産駒での勝率は、頭一つ抜けた成績！

第3章

クセ強度 A 森田直行(モリタナオユキ)

	総数	1着	2着	3着	着外	勝率	連対率	3着内率	単回値	複回値
芝成績	576	25	44	38	469	4.3%	12.0%	18.6%	48円	85円
ダート成績	460	29	32	39	360	6.3%	13.3%	21.7%	87円	106円

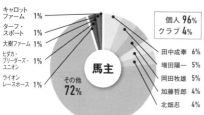

馬主 — 個人96% クラブ4%
その他 72%、田中成奉 6%、増田陽一 5%、岡田牧雄 5%、加藤哲郎 4%、北畑忍 4%、キャロットファーム 1%、ターフ・スポート 1%、大樹ファーム 1%、ヒダカ・ブリーダーズ・ユニオン 1%、ライオンレースホース 1%

馬主3着内率TOP3
馬主名	3着内率
宮本昇	64.3%
宮本孝一	48.7%
森中蕃	31.4%

馬主複勝回収値TOP3
馬主名	複勝回収値
木村信彦	242円
森中蕃	222円
宮本昇	220円

騎手 — その他 59%、松山弘平 10%、幸英明 8%、藤岡康太 4%、Mデムーロ 3%、国分恭介 3%、黛弘人 3%、秋山真一郎 3%、菱田裕二 3%、中谷雄太 2%、高倉稜 2%

騎手3着内率TOP3
騎手名	3着内率
Mデムーロ	72.2%
幸英明	31.1%
秋山真一郎	27.6%

騎手複勝回収値TOP3
騎手名	複勝回収値
国分恭介	254円
高倉稜	203円
菱田裕二	178円

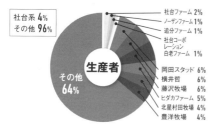

生産者 — 社台系4% その他96%
その他 64%、岡田スタッド 6%、横井哲 6%、藤沢牧場 6%、ヒダカファーム 5%、北星村田牧場 4%、豊洋牧場 4%、社台ファーム 2%、ノーザンファーム 1%、追分ファーム 1%、社台コーポレーション白老ファーム 1%

距離 — 1000m〜1300m 35%、1400m〜1600m 35%、1700m〜2000m 27%、2100m〜2400m 2%、2500m〜 1%

生産者3着内率TOP3
生産者名	3着内率
横井哲	55.2%
中央牧場	35.7%
藤春修二	31.8%

生産者複勝回収値TOP3
生産者名	複勝回収値
中央牧場	188円
千代田牧場	185円
横井哲	183円

距離3着内率TOP3
距離	3着内率
1000m	29.5%
1400m	23.8%
1200m	23.6%

距離複勝回収値TOP3
距離	複勝回収値
1700m	195円
1400m	128円
1200m	104円

芝ダ別平均連対距離
芝ダ	平均連対距離	順位	平均差
芝	1322m	185	-329
ダート	1434m	160	-98

4角5番手以内率
芝ダ	総数	4角5番手以内	4角5番手以内率	順
芝	146	92	63.0%	40
ダート	130	77	59.2%	91

上がり最速率
芝ダ	総数	上がり最速数	上がり最速率	順
芝	146	14	9.6%	131
ダート	130	11	8.5%	169

内外通る割合
内外	総数	該当数	割合	順
内	276	144	52.2%	18
外	276	66	23.9%	154

　特徴は平均連対距離が1375mと、全厩舎の中で4番目の短さであること。1400m以下の連対数は、実に全連対数の76.3%を占めています。また、まだ過剰に人気になることは少なく、配当的にも狙える厩舎です。1400m以下の距離では単勝回収値96円、複勝回収値112円。「短距離に特化」し、外厩時代に結果を出せる厩舎の典型といえます。開業4年目の17年から成績を上げ、18年も8月終了時まで昨年を上回る勝率を収めています。そして、18年はダイメイプリンセスで待望の重賞制覇を達成。アイビスSD、北九州記念、スプリンターズSと、ラブカンプーを好走させており、短距離戦で妙味がある厩舎です。

第3章

1961年12月1日生
初免許年 2013年（6年目）

主な活躍馬　ダイメイプリンセス
　　　　　　ラブカンプー
　　　　　　ダイメイフジ

PROFILE
14年厩舎開業。18年ダイメイプリンセスでアイビスサマーダッシュを勝ち重賞初制覇。調教師試験は11回目のチャレンジで、51歳の時に合格。調教助手を経ずに、厩務員で合格した初の人物となった。努力が実を結び、ここにきて成績が一気に向上している。

Mデムーロ騎手のダートでの勝利数

順	厩舎	勝利数
1	森田直行	9
2	松田国英	8
3	角居勝彦	7

京都芝1200mでの3着内率
（総件数20以上）

順	厩舎	3着内率
1	森田直行	44.1%
2	鈴木孝志	36.4%
3	森秀行	35.0%

京都ダート1400mでの単勝回収値
（総件数20以上）

順	厩舎	単勝回収値
1	森田直行	313円
2	南井克巳	290円
3	杉山晴紀	243円

松山弘平騎手のダートでの単勝回収値

順	厩舎	単勝回収値
1	坂口正則	491円
2	森田直行	327円
3	加用正	265円

阪神ダート1200mでの3着内率
（総件数20以上）

順	厩舎	3着内率
1	梅田智之	41.2%
2	森田直行	36.7%
3	中内田充正	35.5%

オープン特別での複勝回収値
（総件数40以上）

順	厩舎	複勝回収値
1	森田直行	172円
2	金成貴史	167円
3	加用正	161円

POINT

- ▶ まだ世間への認知度が低い分、馬券的妙味がたっぷり！
- ▶ Mデムーロ騎手騎乗は、素直に「勝負時」の合図！
- ▶ 短距離戦が得意で、特に京都芝1200m戦の3着内率は驚異！
- ▶ 重賞を使わず、敢えてオープン特別を選択した場合は買い！

クセ強度 B 浅見 秀一（アサミ ヒデカズ）

1951年5月11日生　初免許年　1991年（28年目）

主な活躍馬
ソングオブウインド
レジネッタ
レインボーライン

	総数	1着	2着	3着	着外	勝率	連対率	3着内率	単回値	複回値
芝成績	603	48	39	56	460	8.0%	14.4%	23.7%	76円	72円
ダート成績	543	41	43	53	406	7.6%	15.5%	25.2%	73円	78円

馬主3着内率TOP3

馬主名	3着内率
社台レースホース	44.4%
吉田晴哉	44.4%
吉田照哉	44.0%

馬主複勝回収値TOP3

馬主名	複勝回収値
土井薫	133円
八木良司	118円
吉田照哉	108円

騎手3着内率TOP3

騎手名	3着内率
池添謙一	54.5%
福永祐一	50.0%
武豊	37.5%

騎手複勝回収値TOP3

騎手名	複勝回収値
池添謙一	158円
福永祐一	120円
和田竜二	119円

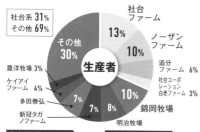

生産者3着内率TOP3

生産者名	3着内率
追分ファーム	35.2%
豊洋牧場	32.4%
明治牧場	32.3%

生産者複勝回収値TOP3

生産者名	複勝回収値
漆原武男	212円
新冠タガノファーム	116円
明治牧場	94円

距離3着内率TOP3

距離	3着内率
1150m	48.0%
1600m	28.3%
1000m	27.6%

距離複勝回収値TOP3

距離	複勝回収値
1150m	149円
1400m	89円
1600m	84円

芝ダ別平均連対距離

芝ダ	平均連対距離	順位	平均差
芝	1497m	162	-154
ダート	1327m	184	-205

4角5番手以内率

芝ダ	総数	4角5番手以内	4角5番手以内率	順
芝	251	110	43.8%	171
ダート	245	121	49.4%	165

上がり最速率

芝ダ	総数	上がり最速数	上がり最速率	順
芝	251	47	18.7%	31
ダート	245	34	13.9%	77

内外通る割合

内外	総数	該当数	割合	順
内	496	196	39.5%	161
外	496	168	33.9%	26

通常はレース当週の水～木曜日に追い切りますが、浅見秀一厩舎は日曜日に調教を済ますのが定番。独自の調教理論から多くの活躍馬を育成し、18年はレインボーラインを天皇賞（春）の勝ち馬に育て上げた仕事人です。主戦の鮫島克駿騎手は芝コースでの回収値が優秀で、1～3番人気の際に安定して好走しています。サングレーザーの主戦を務める福永騎手は、勝負騎手として起用されており、3着内率は50％でした。特徴は、古馬になってからの活躍が目立つこと。先述のレインボーラインも5歳になってGIを制しており、競走馬を作り上げる事に定評のある厩舎です。厩舎の馬齢別成績は7歳の勝率が優秀。単勝回収値も高いので馬券的にも狙い目です。

クセ強度 B

池江泰寿（イケ エ ヤス トシ）

1969年1月13日生　初免許年　2003年（16年目）

主な活躍馬
オルフェーヴル
サトノダイヤモンド
ミッキークイーン

	総数	1着	2着	3着	着外	勝率	連対率	3着内率	単回値	複回値
芝成績	929	145	123	109	552	15.6%	28.8%	40.6%	75円	77円
ダート成績	290	34	22	17	217	11.7%	19.3%	25.2%	96円	58円

第3章

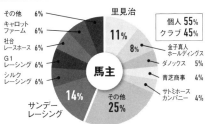

馬主3着内率TOP3
馬主名	3着内率
里見治	54.1%
野田みづき	50.0%
青芝商事	46.7%

馬主複勝回収値TOP3
馬主名	複勝回収値
青芝商事	146円
野田みづき	112円
西川光一	101円

騎手3着内率TOP3
騎手名	3着内率
浜中俊	57.6%
Mデムーロ	53.8%
福永祐一	50.0%

騎手複勝回収値TOP3
騎手名	複勝回収値
福永祐一	133円
Dホワイト	106円
松山弘平	106円

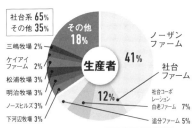
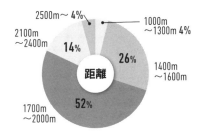

生産者3着内率TOP3
生産者名	3着内率
追分ファーム	45.6%
ノーザンファーム	43.6%
三石橋本牧場	40.9%

生産者複勝回収値TOP3
生産者名	複勝回収値
三石橋本牧場	101円
追分ファーム	99円
社台ファーム	87円

距離3着内率TOP3
距離	3着内率
1800m	42.1%
2200m	41.2%
2400m	40.5%

距離複勝回収値TOP3
距離	複勝回収値
2200m	104円
2000m	83円
2400m	74円

芝ダ別平均連対距離
芝ダ	平均連対距離	順位	平均差
芝	1875m	9	224
ダート	1699m	12	167

4角5番手以内率
芝ダ	総数	4角5番手以内	4角5番手以内率	順
芝	679	346	51.0%	127
ダート	183	117	63.9%	51

上がり最速率
芝ダ	総数	上がり最速数	上がり最速率	順
芝	679	119	17.5%	38
ダート	183	16	8.7%	166

内外通る割合
内外	総数	該当数	割合	順
内	862	344	39.9%	157
外	862	280	32.5%	40

04年に開業し06年に最高勝率調教師賞を、08年には51勝をマークし最多勝利調教師賞を受賞。17年はアルアインで皐月賞を、ペルシアンナイトでマイルCSを制すなど、重賞10勝、三度目のリーディングトレーナーに輝きました。しかし18年は一気に減速し下降。毎年50勝前後を挙げていた厩舎が、18年は40勝ペースです。08年の翌年も同様に勝利数が激減しています。競馬は3歳馬と4歳馬が中心に回っていますが、それらの勝負のタイミングをどうするかによって、翌年の勝利数が変わってきます。同厩舎の場合は、17年に3歳馬をフル稼働し3歳馬だけで28勝を挙げています。これは08年に次いで高い数字です。それゆえ18年は4歳馬の勝利数が減ったと推測されます。

クセ強度 B 大久保龍志（オオクボリュウジ）

1966年1月6日生　初免許年 2001年（18年目）

主な活躍馬
アサクサキングス
ダノンシャーク
スマートレイアー

	総数	1着	2着	3着	着外	勝率	連対率	3着内率	単回値	複回値
芝成績	478	52	65	58	303	10.9%	24.5%	36.6%	85円	83円
ダート成績	505	55	52	43	355	10.9%	21.2%	29.7%	62円	68円

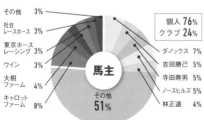

馬主 （その他51%）
- ダノックス 7%
- 吉田勝己 5%
- 寺田寿男 5%
- ノースヒルズ 5%
- 林正道 4%
- キャロットファーム 8%
- 大樹ファーム 4%
- ウイン 3%
- 東京ホースレーシング 3%
- 社台レースホース 3%
- その他 3%
- 個人 76% / クラブ 24%

騎手 岩田康誠 10%
- 福永祐一 7%
- 幸英明 6%
- 和田竜二 6%
- 松山弘平 5%
- Mデムーロ 5%
- 小崎綾也 5%
- 浜中俊 4%
- 北村友一 4%
- 松若風馬 4%
- その他 45%

馬主3着内率TOP3
馬主名	3着内率
高田秀信	70.0%
巽祐子	65.0%
ウイン	59.4%

馬主複勝回収値TOP3
馬主名	複勝回収値
平田牧場	167円
巽祐子	162円
高田秀信	110円

騎手3着内率TOP3
騎手名	3着内率
川田将雅	71.4%
秋山真一郎	50.0%
Mデムーロ	48.9%

騎手複勝回収値TOP3
騎手名	複勝回収値
中谷雄太	160円
川田将雅	113円
松田大作	113円

生産者
- ノーザンファーム 25%
- 社台ファーム 17%
- 下河辺牧場 9%
- 追分ファーム 1%
- 社台コーポレーション白老ファーム 6%
- チャンピオンズファーム 5%
- ノースヒルズ 4%
- ビクトリーホースランチ 4%
- 岡田スタッド 3%
- 桑田牧場 3%
- その他 23%
- 社台系 49% / その他 51%

距離
- 1000m～1300m 12%
- 1400m～1600m 35%
- 1700m～2000m 44%
- 2100m～2400m 7%
- 2500m～ 2%

生産者3着内率TOP3
生産者名	3着内率
岡田スタッド	61.3%
チャンピオンズファーム	49.0%
辻牧場	45.8%

生産者複勝回収値TOP3
生産者名	複勝回収値
辻牧場	157円
千代田牧場	124円
桑田牧場	110円

距離3着内率TOP3
距離	3着内率
2000m	38.4%
2400m	36.0%
1600m	35.7%

距離複勝回収値TOP3
距離	複勝回収値
2400m	117円
2000m	98円
1600m	86円

芝ダ別平均連対距離
芝ダ	平均連対距離	順位	平均差
芝	1800m	25	149
ダート	1567m	70	35

4角5番手以内率
芝ダ	総数	4角5番手以内	4角5番手以内率	順
芝	292	147	50.3%	129
ダート	286	170	59.4%	87

上がり最速率
芝ダ	総数	上がり最速数	上がり最速率	順
芝	292	40	13.7%	81
ダート	286	32	11.2%	127

内外通る割合
内外	総数	該当数	割合	順
内	578	270	46.7%	72
外	578	149	25.8%	139

　リーディング最高位は38勝を挙げた10年の全国7位。翌年は10位。そこから13年には79位まで低下しました。主軸であった栄進堂からの預託が減ったことがその要因の一つではと推測します。現在は立て直し、安定してリーディング上位に名を連ねています。ダノックスからの預託馬で多くの勝利を挙げており、これらは人気であれば信頼できます。主戦騎手は岩田康誠騎手ですが、狙い目は川田将雅騎手。3着内率が71.4%と安定して好走しており、単複とも回収値は100円を超えています。厩舎全体の傾向として、多く馬券になる条件は芝の1600～2000m。1600万では掲示板が精一杯でも、平場なら馬券になる機会が増えます。

クセ強度 B

音無秀孝 (オトナシヒデタカ)

1954年6月10日生　初免許年 1995年（24年目）

主な活躍馬
ヴィクトリー
オウケンブルースリ
カンパニー

	総数	1着	2着	3着	着外	勝率	連対率	3着内率	単回値	複回値
芝成績	846	101	71	67	607	11.9%	20.3%	28.3%	79円	73円
ダート成績	521	50	58	54	359	9.6%	20.7%	31.1%	48円	83円

第3章

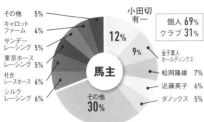

馬主3着内率TOP3		馬主複勝回収値TOP3	
馬主名	3着内率	馬主名	複勝回収値
野田みづき	48.4%	野田みづき	120円
谷掛龍夫	45.0%	近藤英子	106円
社台レースホース	38.1%	サンデーレーシング	105円

騎手3着内率TOP3		騎手複勝回収値TOP3	
騎手名	3着内率	騎手名	複勝回収値
Cルメール	59.3%	丸山元気	118円
Mデムーロ	53.4%	Cルメール	110円
福永祐一	47.6%	武豊	106円

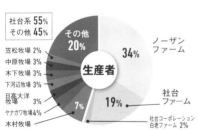

生産者3着内率TOP3		生産者複勝回収値TOP3	
生産者名	3着内率	生産者名	複勝回収値
ヤナガワ牧場	37.7%	浦河小林牧場	103円
ノーザンファーム	35.6%	中原牧場	100円
辻牧場	35.0%	ヤナガワ牧場	95円

距離3着内率TOP3		距離複勝回収値TOP3	
距離	3着内率	距離	複勝回収値
1000m	37.0%	2200m	94円
1800m	33.6%	1800m	94円
1600m	30.7%	2400m	82円

芝ダ別平均連対距離	芝ダ	平均連対距離	順位	平均差
	芝	1695m	82	44
	ダート	1579m	60	47

4角5番手以内率	芝ダ	総数	4角5番手以内	4角5番手以内率	順
	芝	433	224	51.7%	118
	ダート	290	158	54.5%	139

上がり最速率	芝ダ	総数	上がり最速数	上がり最速率	順
	芝	433	76	17.6%	37
	ダート	290	43	14.8%	65

内外通る割合	内外	総数	該当数	割合	順
	内	723	276	38.2%	171
	外	723	257	35.5%	14

多くの重賞勝ち馬を輩出。18年もミッキーロケットで宝塚記念を制するなど、重賞の常連となっている厩舎です。そのミッキーロケットのオーナーである野田みづき氏の馬を多く預かっていますが、特筆すべきは勝率の高さ。15年からの通算では20％を超えており、3着内率は48.4％という驚異的な数字を残しています。騎手では自厩舎に所属している松若騎手が主戦ですが、勝率は9.7％と高くありません。狙い目となるのが、Mデムーロ騎手とCルメール騎手。両名が騎乗した際の勝率は29％ほどで非常に高く、3着内率では50％を超える安定感があります。先の宝塚記念を制した和田騎手とのコンビも、18年に入ってからは関係が良好です。

クセ強度 B

菊沢隆徳 (キクザワタカノリ)

1970年2月10日生　初免許年 2010年（9年目）

主な活躍馬
アエロリット
ミッキースワロー
ウキヨノカゼ

	総数	1着	2着	3着	着外	勝率	連対率	3着内率	単回値	複回値
芝成績	492	41	41	40	370	8.3%	16.7%	24.8%	82円	80円
ダート成績	402	21	22	24	335	5.2%	10.7%	16.7%	86円	69円

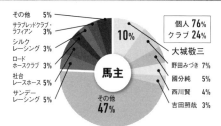

馬主3着内率TOP3

馬主名	3着内率
野田みづき	35.9%
大城敬三	33.0%
シルクレーシング	28.6%

馬主複勝回収値TOP3

馬主名	複勝回収値
堂守貴志	216円
田原慶子	154円
國分純	135円

騎手3着内率TOP3

騎手名	3着内率
戸崎圭太	50.0%
横山典弘	35.5%
北村宏司	26.1%

騎手複勝回収値TOP3

騎手名	複勝回収値
戸崎圭太	107円
伴啓太	97円
宮崎北斗	92円

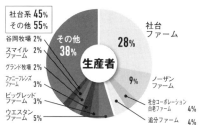
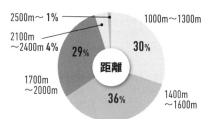

生産者3着内率TOP3

生産者名	3着内率
ノーザンファーム	36.6%
グランド牧場	33.3%
ファニーフレンズファーム	25.0%

生産者複勝回収値TOP3

生産者名	複勝回収値
ビッグレッドファーム	163円
スマイルファーム	155円
ファニーフレンズファーム	117円

距離3着内率TOP3

距離	3着内率
1300m	30.0%
1200m	28.0%
1600m	21.4%

距離複勝回収値TOP3

距離	複勝回収値
1200m	113円
1300m	90円
1400m	81円

芝ダ別平均連対距離

芝ダ	平均連対距離	順位	平均差
芝	1565m	142	-86
ダート	1384m	175	-148

4角5番手以内率

芝ダ	総数	4角5番手以内	4角5番手以内率	順
芝	183	91	49.7%	136
ダート	124	67	54.0%	140

上がり最速率

芝ダ	総数	上がり最速数	上がり最速率	順
芝	183	30	16.4%	49
ダート	124	14	11.3%	123

内外通る割合

内外	総数	該当数	割合	順
内	307	149	48.5%	48
外	307	89	29.0%	88

　17年はアエロリットでNHKマイルCを勝ち、初のGI制覇を達成。馬体重が460キロ以下の馬では、単勝回収値が低くなる傾向があります。このことが影響しているのか、短距離の実績が高い厩舎で、1400m以下の成績は抜群。中山ダート1200mでは、上位人気から穴馬まで幅広く好走しています。勝ち星の多くを占めるのは横山典弘騎手ですが、回収値で見るとやや低め。そのため、狙いは息子の菊沢一樹騎手。穴を開ける好騎乗も目立ちますが、上位人気に支持されたときの安定感は抜群です。アエロリットが秋華賞で人気を裏切ったように、中京、小倉を含む関西での出走は101件あって3勝のみ。遠征競馬では評価を下げて考えたい厩舎です。

クセ強度 B 国枝 栄（クニエダ サカエ）

1955年4月14日生　初免許年 1989年(30年目)

主な活躍馬
アパパネ
アーモンドアイ
ブラックホーク

	総数	1着	2着	3着	着外	勝率	連対率	3着内率	単回値	複回値
芝成績	846	107	88	79	572	12.6%	23.0%	32.4%	99円	84円
ダート成績	319	31	22	19	247	9.7%	16.6%	22.6%	42円	75円

第3章

馬主3着内率TOP3	3着内率
シルクレーシング	59.1%
野田みづき	57.1%
サンデーレーシング	41.3%

馬主複勝回収値TOP3	複勝回収値
大城敬三	201円
鈴木隆司	180円
吉田勝己	164円

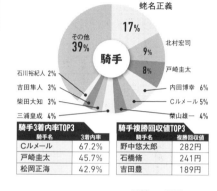

騎手3着内率TOP3	3着内率
Cルメール	67.2%
戸崎圭太	45.7%
松岡正海	42.9%

騎手複勝回収値TOP3	複勝回収値
野中悠太郎	282円
石橋脩	241円
吉田豊	189円

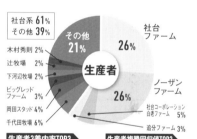

生産者3着内率TOP3	3着内率
林孝輝	61.9%
ノーザンファーム	41.3%
岡田スタッド	39.1%

生産者複勝回収値TOP3	複勝回収値
林孝輝	144円
社台ファーム	107円
ノーザンファーム	98円

距離3着内率TOP3	3着内率
1600m	34.7%
2200m	34.5%
2400m	34.1%

距離複勝回収値TOP3	複勝回収値
2400m	148円
1600m	94円
1800m	93円

芝ダ別平均連対距離	芝ダ	平均連対距離	順位	平均差
	芝	1786m	31	135
	ダート	1707m	9	175

4角5番手以内率	芝ダ	総数	4角5番手以内	4角5番手以内率	順
	芝	459	249	54.2%	105
	ダート	157	93	59.2%	90

上がり最速率	芝ダ	総数	上がり最速数	上がり最速率	順
	芝	459	77	16.8%	43
	ダート	157	16	10.2%	146

内外通る割合	内外	総数	該当数	割合	順
	内	616	247	40.1%	155
	外	616	194	31.5%	50

　長年関東のトップクラスの厩舎として君臨。条件の得手不得手が少なく、距離の長短を問わず好成績を収めています。近年はノーザンFの傘下となったシルクレーシングの馬での成績が特筆物で、勝率は3割に迫ろうかというほど。Cルメール騎手が騎乗した際にはさらに成績が良くなります。クラブ馬でもあり人気する傾向にありますが、軸選びとしては最適です。穴狙いなら連闘馬。元々連闘の少ない厩舎が、敢えて使うということは、根拠があってのことなのでしょう。18年はアーモンドアイで、厩舎2度目の牝馬三冠を達成しました。ダートでは5番人気以内なら安定して好走できています。

81

鹿戸雄一 (シカトユウイチ)

クセ強度 B

1962年5月23日生　初免許年 2007年(12年目)

主な活躍馬
スクリーンヒーロー
スマートオリオン
ビッシュ

	総数	1着	2着	3着	着外	勝率	連対率	3着内率	単回値	複回値
芝成績	787	73	58	72	584	9.3%	16.6%	25.8%	71円	72円
ダート成績	301	29	26	17	229	9.6%	18.3%	23.9%	106円	92円

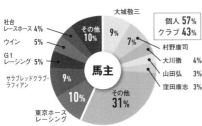

馬主3着内率TOP3

馬主名	3着内率
吉野英子	50.0%
吉田勝己	40.9%
シルクレーシング	40.0%

馬主複勝回収値TOP3

馬主名	複勝回収値
吉田勝己	110円
大城敬三	101円
吉野英子	101円

騎手3着内率TOP3

騎手名	3着内率
Mデムーロ	56.0%
戸崎圭太	46.3%
内田博幸	39.1%

騎手複勝回収値TOP3

騎手名	複勝回収値
松岡正海	197円
Mデムーロ	105円
内田博幸	87円

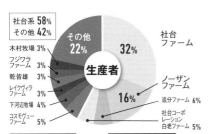
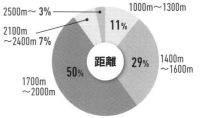

生産者3着内率TOP3

生産者名	3着内率
スマートプロジェクトインコーポレイテッド	50.0%
レイクヴィラファーム	41.2%
フジワラファーム	32.1%

生産者複勝回収値TOP3

生産者名	複勝回収値
フジワラファーム	208円
スマートプロジェクトインコーポレイテッド	123円
レイクヴィラファーム	114円

距離3着内率TOP3

距離	3着内率
1200m	28.6%
2000m	28.0%
1800m	27.9%

距離複勝回収値TOP3

距離	複勝回収値
1200m	126円
1400m	111円
2000m	78円

芝ダ別平均連対距離

芝ダ	平均連対距離	順位	平均差
芝	1787m	30	136
ダート	1510m	111	-22

4角5番手以内率

芝ダ	総数	4角5番手以内	4角5番手以内率	順
芝	349	175	50.1%	130
ダート	125	61	48.8%	167

上がり最速率

芝ダ	総数	上がり最速数	上がり最速率	順
芝	349	48	13.8%	79
ダート	125	21	16.8%	40

内外通る割合

内外	総数	該当数	割合	順
内	474	185	39.0%	164
外	474	164	34.6%	19

リーディング上位に名を連ねるには、サンデーサイレンス系種牡馬での勝利数が必須。しかし、鹿戸厩舎が集計期間中、最も勝ち星を稼いだのはハービンジャー産駒でした。3着内率46.9%、複勝回収値106円と、馬券的にも同産駒に注目です。元々、長く脚を使えるタイプの育成に長けていたので、非サンデーサイレンス系とは相性が良かったのでしょう。在厩での育成力が高く、休み明けを叩いてから4~5走目の成績が良好。外厩とも上手く連携できており、中5~9週の休み明けでの回収値は単複とも100円を超えています。GⅢ勝ちはあるものの、基本的には1000万以下が買いどころ。特に牝馬限定の新馬戦は勝率50.0%と、買って損はしません。

クセ強度 B

杉山晴紀（スギヤマハルキ）

1981年12月24日生　初免許年 2016年（3年目）

主な活躍馬
ケイティブレイブ
ウインテンダネス
ナムラミラクル

	総数	1着	2着	3着	着外	勝率	連対率	3着内率	単回値	複回値
芝成績	168	11	10	11	136	6.5%	12.5%	19.0%	90円	70円
ダート成績	283	23	26	14	220	8.1%	17.3%	22.3%	122円	79円

馬主3着内率TOP3

馬主名	3着内率
ウイン	45.8%
奈村信重	35.7%
竹園正繼	30.0%

馬主複勝回収値TOP3

馬主名	複勝回収値
ウイン	158円
松田整二	106円
奈村信重	96円

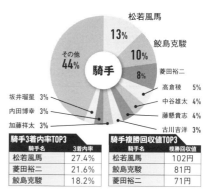

騎手3着内率TOP3

騎手名	3着内率
松若風馬	27.4%
菱田裕二	21.6%
鮫島克駿	18.2%

騎手複勝回収値TOP3

騎手名	複勝回収値
松若風馬	102円
鮫島克駿	81円
菱田裕二	71円

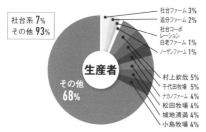

生産者3着内率TOP3

生産者名	3着内率
前田宗将	71.4%
カミイスタッド	58.3%
アサヒ牧場	50.0%

生産者複勝回収値TOP3

生産者名	複勝回収値
Nursery Place Donaldson & Broadbent	371円
本間牧場	346円
アサヒ牧場	169円

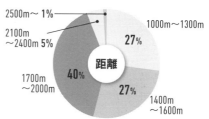

距離3着内率TOP3

距離	3着内率
2000m	32.6%
1200m	19.6%
1700m	19.0%

距離複勝回収値TOP3

距離	複勝回収値
2000m	101円
1400m	89円
1200m	69円

芝ダ別平均連対距離

芝ダ	平均連対距離	順位	平均差
芝	1757m	44	106
ダート	1526m	101	-6

4角5番手以内率

芝ダ	総数	4角5番手以内	4角5番手以内率	順
芝	44	22	50.0%	133
ダート	91	58	63.7%	54

上がり最速率

芝ダ	総数	上がり最速数	上がり最速率	順
芝	44	4	9.1%	141
ダート	91	17	18.7%	26

内外通る割合

内外	総数	該当数	割合	順
内	135	65	48.1%	51
外	135	39	28.9%	92

　転厩してきた一口クラブの馬を次々と勝利に導いており、「育成力」の高さに注目できる厩舎です。ウインの馬は預かった3頭すべてが勝ち上がり、ウインテンダネスは目黒記念を制しました。このことからも、「ブランド力」が高まり、今後は有力馬主からの預託数がどんと増えてくるかもしれません。武宏平厩舎で助手を務めていた時期に、スリーロールスで菊花賞を制覇。杉山厩舎に長距離での活躍馬が多いのはその影響かもしれません。芝は2000m以上で、ダートは1600、1800mで勝ち星が多いです。代表馬はケイティブレイブ。目野厩舎から転厩後に18年ダイオライト記念を制覇。同年の帝王賞ではゴールドドリームの2着でした。

クセ強度 B　高木 登（タカギ ノボル）

1965年5月25日生　初免許年 2006年（13年目）

主な活躍馬
サウンドトゥルー
スノードラゴン
ニシノデイジー

	総数	1着	2着	3着	着外	勝率	連対率	3着内率	単回値	複回値
芝成績	364	22	30	27	285	6.0%	14.3%	21.7%	85円	102円
ダート成績	596	65	55	57	419	10.9%	20.1%	29.7%	86円	94円

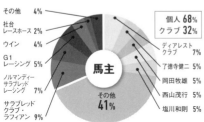

馬主3着内率TOP3
馬主名	3着内率
ノルマンディーサラブレッドレーシング	49.3%
山田弘	42.9%
北所直人	39.4%

馬主複勝回収値TOP3
馬主名	複勝回収値
西山茂行	192円
山田貢一	163円
ラ・メール	160円

騎手3着内率TOP3
騎手名	3着内率
蛯名正義	41.5%
柴田大知	33.3%
三浦皇成	32.4%

騎手複勝回収値TOP3
騎手名	複勝回収値
井上敏樹	242円
黛弘人	189円
吉田隼人	114円

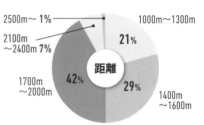

生産者3着内率TOP3
生産者名	3着内率
岡田スタッド	54.0%
友駿牧場	45.5%
八田ファーム	44.4%

生産者複勝回収値TOP3
生産者名	複勝回収値
高昭牧場	179円
ディアレストクラブ	146円
岡田スタッド	133円

距離3着内率TOP3
距離	3着内率
1700m	29.8%
1200m	29.4%
1600m	28.4%

距離複勝回収値TOP3
距離	複勝回収値
1200m	129円
1700m	106円
2000m	105円

芝ダ別平均連対距離
芝ダ	平均連対距離	順位	平均差
芝	1631m	105	-20
ダート	1592m	49	60

4角5番手以内率
芝ダ	総数	4角5番手以内	4角5番手以内率	順
芝	116	52	44.8%	165
ダート	275	144	52.4%	153

上がり最速率
芝ダ	総数	上がり最速数	上がり最速率	順
芝	116	9	7.8%	162
ダート	275	43	15.6%	54

内外通る割合
内外	総数	該当数	割合	順
内	391	162	41.4%	146
外	391	130	33.2%	29

スノードラゴンとサウンドトゥルーの2枚看板が長年厩舎を支えています。どちらも主戦は大野騎手で、このコンビが厩舎の勝ち星の4割ほどを占めています。この厩舎の特徴は、ダートに特化していること。近年は勝利数が増えていますが、その増加分は全てダート戦でのものといえるほど。勝率にも差があり、特に関西圏へ遠征してきた際には非常に優秀な結果を残しています。馬主ではノルマンディーサラブレッドレーシングや、サラブレッドクラブ・ラフィアンとの相性が抜群です。どちらも勝率、3着内率が非常に高く、回収値も100円を上回っているので見逃せません。近年預託馬が増えてきた了徳寺健二HD（テソーロ）にも、今後は要注目です。

クセ強度 B

手塚 貴久（テヅカ タカヒサ）

1964年9月20日生　初免許年　1998年（21年目）

主な活躍馬
アユサン
アジアエクスプレス
アルフレード

	総数	1着	2着	3着	着外	勝率	連対率	3着内率	単回値	複回値
芝成績	700	78	57	60	505	11.1%	19.3%	27.9%	99円	83円
ダート成績	467	46	52	44	325	9.9%	21.0%	30.4%	72円	82円

馬主：個人66% クラブ34% ／ 藤田在子10%、馬場幸夫8%、星野壽市5%、ユアストーリー5%、落合幸弘4%、東京ホースレーシング6%、サラブレッドクラブ・ラフィアン6%、シルクレーシング5%、キャロットファーム4%、サンデーレーシング4%、その他9%、その他34%

馬主3着内率TOP3
馬主名	3着内率
吉田勝己	54.2%
小林祥晃	45.5%
ウイン	41.0%

馬主複勝回収値TOP3
馬主名	複勝回収値
吉田勝己	173円
荒木政美	139円
グリーンフィールズ	139円

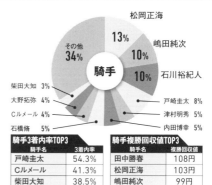

騎手：松岡正海13%、嶋田純次10%、石川裕紀人10%、戸崎圭太8%、津村明秀5%、内田博幸5%、石橋脩5%、Cルメール4%、大野拓弥4%、柴田大知3%、その他34%

騎手3着内率TOP3
騎手名	3着内率
戸崎圭太	54.3%
Cルメール	41.3%
柴田大知	38.5%

騎手複勝回収値TOP3
騎手名	複勝回収値
田中勝春	108円
松岡正海	103円
嶋田純次	99円

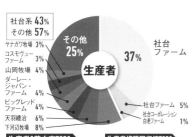

生産者：社台系43% その他57% ／ 社台ファーム37%、下河辺牧場8%、天羽禮治6%、ビッグレッドファーム4%、ダーレー・ジャパン・ファーム4%、山岡牧場4%、コスモヴューファーム3%、ヤナガワ牧場3%、その他25%、社台ファーム5%、社台コーポレーション白老ファーム1%

生産者3着内率TOP3
生産者名	3着内率
ヤナガワ牧場	45.2%
コスモヴューファーム	41.0%
ビッグレッドファーム	35.4%

生産者複勝回収値TOP3
生産者名	複勝回収値
様似共栄牧場	244円
ヤナガワ牧場	140円
下河辺トレーニングセンター	124円

距離：1000m〜1300m 23%、1400m〜1600m 29%、1700m〜2000m 36%、2100m〜2400m 9%、2500m〜 3%

距離3着内率TOP3
距離	3着内率
2500m	47.6%
2100m	34.5%
2400m	33.3%

距離複勝回収値TOP3
距離	複勝回収値
1200m	109円
2500m	107円
1800m	83円

芝ダ別平均連対距離
芝ダ	平均連対距離	順位	平均差
芝	1764m	38	113
ダート	1514m	108	-18

4角5番手以内率
芝ダ	総数	4角5番手以内	4角5番手以内率	順
芝	334	166	49.7%	137
ダート	260	158	60.8%	77

上がり最速率
芝ダ	総数	上がり最速数	上がり最速率	順
芝	334	52	15.6%	57
ダート	260	36	13.8%	79

内外通る割合
内外	総数	該当数	割合	順
内	594	236	39.7%	159
外	594	178	30.0%	74

　最大の特徴としては、関東の厩舎の中では2歳戦に強いこと。特に2歳新馬のダート戦で1番人気に支持された場合は、6戦してすべて3着内に入っています。アメリカ産馬の扱いにも長けており、馬場幸夫氏所有のアジアエクスプレスで、初芝ながら朝日杯FSを制したことも。一方、早熟タイプが多く入るため、馬券では古馬になる前に狙いたい馬が多いです。中、長距離でも割り引く必要はないものの、回収値からは1600m以下が狙い目。中山ダート1200mでは3着内率36.1%、複勝回収値133円と安定しています。厩舎の主戦は戸崎騎手でしたが、18年は騎乗数が激減。芝では松岡騎手での成績が良く、3着内率は46.7%です。

第3章

中竹和也 (ナカタケカズヤ)

クセ強度 B

1964年11月26日生　初免許年 1998年（21年目）

主な活躍馬
ジョーカプチーノ
カデナ
ブランボヌール

	総数	1着	2着	3着	着外	勝率	連対率	3着内率	単回値	複回値
芝成績	550	45	39	39	427	8.2%	15.3%	22.4%	160円	87円
ダート成績	557	46	28	35	448	8.3%	13.3%	19.6%	96円	80円

馬主3着内率TOP3

馬主名	3着内率
サンデーレーシング	35.3%
前田幸治	32.2%
加藤久枝	31.1%

馬主複勝回収値TOP3

馬主名	複勝回収値
永山勝敏	322円
前田幸治	133円
ノースヒルズ	115円

騎手3着内率TOP3

騎手名	3着内率
Dバルジュー	41.4%
武豊	34.8%
岩田康誠	29.3%

騎手複勝回収値TOP3

騎手名	複勝回収値
古川吉洋	364円
加藤祥太	248円
丸田恭介	166円

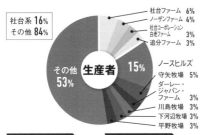

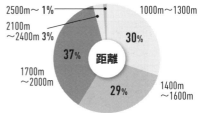

生産者3着内率TOP3

生産者名	3着内率
GreenLanternStable	50.0%
下河辺牧場	34.3%
タイヘイ牧場	29.6%

生産者複勝回収値TOP3

生産者名	複勝回収値
GreenLanternStable	148円
JusticeFarm&Greg	131円
タイヘイ牧場	125円

距離3着内率TOP3

距離	3着内率
1200m	25.8%
1600m	23.5%
2000m	22.5%

距離複勝回収値TOP3

距離	複勝回収値
1600m	133円
1000m	115円
1200m	94円

芝ダ別平均連対距離

芝ダ	平均連対距離	順位	平均差
芝	1593m	127	-58
ダート	1424m	167	-108

4角5番手以内率

芝ダ	総数	4角5番手以内	4角5番手以内率	順
芝	221	120	54.3%	104
ダート	200	131	65.5%	38

上がり最速率

芝ダ	総数	上がり最速数	上がり最速率	順
芝	221	30	13.6%	85
ダート	200	14	7.0%	176

内外通る割合

内外	総数	該当数	割合	順
内	421	201	47.7%	56
外	421	115	27.3%	110

角居厩舎の調教停止に伴って、18年7月から100頭を優に超える馬を管理している特殊な厩舎です。管理頭数が増えたことで出走回数は倍増しましたが、単勝、複勝ともに回収値は減少しています。以前からの中竹厩舎管理馬では、勝率こそ高くないものの、芝、ダート、障害を問わず、非常に高い単勝回収値であることが特徴です。特に18年にアスターサムソン、アスターペガサスで重賞を2勝している加藤久枝氏との相性は良く、勝率16.2%、単勝回収値は149円と抜群の成績。夏の北海道に滅法強く、函館2歳Sを2勝している実績も伊達ではありません。障害での勝ち星のほとんどが引退した林騎手によるもの。平地なら福永騎手がおすすめです。

萩原 清 (ハギワラ キヨシ)

クセ強度 B

1959年3月3日生　初免許年 1996年（23年目）

主な活躍馬
- ロジユニヴァース
- ルヴァンスレーヴ
- ミトラ

	総数	1着	2着	3着	着外	勝率	連対率	3着内率	単回値	複回値
芝成績	353	46	39	27	241	13.0%	24.1%	31.7%	61円	66円
ダート成績	423	57	41	40	285	13.5%	23.2%	32.6%	70円	85円

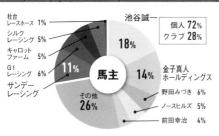

馬主3着内率TOP3

馬主名	3着内率
吉田勝己	60.0%
シルクレーシング	51.3%
G1レーシング	43.5%

馬主複勝回収値TOP3

馬主名	複勝回収値
吉田勝己	190円
ノースヒルズ	137円
シルクレーシング	125円

騎手3着内率TOP3

騎手名	3着内率
Cルメール	56.2%
戸崎圭太	45.0%
Mデムーロ	42.9%

騎手複勝回収値TOP3

騎手名	複勝回収値
柴山雄一	158円
Cルメール	86円
Mデムーロ	78円

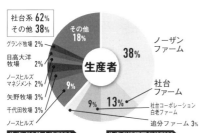

生産者3着内率TOP3

生産者名	3着内率
ノースヒルズ	42.9%
追分ファーム	42.9%
矢野牧場	40.9%

生産者複勝回収値TOP3

生産者名	複勝回収値
追分ファーム	141円
ノースヒルズ	128円
ノーザンファーム	82円

距離3着内率TOP3

距離	3着内率
2100m	55.6%
2000m	37.5%
1800m	37.5%

距離複勝回収値TOP3

距離	複勝回収値
2100m	187円
1800m	86円
1400m	77円

芝ダ別平均連対距離

芝ダ	平均連対距離	順位	平均差
芝	1764m	40	113
ダート	1636m	31	104

4角5番手以内率

芝ダ	総数	4角5番手以外	4角5番手以内率	順
芝	217	94	43.3%	174
ダート	248	137	55.2%	136

上がり最速率

芝ダ	総数	上がり最速数	上がり最速率	順
芝	217	46	21.2%	12
ダート	248	40	16.1%	48

内外通し割合

内外	総数	該当数	割合	順
内	465	176	37.8%	173
外	465	152	32.7%	36

09年のダービー馬、ロジユニヴァースを手がけた厩舎。外厩を上手く活用して馬を作り上げることから、2歳戦の成績が非常に優秀です。そのため短い間隔で出走することが少なく、出走回数は多くありません。高い勝率で、安定して勝利を重ねることが特徴に挙げられます。18年はルヴァンスレーヴでジャパンダートダービーを勝ち、厩舎としても久しぶりとなるGI級勝利を挙げました。シルクレーシングの所有馬では複勝率が50％を超える抜群の安定感。今後も見逃せない組み合わせです。GIレーシングや吉田勝己氏、吉田和美氏など、相性の良い馬主が多く存在しており、買い時がわかりやすい厩舎といえます。距離やコースを問わないのも強み。

第3章

橋田 満(ハシダ ミツル)

クセ強度 B

1952年9月15日生　初免許年 1983年(36年目)

主な活躍馬
アドマイヤベガ
ディアドラ
サイレンススズカ

	総数	1着	2着	3着	着外	勝率	連対率	3着内率	単回値	複回値
芝成績	467	38	28	32	369	8.1%	14.1%	21.0%	85円	73円
ダート成績	234	17	17	17	183	7.3%	14.5%	21.8%	74円	68円

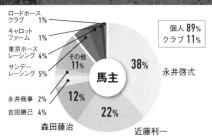

馬主3着内率TOP3

馬主名	3着内率
ロードホースクラブ	31.7%
吉田勝己	31.0%
森田藤治	27.0%

馬主複勝回収値TOP3

馬主名	複勝回収値
吉田勝己	117円
永井啓弐	83円
近藤利一	81円

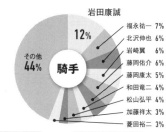

騎手3着内率TOP3

騎手名	3着内率
北沢伸也	52.1%
福永祐一	38.0%
岩田康誠	36.0%

騎手複勝回収値TOP3

騎手名	複勝回収値
松山弘平	176円
北沢伸也	174円
藤岡佑介	102円

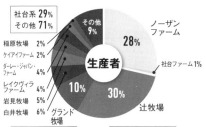

生産者3着内率TOP3

生産者名	3着内率
レイクヴィラファーム	35.7%
ダーレー・ジャパン・ファーム	28.6%
ケイアイファーム	27.0%

生産者複勝回収値TOP3

生産者名	複勝回収値
レイクヴィラファーム	117円
ノーザンファーム	94円
辻牧場	90円

距離3着内率TOP3

距離	3着内率
1700m	35.3%
2400m	27.0%
2200m	26.7%

距離複勝回収値TOP3

距離	複勝回収値
1700m	143円
1200m	97円
2000m	79円

芝ダ別平均連対距離

	芝ダ	平均連対距離	順位	平均差
	芝	1842m	17	191
	ダート	1612m	40	80

4角5番手以内率

	芝ダ	総数	4角5番手以内	4角5番手以内率	順
	芝	155	72	46.5%	158
	ダート	82	41	50.0%	163

上がり最速率

	芝ダ	総数	上がり最速数	上がり最速率	順
	芝	155	32	20.6%	15
	ダート	82	14	17.1%	38

内外通る割合

	内外	総数	該当数	割合	順
	内	237	101	42.6%	126
	外	237	73	30.8%	63

　アドマイヤの近藤利一氏からの預託馬がいなくなり、スズカの永井啓弐氏が中心に。近年は結果を出せない時期もありましたが、17年以降は巻き返しています。過去に数々のGI馬を手掛けた「育成力」は流石で、17年の秋華賞馬ディアドラから、レイホーロマンスのような馬体重が420キロ以下の馬でもオープン馬まで育てています。主戦は岩田騎手ですが、回収値では福永騎手に注目。復調した17年以降では、3着内率46.4%、複勝回収値104円と妙味は十分です。好走率ではやや劣るものの、岩崎翼騎手は人気薄を多数好走させています。距離別の成績を見ると、芝では2000~2400mに良績が集中しており、1600mでは成績が低下傾向。

クセ強度 B

藤岡 健一 (フジオカ ケンイチ)

1961年1月1日生　初免許年 2001年（18年目）

主な活躍馬
- ジュエラー
- ビッグアーサー
- ワンカラット

第3章

	総数	1着	2着	3着	着外	勝率	連対率	3着内率	単回値	複回値
芝成績	662	82-79-61-440				12.4%	24.3%	33.5%	78円	81円
ダート成績	361	34-31-26-270				9.4%	18.0%	25.2%	108円	63円

馬主3着内率TOP3

馬主名	3着内率
シルクレーシング	62.5%
ニット一商事	40.9%
栄進堂	40.6%

馬主複勝回収値TOP3

馬主名	複勝回収値
シルクレーシング	132円
栄進堂	100円
小笹公也	97円

騎手3着内率TOP3

騎手名	3着内率
Cルメール	61.3%
Mデムーロ	44.0%
藤岡康太	34.8%

騎手複勝回収値TOP3

騎手名	複勝回収値
秋山真一郎	109円
藤岡康太	85円
Cルメール	81円

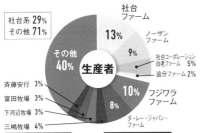

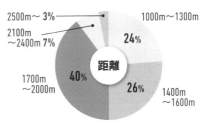

生産者3着内率TOP3

生産者名	3着内率
RichardShultz	53.8%
LiberationFarm&Br	45.5%
斉藤安行	41.4%

生産者複勝回収値TOP3

生産者名	複勝回収値
RichardShultz	143円
Gallagher'sStud	126円
栄進牧場	101円

距離3着内率TOP3

距離	3着内率
2400m	40.0%
1600m	38.0%
2200m	35.5%

距離複勝回収値TOP3

距離	複勝回収値
1600m	91円
1800m	87円
1200m	79円

芝ダ別平均連対距離	芝ダ	平均連対距離	順位	平均差
	芝	1724m	69	73
	ダート	1512m	110	-20

4角5番手以内率	芝ダ	総数	4角5番手以内	4角5番手以内率	順
	芝	369	205	55.6%	93
	ダート	171	121	70.8%	14

上がり最速率	芝ダ	総数	上がり最速数	上がり最速率	順
	芝	369	70	19.0%	29
	ダート	171	12	7.0%	175

内外通る割合	内外	総数	該当数	割合	順
	内	540	253	46.9%	71
	外	540	140	25.9%	138

　藤岡佑介、康太騎手の父であり、その両名の騎乗数が多い厩舎です。勝利数、勝率とも優秀なのは、弟の康太騎手。厩舎の全勝率よりも高い約15%の勝率があり、18年のダービー卿CTでは同コンビで初重賞制覇。その勢いのまま、オーナーであるシルクレーシングとの相性も良化傾向です。18年8月終了時点では、厩舎で最も勝ち星の多い組み合わせになっています。勝率や単勝回収値も素晴らしく、今後とも目が離せません。芝、ダートとも短距離戦が得意で、単勝回収値はどちらも100円を超えています。馬のケアに長けており、短い出走間隔の方が結果が良い点も特徴です。頻度は高くありませんが、連闘で出走してきた際は買い材料です。

89

クセ強度 B

藤原英昭 (フジワラヒデアキ)

1965年6月29日生　初免許年 2000年(19年目)

主な活躍馬
- エイシンフラッシュ
- エポカドーロ
- ストレイトガール

	総数	1着	2着	3着	着外	勝率	連対率	3着内率	単回値	複回値
芝成績	726	132	109	84	401	18.2%	33.2%	44.8%	83円	84円
ダート成績	304	53	42	26	183	17.4%	31.3%	39.8%	97円	79円

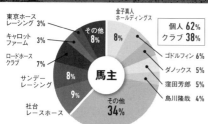

馬主3着内率TOP3

馬主名	3着内率
ヒダカ・ブリーダーズ・ユニオン	68.2%
寺田千代乃	61.3%
広尾レース	58.3%

馬主複勝回収値TOP3

馬主名	複勝回収値
ヒダカ・ブリーダーズ・ユニオン	146円
サンデーレーシング	106円
ロードホースクラブ	104円

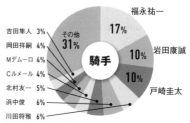

騎手3着内率TOP3

騎手名	3着内率
Mデムーロ	65.0%
Cルメール	63.8%
川田将雅	62.7%

騎手複勝回収値TOP3

騎手名	複勝回収値
戸崎圭太	116円
岡田祥嗣	115円
川田将雅	102円

生産者3着内率TOP3

生産者名	3着内率
木村秀則	70.0%
追分ファーム	61.1%
社台コーポレーション白老ファーム	52.6%

生産者複勝回収値TOP3

生産者名	複勝回収値
木村秀則	115円
藤原牧場	107円
ケイアイファーム	101円

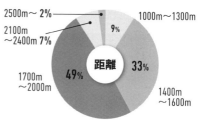

距離3着内率TOP3

距離	3着内率
2400m	60.0%
2200m	48.6%
1800m	44.9%

距離複勝回収値TOP3

距離	複勝回収値
2400m	111円
1600m	89円
2200m	85円

芝ダ別平均連対距離

芝ダ	平均連対距離	順位	平均差
芝	1756m	46	105
ダート	1653m	23	121

4角5番手以内率

芝ダ	総数	4角5番手以内	4角5番手以内率	順
芝	549	259	47.2%	153
ダート	230	175	76.1%	2

上がり最速率

芝ダ	総数	上がり最速数	上がり最速率	順
芝	549	116	21.1%	13
ダート	230	30	13.0%	88

内外通る割合

内外	総数	該当数	割合	順
内	779	324	41.6%	142
外	779	224	28.8%	95

　18年は8月31日までに44勝と、過去にないペースで勝ち星を量産中。エポカドーロが皐月賞＆ダービーでも大活躍を見せました。以前まで上級条件で活躍していたのは、非力で腰が甘いタイプが目につきました。しかし、調教の傾向が変わったか、どの馬も筋肉量が増えて腰の支えや緊張感が増し、クラスの壁を越えて連勝する馬が続出しています。先行しても上がり3F最速の脚を使え、差し馬も自在の立ち回りができています。誰でも乗りやすく、先行しても折り合いに苦労しません。どの騎手でも好走できることは、成績が向上した大きな要因となっています。管理馬へのケアは徹底しており、「マネジメント力」も優秀。日本を代表する厩舎です。

クセ強度 B

堀 宣行（ホリ ノリユキ）

1967年11月9日生　初免許年 2002年（17年目）

主な活躍馬
ドゥラメンテ
モーリス
キンシャサノキセキ

	総数	1着	2着	3着	着外	勝率	連対率	3着内率	単回値	複回値
芝成績	633	123	70	41	399	19.4%	30.5%	37.0%	85円	70円
ダート成績	230	55	21	18	136	23.9%	33.0%	40.9%	95円	75円

第3章

馬主3着内率TOP3

馬主名	3着内率
吉田和美	58.7%
サンデーレーシング	52.0%
キャロットファーム	43.9%

馬主複勝回収値TOP3

馬主名	複勝回収値
吉田和美	103円
サンデーレーシング	93円
里見治	90円

騎手3着内率TOP3

騎手名	3着内率
Jモレイラ	59.5%
Rムーア	58.5%
Cルメール	52.8%

騎手複勝回収値TOP3

騎手名	複勝回収値
Tベリー	112円
Jモレイラ	103円
Rムーア	93円

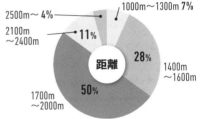

生産者3着内率TOP3

生産者名	3着内率
ノーザンファーム	42.6%
社台コーポレーション白老ファーム	39.7%
追分ファーム	34.8%

生産者複勝回収値TOP3

生産者名	複勝回収値
ノーザンファーム	76円
追分ファーム	76円
社台コーポレーション白老ファーム	68円

距離3着内率TOP3

距離	3着内率
2400m	45.5%
1700m	43.2%
1600m	41.5%

距離複勝回収値TOP3

距離	複勝回収値
2400m	93円
1600m	80円
2200m	77円

芝ダ別平均連対距離

	芝ダ	平均連対距離	順位	平均差
	芝	1925m	5	274
	ダート	1701m	10	169

4角5番手以内率

	芝ダ	総数	4角5番手以内数	4角5番手以内率	順
	芝	445	232	52.1%	115
	ダート	169	108	63.9%	52

上がり最速率

	芝ダ	総数	上がり最速数	上がり最速率	順
	芝	445	87	19.6%	25
	ダート	169	34	20.1%	16

内外通る割合

	内外	総数	該当数	割合	順
	内	614	231	37.6%	175
	外	614	210	34.2%	23

ノーザンF生産の素質馬を多数管理し、期間中は国内GIを6勝。関東、そして日本を代表する名門です。騎乗数が多いのは石橋脩騎手ですが、勝負時は外国出身騎手を鞍上に迎えるのが特徴。Mデムーロ、Cルメール騎手はもちろんのこと、Rムーア、Jモレイラ騎手が短期免許で来日するタイミングが狙い目です。その際は万全の仕上げであることが多く、2着よりも圧倒的に1着の数が多くなっています。また、リーディング上位の中では、ダートに強い厩舎でもあります。1000万までなら勝率は29.2%で単勝回収値は114円。単勝や1着固定の馬券で重宝します。良績は札幌、東京、中山に集中しており、関西遠征はやや勝率が落ちます。

クセ強度 B

松永 幹夫 (マツナガ ミキオ)

1967年4月10日生　初免許年 2006年(13年目)

主な活躍馬
- レッドディザイア
- ラッキーライラック
- アウォーディー

	総数	1着	2着	3着	着外	勝率	連対率	3着内率	単回値	複回値
芝成績	533	54	61	54	364	10.1%	21.6%	31.7%	50円	67円
ダート成績	382	42	29	29	282	11.0%	18.6%	26.2%	73円	62円

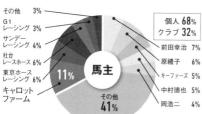

馬主3着内率TOP3
馬主名	3着内率
サンデーレーシング	55.6%
キャロットファーム	43.8%
土井肇	36.7%

馬主複勝回収値TOP3
馬主名	複勝回収値
キャロットファーム	86円
サンデーレーシング	81円
キーファーズ	79円

騎手3着内率TOP3
騎手名	3着内率
福永祐一	64.3%
西谷誠	52.2%
石橋脩	50.0%

騎手複勝回収値TOP3
騎手名	複勝回収値
福永祐一	130円
四位洋文	104円
Cルメール	88円

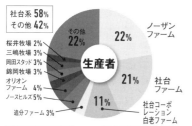

生産者3着内率TOP3
生産者名	3着内率
岡田スタッド	50.0%
ノーザンファーム	40.6%
社台コーポレーション白老ファーム	38.3%

生産者複勝回収値TOP3
生産者名	複勝回収値
岡田スタッド	100円
社台コーポレーション白老ファーム	79円
ノーザンファーム	76円

距離3着内率TOP3
距離	3着内率
1200m	32.1%
1400m	31.0%
2000m	30.6%

距離複勝回収値TOP3
距離	複勝回収値
2400m	89円
1400m	79円
1200m	73円

芝ダ別平均連対距離
芝ダ	平均連対距離	順位	平均差
芝	1723m	70	72
ダート	1687m	13	155

4角5番手以内率
芝ダ	総数	4角5番手以内	4角5番手以内率	順
芝	316	156	49.4%	142
ダート	192	112	58.3%	96

上がり最速率
芝ダ	総数	上がり最速数	上がり最速率	順
芝	316	48	15.2%	60
ダート	192	30	15.6%	55

内外通る割合
内外	総数	該当数	割合	順
内	508	224	44.1%	108
外	508	149	29.3%	81

アウォーディー、ラニの兄弟をはじめ、騎乗数が多いのは武豊騎手。主戦騎手として勝率は20.4%を記録し、厩舎全体の成績以上の結果を残しています。関東では石橋脩騎手を重用しており、17年の阪神JFなどを制したラッキーライラックの主戦を任せています。同騎手での勝率は30.8%。単勝回収値も100円を優に上回り、関東の主戦として注目です。馬体的な特徴としては、CWコースで調教をするため伸びがあるフットワークで走る馬が多く、芝では内回りよりも外回りコースで優勢。ダートでは1800mに勝ち星が集中しています。また、ダートでは1番人気が◎。3着内率は72.1%で、回収値は単複とも100円と、軸として信頼できます。

クセ強度 B

南井克巳 (ミナイカツミ)

1953年1月17日生　初免許年 1999年（20年目）

主な活躍馬
ウイングアロー
タマモホットプレイ
ホウライアキコ

	総数	1着	2着	3着	着外	勝率	連対率	3着内率	単回値	複回値
芝成績	364	26	25	18	295	7.1%	14.0%	19.0%	58円	56円
ダート成績	574	53	54	32	435	9.2%	18.6%	24.2%	151円	75円

第3章

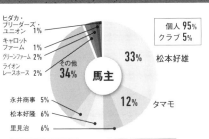

馬主3着内率TOP3

馬主名	3着内率
キャピタル・システム	39.4%
松元保	37.8%
ライオンレースホース	31.8%

馬主複勝回収値TOP3

馬主名	複勝回収値
キャピタル・システム	127円
ライオンレースホース	105円
加藤久枝	103円

騎手3着内率TOP3

騎手名	3着内率
藤岡康太	35.2%
熊沢重文	34.8%
吉田隼人	33.3%

騎手複勝回収値TOP3

騎手名	複勝回収値
藤岡康太	130円
吉田隼人	125円
田中健	117円

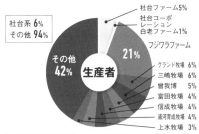

生産者3着内率TOP3

生産者名	3着内率
BetzThoroughbredsW	47.6%
太陽牧場	40.0%
前田牧場	40.0%

生産者複勝回収値TOP3

生産者名	複勝回収値
BetzThoroughbredsW	168円
社台ファーム	133円
上水牧場	119円

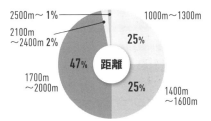

距離3着内率TOP3

距離	3着内率
1700m	26.0%
1200m	25.0%
1400m	23.5%

距離複勝回収値TOP3

距離	複勝回収値
1400m	85円
2000m	72円
1800m	72円

芝ダ別 平均連対距離

芝ダ	平均連対距離	順位	平均差
芝	1539m	147	-112
ダート	1564m	75	32

4角5番手以内率

芝ダ	総数	4角5番手以内数	4角5番手以内率	順
芝	115	77	67.0%	19
ダート	234	152	65.0%	42

上がり最速率

芝ダ	総数	上がり最速数	上がり最速率	順
芝	115	10	8.7%	148
ダート	234	22	9.4%	156

内外通る割合

内外	総数	該当数	割合	順
内	349	206	59.0%	4
外	349	71	20.3%	173

　昭和63年はタマモクロスの年。天皇賞（秋）では、中央転厩後、無敗の重賞6連勝中だったオグリキャップに土を付けました。当時の鞍上が南井克巳。平成6年の3冠馬ナリタブライアンの主戦を務め、平成9年にはマチカネフクキタルで菊花賞を制覇。平成12年に工藤嘉見厩舎を引き継いで厩舎を開業しました。そのような縁から、当初はタマモやオースミの馬を多く預かってきました。松本好雄氏（メイショウ）の、主要取引先厩舎が引退するにしたがって預かる頭数が増え、現在では通年で20数頭を管理しています。「穴なら南井厩舎のメイショウ」、と言われるほど。ご当地の阪神では、近3年、13％を超える勝率と、200円もの高回収値を実現しています。

93

安田隆行 (ヤスダタカユキ)

クセ強度 B

1953年3月5日生　初免許年 1994年(25年目)

主な活躍馬
ロードカナロア
カレンチャン
トランセンド

	総数	1着	2着	3着	着外	勝率	連対率	3着内率	単回値	複回値
芝成績	643	74	67	51	451	11.5%	21.9%	29.9%	73円	63円
ダート成績	660	66	73	62	459	10.0%	21.1%	30.5%	98円	82円

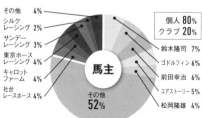

馬主3着内率TOP3

馬主名	3着内率
吉田勝己	72.7%
野田みづき	54.5%
ダノックス	44.8%

馬主複勝回収値TOP3

馬主名	複勝回収値
ユアストーリー	125円
吉田勝己	123円
松岡隆雄	87円

騎手3着内率TOP3

騎手名	3着内率
Mデムーロ	50.0%
Cルメール	47.7%
武豊	44.0%

騎手複勝回収値TOP3

騎手名	複勝回収値
勝浦正樹	134円
蛯名正義	104円
武豊	101円

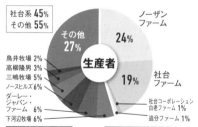

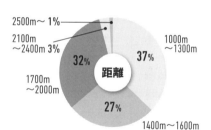

生産者3着内率TOP3

生産者名	3着内率
平野牧場	47.8%
ダーレー・ジャパン・ファーム	40.7%
三嶋牧場	35.7%

生産者複勝回収値TOP3

生産者名	複勝回収値
下河辺牧場	113円
平野牧場	81円
ノースヒルズ	75円

距離3着内率TOP3

距離	3着内率
1400m	39.4%
1000m	38.6%
1900m	38.1%

距離複勝回収値TOP3

距離	複勝回収値
2000m	93円
1900m	91円
1400m	87円

芝ダ別平均連対距離

芝ダ	平均連対距離	順位	平均差
芝	1501m	160	-150
ダート	1437m	159	-95

4角5番手以内率

芝ダ	総数	4角5番手以内	4角5番手以内率	順
芝	389	209	53.7%	108
ダート	384	220	57.3%	109

上がり最速率

芝ダ	総数	上がり最速数	上がり最速率	順
芝	389	66	17.0%	42
ダート	384	49	12.8%	96

内外通る割合

内外	総数	該当数	割合	順
内	773	348	45.0%	99
外	773	202	26.1%	134

次男の安田翔伍調教師が開業した前後で、18年は若干成績を落とした時期も。それでも夏の降級馬の猛チャージなどで勝ち星も戻り、リーディング争いに復帰しました。短距離部門での活躍が多いのは以前と変わりなし。しかし、昨年度からプール調教を取り入れるなど新たな工夫も見られます。ディープインパクト産駒よりも、ロードカナロアやキンシャサノキセキ産駒での勝ち星が多く、18年はロードカナロア産駒で新潟2歳Sを制し(ケイデンスコール)、キーンランドCで連対(ダノンスマッシュ)しました。短距離部門という括りに限らず、短距離タイプの血統を扱うのも得意なのでしょう。近年はダートでの好走が目立ち、芝を上回る成績を残しています。

クセ強度 B

矢作芳人（ヤハギヨシト）

主な活躍馬
リアルスティール
グランプリボス
モズアスコット

1961年3月20日生　初免許年 2004年（15年目）

	総数	1着	2着	3着	着外	勝率	連対率	3着内率	単回値	複回値
芝成績	1195	123	102	107	863	10.3%	18.8%	27.8%	74円	77円
ダート成績	660	49	48	46	517	7.4%	14.7%	21.7%	99円	81円

第3章

馬3着内率TOP3

馬主名	3着内率
広尾レース	58.3%
キャロットファーム	52.7%
吉田勝己	45.7%

馬主複勝回収値TOP3

馬主名	複勝回収値
キャロットファーム	168円
石川達絵	155円
吉田勝己	142円

騎手3着内率TOP3

騎手名	3着内率
Cルメール	50.0%
福永祐一	45.8%
武豊	45.6%

騎手複勝回収値TOP3

騎手名	複勝回収値
松若風馬	159円
黛弘人	152円
三浦皇成	148円

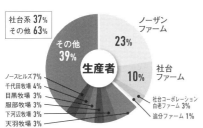

生産者3着内率TOP3

生産者名	3着内率
カナインスタッド	58.3%
レイクヴィラファーム	50.0%
ColtsNeckStablesL	44.8%

生産者複勝回収値TOP3

生産者名	複勝回収値
タイヘイ牧場	150円
ColtsNeckStablesL	132円
目黒牧場	131円

距離3着内率TOP3

距離	3着内率
1500m	38.1%
2600m	35.0%
2000m	31.5%

距離複勝回収値TOP3

距離	複勝回収値
1700m	96円
2200m	89円
1800m	86円

芝ダ別平均連対距離

芝ダ	平均連対距離	順位	平均差
芝	1732m	61	81
ダート	1633m	32	101

4角5番手以内率

芝ダ	総数	4角5番手以内	4角5番手以内率	順
芝	612	302	49.3%	143
ダート	249	171	68.7%	20

上がり最速率

芝ダ	総数	上がり最速数	上がり最速率	順
芝	612	104	17.0%	41
ダート	249	20	8.0%	171

内外通る割合

内外	総数	該当数	割合	順
内	861	366	42.5%	127
外	861	282	32.8%	35

　8月終了時点で、18年は355回の出走。これは全厩舎の中でもダントツの数字です。初出走や休み明けよりも、間隔を詰めて使った叩き2戦目以降の成績が跳ね上がります。見るからに立派なつくりで出走させることもありますが、それによって連戦でもデキが維持できるのです。好走機会が多いにもかかわらず、比較的故障が少ないことも特徴。モズアスコットは、安土城で敗れてからの連闘+関東への輸送でしたが、安田記念を優勝しました。この厳しいローテーションを成立させ、結果を残し、馬を傷めずに済んだのは、矢作厩舎が長年培った技術と、外厩との信頼関係があってのものでしょう。主戦は坂井瑠星騎手と中谷雄太騎手で、勝率が高いのは前者です。

クセ強度 C

相沢 郁
アイザワ イクオ

1959年6月19日生

初免許年 1997年（22年目）

主戦は石川騎手。新馬戦で狙いたい厩舎で、1~10番人気での複勝回収値163円は全厩舎でトップでした。ダート戦を狙いすました形で遠征し、京都では4頭で5勝を挙げています。3~4番人気での勝率、単勝回収値は平均を上回っており、馬券の妙味は大。最多の勝利数を挙げているのは、中山のダート1800m戦でした。

	総数	1着	2着	3着	着外	勝率	連対率	3着内率	単回値	複回値
芝成績	492	37	27	41	387	7.5%	13.0%	21.3%	79円	68円
ダート成績	607	50	45	52	460	8.2%	15.7%	24.2%	168円	111円

馬主

3着内率TOP3		複勝回収値TOP3	
馬主名	3着内率	馬主名	複勝回収値
星野祐介	41.0%	小野建	305円
斎藤光政	34.5%	久米大	125円
高橋勉	32.6%	高橋勉	107円

騎手

3着内率TOP3		複勝回収値TOP3	
騎手名	3着内率	騎手名	複勝回収値
岩田康誠	41.0%	井上敏樹	191円
田辺裕信	33.3%	岩田康誠	120円
三浦皇成	32.1%	石橋脩	104円

生産者

3着内率TOP3		複勝回収値TOP3	
生産者名	3着内率	生産者名	複勝回収値
ノーザンファーム	40.9%	ノーザンファーム	239円
金成吉田牧場	32.6%	三好牧場	209円
斉藤安行	30.2%	タイヘイ牧場	193円

距離

3着内率TOP3		複勝回収値TOP3	
距離	3着内率	距離	複勝回収値
1400m	31.6%	2400m	250円
2400m	26.7%	2100m	137円
1800m	25.3%	1800m	107円

五十嵐忠男
イガラシタダオ

1952年11月9日生

初免許年 1993年（26年目）

積極的に障害レースへ出走している厩舎です。平地ではダート戦を得意としていますが、それよりも遥かに勝率が高い障害戦が狙い目となります。騎手とのコンビなら、デビューから所属していた国分恭介騎手。今でも主戦となっていて、勝率こそ低いものの、単勝回収値、複勝回収値とも非常に優秀。人気薄でも侮れません。

	総数	1着	2着	3着	着外	勝率	連対率	3着内率	単回値	複回値
芝成績	365	28	23	28	286	7.7%	14.0%	21.6%	88円	83円
ダート成績	433	37	54	40	302	8.5%	21.0%	30.3%	209円	122円

馬主

3着内率TOP3		複勝回収値TOP3	
馬主名	3着内率	馬主名	複勝回収値
奈村信重	40.9%	八木良司	183円
深見富朗	39.8%	竹園正繼	154円
森中蕃	38.1%	深見富朗	130円

騎手

3着内率TOP3		複勝回収値TOP3	
騎手名	3着内率	騎手名	複勝回収値
平沢健治	55.0%	荻野極	357円
北村友一	51.7%	北村友一	183円
武豊	50.9%	国分恭介	131円

生産者

3着内率TOP3		複勝回収値TOP3	
生産者名	3着内率	生産者名	複勝回収値
ビッグレッドファーム	37.3%	テイエム牧場	360円
岡田牧場	37.2%	新冠タガノファーム	197円
テイエム牧場	37.0%	いとう牧場	107円

距離

3着内率TOP3		複勝回収値TOP3	
距離	3着内率	距離	複勝回収値
2000m	33.3%	2000m	168円
1800m	31.0%	1800m	145円
2400m	30.0%	1700m	80円

池添 学 （イケゾエ マナブ）

1980年9月2日生

初免許年 2014年（5年目）

15年3月開業。過去にノーザンFで働いていたので、ノーザンF色が強い厩舎です。ノーザンF生産馬での新馬戦は勝率31.3%。1番人気に支持されれば、勝率は53.8%、3着内率84.6%と信頼度が非常に高くなります。厩舎の勝ち頭は北村友一騎手で、勝利数はローカル開催が中心。期待馬には福永騎手が多め。

	総数	1着	2着	3着	着外	勝率	連対率	3着内率	単回値	複回値
芝成績	477	45	38	39	355	9.4%	17.4%	25.6%	74円	82円
ダート成績	340	31	18	22	269	9.1%	14.4%	20.9%	78円	67円

馬主

3着内率TOP3 馬主名	3着内率	複勝回収値TOP3 馬主名	複勝回収値
名古屋友豊	33.3%	サンデーレーシング	102円
シルクレーシング	33.3%	名古屋友豊	98円
吉田勝己	32.0%	吉田勝己	86円

騎手

3着内率TOP3 騎手名	3着内率	複勝回収値TOP3 騎手名	複勝回収値
戸崎圭太	48.0%	川又賢治	260円
福永祐一	42.9%	荻野極	111円
Cルメール	42.4%	松山弘平	103円

生産者

3着内率TOP3 生産者名	3着内率	複勝回収値TOP3 生産者名	複勝回収値
EmiratesParkPtyLt	40.0%	ClearskyFarms	128円
ClearskyFarms	35.0%	MachmerHallCheroke	98円
JohnDavidO'Farrell	27.3%	ノーザンファーム	83円

距離

3着内率TOP3 距離	3着内率	複勝回収値TOP3 距離	複勝回収値
1200m	28.5%	1700m	112円
2000m	25.9%	1800m	84円
1700m	25.0%	1600m	81円

石坂 正 （イシザカ セイ）

1950年12月24日生

初免許年 1997年（22年目）

三冠牝馬ジェンティルドンナを始め、多数のGI馬を輩出した名門厩舎。17年は勝利数、勝率ともに落ち込みました。18年は復調傾向にあります。それを後押ししているのがダート戦。芝での勝率9.5%に比べて、ダート戦では13.6%。単勝回収値は芝が47円であるのに対して、ダートは144円と大きな差があります。

	総数	1着	2着	3着	着外	勝率	連対率	3着内率	単回値	複回値
芝成績	603	62	60	54	427	10.3%	20.2%	29.2%	81円	75円
ダート成績	552	50	56	46	400	9.1%	19.2%	27.5%	78円	69円

馬主

3着内率TOP3 馬主名	3着内率	複勝回収値TOP3 馬主名	複勝回収値
一村哲也	40.0%	一村哲也	94円
G1レーシング	39.0%	社台レースホース	89円
社台レースホース	32.9%	吉田晴哉	89円

騎手

3着内率TOP3 騎手名	3着内率	複勝回収値TOP3 騎手名	複勝回収値
Mデムーロ	48.6%	北村友一	184円
Cルメール	42.6%	岩田康誠	97円
戸崎圭太	40.5%	Mデムーロ	92円

生産者

3着内率TOP3 生産者名	3着内率	複勝回収値TOP3 生産者名	複勝回収値
BuckPondFarmInc	55.0%	村上欽哉	124円
追分ファーム	39.1%	BuckPondFarmInc	89円
雅牧場	35.7%	追分ファーム	88円

距離

3着内率TOP3 距離	3着内率	複勝回収値TOP3 距離	複勝回収値
1600m	35.3%	1600m	87円
1400m	33.0%	2200m	85円
1800m	29.6%	1800m	84円

クセ強度 C

石橋 守
（イシバシ　マモル）

1966年10月23日生

初免許年 2013年（6年目）

開業から5年目の18年は、既に厩舎のキャリアハイを更新。勝率も上がってきており、今後に期待したい厩舎です。勝ちきるまではいかない馬を好走させることも増えて、複勝回収値で見るとかなり優秀です。特に未勝利、500万で穴馬を出すことが多く、短距離戦ほどその傾向は強まります。新馬戦でも同様の傾向があります。

	総数	1着	2着	3着	着外	勝率	連対率	3着内率	単回値	複回値
芝成績	430	19 - 19 - 32 - 360				4.4%	8.8%	16.3%	70円	80円
ダート成績	430	27 - 36 - 27 - 340				6.3%	14.7%	20.9%	42円	98円

馬主

3着内率TOP3		複勝回収値TOP3	
馬主名	3着内率	馬主名	複勝回収値
原田豊	35.7%	加藤哲郎	363円
山本信行	33.3%	ゴドルフィン	184円
河野和香子	31.6%	八木良司	161円

騎手

3着内率TOP3		複勝回収値TOP3	
騎手名	3着内率	騎手名	複勝回収値
浜中俊	39.4%	太宰啓介	178円
幸英明	31.2%	浜中俊	159円
武豊	26.9%	水口優也	158円

生産者

3着内率TOP3		複勝回収値TOP3	
生産者名	3着内率	生産者名	複勝回収値
杵臼牧場	35.7%	ダーレー・ジャパン・ファーム	184円
大島牧場	32.1%	杵臼牧場	130円
本桐牧場	29.0%	フジワラファーム	125円

距離

3着内率TOP3		複勝回収値TOP3	
距離	3着内率	距離	複勝回収値
1600m	23.8%	1600m	117円
1200m	21.4%	1400m	111円
1700m	18.4%	1200m	92円

伊藤圭三
（イトウケイゾウ）

1963年3月28日生

初免許年 1997年（22年目）

親戚筋にあたるグランド牧場の生産馬を多く管理しており、良績は北海道開催に集中しています。1番人気の勝率は41.8%と優秀ですが、2番人気では勝率が10%を割り込むので、覚えておきたいポイントです。主戦の吉田隼人騎手で1番人気なら、3着内率92.3%、複勝回収値は120円と素晴らしい成績です。

	総数	1着	2着	3着	着外	勝率	連対率	3着内率	単回値	複回値
芝成績	219	14 - 13 - 20 - 172				6.4%	12.3%	21.5%	48円	72円
ダート成績	752	58 - 57 - 42 - 595				7.7%	15.3%	20.9%	75円	80円

馬主

3着内率TOP3		複勝回収値TOP3	
馬主名	3着内率	馬主名	複勝回収値
グランド牧場	36.8%	ビッグレッドファーム	168円
吉田晴哉	33.3%	泉俊二	142円
社台レースホース	33.3%	西村専次	116円

騎手

3着内率TOP3		複勝回収値TOP3	
騎手名	3着内率	騎手名	複勝回収値
吉田隼人	41.6%	石橋脩	198円
武藤雅	35.0%	北村宏司	163円
蛯名正義	34.6%	丸田恭介	105円

生産者

3着内率TOP3		複勝回収値TOP3	
生産者名	3着内率	生産者名	複勝回収値
稲原牧場	41.4%	惣田英幸	111円
惣田英幸	40.0%	ビクトリーホースランチ	105円
新井牧場	35.0%	グランド牧場	96円

距離

3着内率TOP3		複勝回収値TOP3	
距離	3着内率	距離	複勝回収値
2000m	30.8%	1150m	119円
1000m	30.5%	1600m	103円
1150m	22.2%	2000m	95円

梅田智之

ウメダトモユキ

1969年4月20日生

初免許年 2006年（13年目）

廐舎の初GI制覇となったのが15年桜花賞のレッツゴードンキ。同馬のオーナーである廣崎利洋HDとのコンビでは、単勝回収値91円、複勝回収値190円と優秀で、人気薄でも侮れません。騎手なら小牧騎手の勝率が約17％と高く、単勝回収値も140円と好結果を残しています。連闘してきた際は勝負懸かりなので要注目。

	総数	1着	2着	3着	着外	勝率	連対率	3着内率	単回値	複回値
芝成績	622	43	49	42	488	6.9%	14.8%	21.5%	58円	67円
ダート成績	450	45	45	43	317	10.0%	20.0%	29.6%	79円	98円

馬主

3着内率TOP3		複勝回収値TOP3	
馬主名	3着内率	馬主名	複勝回収値
大石秀夫	41.7%	廣崎利洋HD	202円
大野商事	40.7%	矢野恭裕	163円
小笹公也	38.6%	サンデーレーシング	128円

生産者

3着内率TOP3		複勝回収値TOP3	
生産者名	3着内率	生産者名	複勝回収値
YanagawaStudLtd.	50.0%	社台ファーム	269円
米田牧場	47.2%	クラウン日高牧場	163円
清水牧場	45.2%	清水牧場	144円

騎手

3着内率TOP3		複勝回収値TOP3	
騎手名	3着内率	騎手名	複勝回収値
福永祐一	55.2%	荻野琢真	194円
武豊	52.6%	福永祐一	117円
岩田康誠	39.6%	武豊	101円

距離

3着内率TOP3		複勝回収値TOP3	
距離	3着内率	距離	複勝回収値
1200m	31.9%	1700m	189円
1400m	27.4%	1200m	84円
1600m	25.7%	1600m	82円

大竹正博

オオタケマサヒロ

1969年12月30日生

初免許年 2008年（11年目）

勝利数の約75％が芝でのもの。芝で1番人気なら、勝率47.7％、単勝回収値119円と優秀です。一方、ダートの1番人気だと、勝率26.3％、単勝回収値72円と平凡。騎乗数が圧倒的に多い丸田騎手は、ローカル開催の下級条件で買い。中央4場での主戦は田辺騎手で、上位人気なら信頼度は高く、馬券の中心に据えられます。

	総数	1着	2着	3着	着外	勝率	連対率	3着内率	単回値	複回値
芝成績	509	58	42	36	373	11.4%	19.6%	26.7%	75円	79円
ダート成績	351	21	22	26	282	6.0%	12.3%	19.7%	37円	64円

馬主

3着内率TOP3		複勝回収値TOP3	
馬主名	3着内率	馬主名	複勝回収値
中村時子	46.9%	中村時子	159円
サンデーレーシング	41.5%	サンデーレーシング	104円
ノルマンディーサラブレッドレーシング	36.6%	平田牧場	96円

生産者

3着内率TOP3		複勝回収値TOP3	
生産者名	3着内率	生産者名	複勝回収値
岡田スタッド	39.4%	岡田スタッド	93円
ノースヒルズ	36.1%	バンダム牧場	86円
ノーザンファーム	32.6%	ノースヒルズ	80円

騎手

3着内率TOP3		複勝回収値TOP3	
騎手名	3着内率	騎手名	複勝回収値
田辺裕信	47.7%	池添謙一	119円
池添謙一	47.2%	大野拓弥	117円
蛯名正義	32.3%	田辺裕信	115円

距離

3着内率TOP3		複勝回収値TOP3	
距離	3着内率	距離	複勝回収値
1600m	28.3%	2000m	124円
1200m	25.9%	1700m	76円
2000m	24.6%	1800m	73円

クセ強度 C

奥村 武
オクムラ タケシ

1976年7月10日生

初免許年 2014年（5年目）

単勝回収値が59円と、全体の72円を下回っているのは人気薄で勝てていないため。1～3番人気は好成績で、基準の数字を上回っているものの、4番人気以下の成績は基準には達していません。1番人気、特に牝馬では勝率47.2%、単勝回収値123円と優秀です。主戦は田辺騎手ですが、ここ一番は戸崎騎手を起用します。

	総数	1着	2着	3着	着外	勝率	連対率	3着内率	単回値	複回値
芝成績	472	43 - 39 - 30 - 360				9.1%	17.4%	23.7%	59円	62円
ダート成績	365	29 - 16 - 39 - 281				7.9%	12.3%	23.0%	60円	76円

馬主

3着内率TOP3		複勝回収値TOP3	
馬主名	3着内率	馬主名	複勝回収値
ノルマンディーサラブレッドレーシング	42.9%	石川達絵	190円
井山登	39.5%	西川賢	146円
石川達絵	37.1%	ノルマンディーサラブレッドレーシング	146円

騎手

3着内率TOP3		複勝回収値TOP3	
騎手名	3着内率	騎手名	複勝回収値
戸崎圭太	42.9%	柴山雄一	190円
田辺裕信	34.6%	長岡禎仁	183円
大野拓弥	33.3%	山本康志	106円

生産者

3着内率TOP3		複勝回収値TOP3	
生産者名	3着内率	生産者名	複勝回収値
芳住鉄兵	37.5%	対馬正	177円
ビッグレッドファーム	36.4%	ウエスタンファーム	146円
社台コーポレーション白老ファーム	33.3%	社台コーポレーション白老ファーム	119円

距離

3着内率TOP3		複勝回収値TOP3	
距離	3着内率	距離	複勝回収値
2000m	30.9%	2200m	110円
1000m	28.6%	1600m	94円
1200m	27.3%	1400m	89円

奥村 豊
オクムラ ユタカ

1977年8月26日生

初免許年 2014年（5年目）

過去3年続けて勝利数を増やしている注目の厩舎です。浜中俊騎手は関西の主場で、北村友一騎手はローカル開催で好成績。連闘を含め、間隔を詰めた際に好成績で、半年以上の休み明けでは一息です。個人馬主が中心ですが、最近はシルクレーシングの馬で実績を出しています。馬の手入れが良く、使用するハミも工夫しています。

	総数	1着	2着	3着	着外	勝率	連対率	3着内率	単回値	複回値
芝成績	371	20 - 19 - 19 - 313				5.4%	10.5%	15.6%	95円	94円
ダート成績	513	42 - 42 - 42 - 387				8.2%	16.4%	24.6%	88円	103円

馬主

3着内率TOP3		複勝回収値TOP3	
馬主名	3着内率	馬主名	複勝回収値
栄進堂	41.2%	ロードホースクラブ	633円
山田美喜男	41.2%	小野建	202円
菊池五郎	38.7%	ターフ・スポート	178円

騎手

3着内率TOP3		複勝回収値TOP3	
騎手名	3着内率	騎手名	複勝回収値
福永祐一	66.7%	酒井学	480円
浜中俊	45.0%	福永祐一	250円
北村友一	44.4%	北村友一	185円

生産者

3着内率TOP3		複勝回収値TOP3	
生産者名	3着内率	生産者名	複勝回収値
村上欽哉	43.2%	荻伏三好ファーム	244円
社台牧場	41.2%	三好牧場	202円
日西牧場	28.1%	村上欽哉	162円

距離

3着内率TOP3		複勝回収値TOP3	
距離	3着内率	距離	複勝回収値
1000m	36.1%	2000m	253円
1200m	24.2%	1400m	101円
1800m	22.7%	1600m	99円

尾関知人 (オゼキトモヒト)

1971年12月17日生
初免許年 2008年（11年目）

中9週以上の一息入った馬や、半年以上の休養馬でも、仕上がりが良いのが特徴。上位人気に支持された馬は堅実に結果を出しています。ノーザンF天栄や山元トレセンからの帰厩初戦では、100円を超える単勝回収値です。そのため、厩舎の談話で「牧場でしっかり乗り込んだ」というコメントがあれば要チェックです。

	総数	1着	2着	3着	着外	勝率	連対率	3着内率	単回値	複回値
芝成績	628	74 - 52 - 38 - 464				11.8%	20.1%	26.1%	87円	77円
ダート成績	448	36 - 37 - 31 - 344				8.0%	16.3%	23.2%	98円	62円

馬主

3着内率TOP3		複勝回収値TOP3	
馬主名	3着内率	馬主名	複勝回収値
ダノックス	48.0%	グリーンファーム	139円
シルクレーシング	42.0%	ミルファーム	127円
吉田照哉	41.7%	社台レースホース	115円

生産者

3着内率TOP3		複勝回収値TOP3	
生産者名	3着内率	生産者名	複勝回収値
ビッグレッドファーム	40.9%	岡田スタッド	238円
社台コーポレーション白老ファーム	40.7%	的場牧場	152円
坂東牧場	38.1%	ビッグレッドファーム	115円

騎手

3着内率TOP3		複勝回収値TOP3	
騎手名	3着内率	騎手名	複勝回収値
Cルメール	48.1%	勝浦正樹	131円
田中勝春	41.9%	石橋脩	103円
戸崎圭太	37.8%	田中勝春	101円

距離

3着内率TOP3		複勝回収値TOP3	
距離	3着内率	距離	複勝回収値
1800m	30.7%	2200m	103円
1200m	28.4%	2000m	83円
2000m	26.6%	1200m	83円

河内 洋 (カワチ ヒロシ)

1955年2月22日生
初免許年 2003年（16年目）

騎手時代には「牝馬の河内」と呼ばれた名手でした。調教師としても、牝馬の単勝回収値は105円と優秀です。一方で、1番人気だと単勝回収値69円と一息。目を引くのはダート戦で、単勝回収値111円と抜群の成績を残しています。18年の平安Sを制したサンライズソアの馬主である、松岡隆雄氏とのコンビは今後も注目。

	総数	1着	2着	3着	着外	勝率	連対率	3着内率	単回値	複回値
芝成績	588	50 - 57 - 59 - 422				8.5%	18.2%	28.2%	77円	78円
ダート成績	357	32 - 26 - 19 - 280				9.0%	16.2%	21.6%	111円	73円

馬主

3着内率TOP3		複勝回収値TOP3	
馬主名	3着内率	馬主名	複勝回収値
東哲次	39.3%	廣崎利洋HD	124円
山本信行	32.8%	山本信行	102円
中西浩一	31.2%	廣崎利洋	94円

生産者

3着内率TOP3		複勝回収値TOP3	
生産者名	3着内率	生産者名	複勝回収値
飛петボ牧場	41.7%	永田克之	128円
浦河小林牧場	38.5%	川上牧場	127円
畠山牧場	37.0%	浦河小林牧場	127円

騎手

3着内率TOP3		複勝回収値TOP3	
騎手名	3着内率	騎手名	複勝回収値
川田将雅	55.1%	松若風馬	186円
荻野極	45.0%	荻野極	174円
Mデムーロ	43.5%	川田将雅	116円

距離

3着内率TOP3		複勝回収値TOP3	
距離	3着内率	距離	複勝回収値
2200m	40.6%	2200m	100円
2400m	40.0%	1600m	85円
2000m	29.5%	1800m	82円

第3章

クセ強度 C

栗田 徹
（クリタ トオル）

1978年3月16日生

初免許年 2011年（8年目）

勝率、単勝回収値とも、特に目立つ数字ではありません。しかし、得意な条件がはっきりしているため、買い時がわかりやすい厩舎です。もっとも目立つのは2歳戦の強さ。勝率12.4%、単勝回収値は124円と非常に優秀で、新馬戦の単勝回収値は100円を超えています。また、騎乗数が多い田辺騎手との相性も良好です。

	総数	1着	2着	3着	着外	勝率	連対率	3着内率	単回値	複回値
芝成績	407	32	34	31	310	7.9%	16.2%	23.8%	70円	73円
ダート成績	538	44	49	41	404	8.2%	17.3%	24.9%	60円	79円

馬主

3着内率TOP3 馬主名	3着内率	複勝回収値TOP3 馬主名	複勝回収値
梅澤明	45.0%	梅澤明	147円
岡田牧雄	38.0%	ノースヒルズ	138円
内村正則	36.7%	土井肇	117円

騎手

3着内率TOP3 騎手名	3着内率	複勝回収値TOP3 騎手名	複勝回収値
戸崎圭太	44.0%	石橋脩	142円
三浦皇成	36.0%	勝浦正樹	142円
丸田恭介	35.3%	丸田恭介	120円

生産者

3着内率TOP3 生産者名	3着内率	複勝回収値TOP3 生産者名	複勝回収値
秋田牧場	44.4%	ノースヒルズ	156円
ノーザンファーム	35.8%	錦岡牧場	117円
ビッグレッドファーム	32.1%	秋田牧場	104円

距離

3着内率TOP3 距離	3着内率	複勝回収値TOP3 距離	複勝回収値
1150m	38.1%	1150m	98円
1200m	27.6%	1800m	95円
1800m	24.0%	1200m	91円

古賀慎明
（コガ マサアキ）

1965年6月11日生

初免許年 2005年（14年目）

春競馬での成績が良く、ここに勝利数の6割程が集中。特に3~5月は勝率が高く、4~5月は単勝回収値も優秀です。秋競馬の低迷は2歳戦が原因。2歳戦では単勝回収値が24円と極端に低く、結果を残しているのは人気馬ばかりです。主戦の北村宏司騎手、内田博幸騎手は、ともに乗り替わりより継続騎乗の成績が良いです。

	総数	1着	2着	3着	着外	勝率	連対率	3着内率	単回値	複回値
芝成績	432	38	53	37	304	8.8%	21.1%	29.6%	91円	87円
ダート成績	470	35	36	29	370	7.4%	15.1%	21.3%	77円	66円

馬主

3着内率TOP3 馬主名	3着内率	複勝回収値TOP3 馬主名	複勝回収値
島川隆哉	75.0%	東京ホースレーシング	138円
社台レースホース	44.8%	島川隆哉	126円
吉田晴哉	44.8%	新谷幸義	118円

騎手

3着内率TOP3 騎手名	3着内率	複勝回収値TOP3 騎手名	複勝回収値
Cルメール	62.5%	大野拓弥	160円
戸崎圭太	45.3%	田中勝春	153円
田辺裕信	36.4%	杉原誠人	97円

生産者

3着内率TOP3 生産者名	3着内率	複勝回収値TOP3 生産者名	複勝回収値
エスティファーム	75.0%	エスティファーム	126円
ノーザンファーム	38.3%	社台ファーム	97円
社台コーポレーション白老ファーム	29.5%	ノーザンファーム	91円

距離

3着内率TOP3 距離	3着内率	複勝回収値TOP3 距離	複勝回収値
1400m	38.4%	1400m	115円
2400m	32.7%	2000m	115円
1600m	25.9%	2100m	76円

小島茂之 （コジマシゲユキ）

1968年2月15日生
初免許年 2002年（17年目）

勝利数の比は、芝が6に対してダートが4。やや芝寄りの傾向ですが、北海道を含めたローカル開催では、この傾向はより顕著になります。得意とする距離も、ダートは1400m以下の短距離で、芝は1600mと明確です。2歳戦に強く、新馬戦は特に優秀。主戦の田辺騎手とMデムーロ騎手騎乗であれば狙い目です。

	総数	1着	2着	3着	着外	勝率	連対率	3着内率	単回値	複回値
芝成績	452	45 - 36 - 26 - 345				10.0%	17.9%	23.7%	113円	73円
ダート成績	366	28 - 26 - 16 - 296				7.7%	14.8%	19.1%	72円	52円

馬主

3着内率TOP3 馬主名	3着内率	複勝回収値TOP3 馬主名	複勝回収値
シルクレーシング	45.2%	中村時子	119円
社台レースホース	35.2%	サンデーレーシング	101円
吉田晴哉	35.2%	小林祥晃	90円

騎手

3着内率TOP3 騎手名	3着内率	複勝回収値TOP3 騎手名	複勝回収値
Mデムーロ	55.6%	井上敏樹	179円
田中勝春	37.0%	田中勝春	116円
藤田菜七子	35.0%	藤田菜七子	101円

生産者

3着内率TOP3 生産者名	3着内率	複勝回収値TOP3 生産者名	複勝回収値
ノースヒルズ	38.1%	稲原牧場	89円
様似堀牧場	34.3%	様似堀牧場	89円
ノーザンファーム	32.8%	ノースヒルズ	89円

距離

3着内率TOP3 距離	3着内率	複勝回収値TOP3 距離	複勝回収値
2000m	27.5%	2600m	93円
2200m	27.3%	2100m	80円
1400m	22.5%	1200m	79円

今野貞一 （コンノテイイチ）

1977年4月24日生
初免許年 2011年（8年目）

芝、ダートともバランス良く結果を出し、高齢馬も巧みに扱っています。18年はすでに勝率、勝利数ともキャリアハイを更新しており、主戦の和田騎手とともに上り調子です。狙い目となるのは福永騎手で、勝率が高く、騎乗数も多くなっています。さらに、短期免許で来日している外国人騎手を起用してきた際も大注目です。

	総数	1着	2着	3着	着外	勝率	連対率	3着内率	単回値	複回値
芝成績	430	35 - 42 - 34 - 319				8.1%	17.9%	25.8%	111円	80円
ダート成績	437	31 - 40 - 28 - 338				7.1%	16.2%	22.7%	41円	58円

馬主

3着内率TOP3 馬主名	3着内率	複勝回収値TOP3 馬主名	複勝回収値
下河邉行雄	55.6%	下河邉行雄	152円
吉田勝己	52.2%	吉田照哉	142円
フジイ興産	35.6%	中村政夫	126円

騎手

3着内率TOP3 騎手名	3着内率	複勝回収値TOP3 騎手名	複勝回収値
福永祐一	55.6%	福永祐一	105円
和田竜二	33.7%	藤岡康太	89円
岩田康誠	30.4%	和田竜二	84円

生産者

3着内率TOP3 生産者名	3着内率	複勝回収値TOP3 生産者名	複勝回収値
佐藤信広	46.4%	トウショウ産業株式会社トウショウ牧場	124円
高昭牧場	35.0%	佐藤信広	114円
ノーザンファーム	32.7%	下河辺牧場	83円

距離

3着内率TOP3 距離	3着内率	複勝回収値TOP3 距離	複勝回収値
2200m	31.2%	2200m	207円
1600m	28.6%	1600m	87円
1400m	28.2%	1400m	78円

クセ強度 **C**

鮫島一歩
（サメシマイッポ）

1954年4月12日生
初免許年 1999年（20年目）

芝のレースへの出走数が多く、単勝回収値は141円と好成績。未勝利、500万の下級条件限定ですが、小倉は馬券的な妙味も大きいコースです。Mデムーロ騎手は1番人気の成績が安定しているのはもちろん、5番人気あたりまでなら馬券の対象。主戦の川田騎手は、京都と阪神で成績に大きな開きがあり、阪神でこそ狙えます。

	総数	1着	2着	3着	着外	勝率	連対率	3着内率	単回値	複回値
芝成績	660	58	43	58	501	8.8%	15.3%	24.1%	141円	94円
ダート成績	407	27	33	30	317	6.6%	14.7%	22.1%	56円	69円

馬主

3着内率TOP3		複勝回収値TOP3	
馬主名	3着内率	馬主名	複勝回収値
G1レーシング	48.0%	キャピタル・システム	152円
キャピタル・システム	38.5%	G1レーシング	140円
安原浩司	38.1%	前田幸治	126円

生産者

3着内率TOP3		複勝回収値TOP3	
生産者名	3着内率	生産者名	複勝回収値
岡田牧場	47.1%	高山牧場	163円
目黒牧場	38.5%	出口繁夫	162円
川上牧場	36.4%	目黒牧場	152円

騎手

3着内率TOP3		複勝回収値TOP3	
騎手名	3着内率	騎手名	複勝回収値
Mデムーロ	56.7%	坂井瑠星	197円
和田竜二	39.3%	秋山真一郎	167円
吉田隼人	37.0%	和田竜二	166円

距離

3着内率TOP3		複勝回収値TOP3	
距離	3着内率	距離	複勝回収値
2000m	30.7%	2000m	102円
1800m	24.6%	1800m	101円
1200m	24.5%	1400m	79円

清水久詞
（シミズヒサシ）

1972年7月4日生
初免許年 2009年（10年目）

17年まではキタサンブラックを中心に回っていたものの、大黒柱が不在となった18年は不振傾向。勝率、単勝回収値とも、17年から大幅に下がっています。ノーザングループの馬では安定していますが、買い時が難しい厩舎です。鞍上は武豊騎手、川田騎手では好成績が続いており、関東では大野騎手もおすすめ。

	総数	1着	2着	3着	着外	勝率	連対率	3着内率	単回値	複回値
芝成績	751	65	62	60	564	8.7%	16.9%	24.9%	79円	72円
ダート成績	376	28	29	27	292	7.4%	15.2%	22.3%	32円	59円

馬主

3着内率TOP3		複勝回収値TOP3	
馬主名	3着内率	馬主名	複勝回収値
カナヤマホールディングス	55.2%	大野商事	112円
大野商事	49.1%	カナヤマホールディングス	108円
キャロットファーム	42.6%	吉田千津	99円

生産者

3着内率TOP3		複勝回収値TOP3	
生産者名	3着内率	生産者名	複勝回収値
新冠橋本牧場	42.9%	社台コーポレーション白老ファーム	150円
山際牧場	40.9%	バカパカファーム	117円
ヤナガワ牧場	40.4%	ヤナガワ牧場	115円

騎手

3着内率TOP3		複勝回収値TOP3	
騎手名	3着内率	騎手名	複勝回収値
川田将雅	50.0%	池添謙一	131円
福永祐一	42.3%	川田将雅	116円
武豊	41.2%	幸英明	111円

距離

3着内率TOP3		複勝回収値TOP3	
距離	3着内率	距離	複勝回収値
2400m	53.6%	2400m	146円
2200m	31.2%	2200m	105円
2000m	26.4%	1600m	76円

庄野靖志
ショウノヤスシ

1970年3月2日生

初免許年 2006年（13年目）

厩舎所属である加藤祥太騎手が主戦。勝率は5.8%と低いものの、単勝回収値は107円、複勝回収値でも100円と配当的な妙味があることが特徴です。厩舎初のGI馬スワーヴリチャードと同様に、芝の中～長距離で抜群の成績を残しています。また、1番人気での好走率が高く、好調教ができていれば馬券では外せません。

	総数	1着	2着	3着	着外	勝率	連対率	3着内率	単回値	複回値
芝成績	366	38	30	33	265	10.4%	18.6%	27.6%	93円	88円
ダート成績	460	45	32	37	346	9.8%	16.7%	24.8%	73円	75円

馬主

3着内率TOP3		複勝回収値TOP3	
馬主名	3着内率	馬主名	複勝回収値
NICKS	49.3%	間宮秀直	167円
山田貫一	43.5%	橋場勇二	146円
東京ホースレーシング	42.3%	大八木信行	131円

騎手

3着内率TOP3		複勝回収値TOP3	
騎手名	3着内率	騎手名	複勝回収値
Cルメール	60.0%	加藤祥太	100円
Mデムーロ	53.3%	和田竜二	96円
岩田康誠	46.2%	Mデムーロ	92円

生産者

3着内率TOP3		複勝回収値TOP3	
生産者名	3着内率	生産者名	複勝回収値
新冠タガノファーム	38.5%	新冠タガノファーム	105円
ノーザンファーム	36.1%	社台コーポレーション白老ファーム	99円
社台ファーム	28.9%	庄野牧場	82円

距離

3着内率TOP3		複勝回収値TOP3	
距離	3着内率	距離	複勝回収値
2000m	34.4%	1000m	121円
1000m	29.6%	2000m	120円
1800m	28.1%	1800m	104円

角居勝彦
スミイカツヒコ

1964年3月28日生

初免許年 2000年（19年目）

JRAのGI級24勝を挙げている名門。18年は藤原英昭厩舎に迫る成績で、各種データも優秀でした。しかし、角居調教師が調教停止となり、管理馬78頭すべてが中竹厩舎へ転厩。調教や管理は、これまで通り角居厩舎のスタッフが担当しています。今後については、執筆段階では不明で、裁決を待ちたいと思います。

	総数	1着	2着	3着	着外	勝率	連対率	3着内率	単回値	複回値
芝成績	777	114	122	68	473	14.7%	30.4%	39.1%	64円	71円
ダート成績	325	43	25	26	231	13.2%	20.9%	28.9%	117円	73円

馬主

3着内率TOP3		複勝回収値TOP3	
馬主名	3着内率	馬主名	複勝回収値
ロードホースクラブ	60.7%	吉田晴哉	105円
谷水雄三	56.4%	社台レースホース	105円
窪田康志	55.0%	窪田康志	87円

騎手

3着内率TOP3		複勝回収値TOP3	
騎手名	3着内率	騎手名	複勝回収値
Mデムーロ	58.6%	北村友一	96円
川田将雅	50.0%	浜中俊	93円
浜中俊	48.1%	川田将雅	92円

生産者

3着内率TOP3		複勝回収値TOP3	
生産者名	3着内率	生産者名	複勝回収値
YuzoTanimizu	60.7%	グランド牧場	86円
ケイアイファーム	58.6%	社台ファーム	84円
下河辺牧場	51.4%	下河辺牧場	84円

距離

3着内率TOP3		複勝回収値TOP3	
距離	3着内率	距離	複勝回収値
2200m	42.9%	2200m	98円
2000m	39.5%	1800m	79円
1800m	39.3%	2400m	75円

第3章

クセ強度 C

高野友和
タカノトモカズ

1976年2月4日生

初免許年 2010年（9年目）

ノーザンF出身だけあって、ノーザングループの馬が多い厩舎。人気を集めがちなので、単勝回収値は目立ちませんが、勝率、3着内率はともに高いです。狙い目なのは休み明け。外厩との連携がとれているので、休み明け初戦の馬は単勝回収値が119円と高いです。関東圏への遠征も得意で、特に新潟競馬場との相性は抜群です。

	総数	1着	2着	3着	着外	勝率	連対率	3着内率	単回値	複回値
芝成績	619	75	54	56	434	12.1%	20.8%	29.9%	76円	76円
ダート成績	404	31	28	42	303	7.7%	14.6%	25.0%	70円	67円

馬 主

3着内率TOP3		複勝回収値TOP3	
馬主名	3着内率	馬主名	複勝回収値
吉田勝己	52.6%	G1レーシング	133円
シルクレーシング	40.8%	国本哲秀	122円
吉田晴哉	40.0%	吉田晴哉	114円

騎 手

3着内率TOP3		複勝回収値TOP3	
騎手名	3着内率	騎手名	複勝回収値
川田将雅	47.6%	藤岡康太	110円
Cルメール	45.0%	荻野極	100円
Dバルジュー	43.8%	福永祐一	99円

生 産 者

3着内率TOP3		複勝回収値TOP3	
生産者名	3着内率	生産者名	複勝回収値
谷川牧場	36.4%	社台コーポレーション白老ファーム	111円
ノースヒルズ	34.9%	下河辺牧場	85円
ノーザンファーム	32.4%	ノースヒルズ	83円

距 離

3着内率TOP3		複勝回収値TOP3	
距離	3着内率	距離	複勝回収値
2200m	40.0%	2200m	155円
1800m	33.7%	1600m	82円
1600m	28.1%	1700m	76円

高橋義忠
タカハシヨシタダ

1969年5月3日生

初免許年 2011年（8年目）

18年は8月終了までに19勝していますが、1番人気でのものがなく、穴党にもおすすめできる厩舎です。中でも短距離戦が極めて優秀で、1200m戦に限れば、芝、ダート合わせても勝率は13.1%、単勝回収値も144円あります。乗鞍が増えている和田騎手との相性が非常に良く、今後も目が離せないコンビになりそうです。

	総数	1着	2着	3着	着外	勝率	連対率	3着内率	単回値	複回値
芝成績	498	43	34	38	383	8.6%	15.5%	23.1%	95円	72円
ダート成績	470	37	28	35	370	7.9%	13.8%	21.3%	73円	72円

馬 主

3着内率TOP3		複勝回収値TOP3	
馬主名	3着内率	馬主名	複勝回収値
宮川純造	53.1%	松本好隆	137円
サンデーレーシング	44.8%	栗本博晴	128円
野嶋祥二	36.6%	宮川純造	125円

騎 手

3着内率TOP3		複勝回収値TOP3	
騎手名	3着内率	騎手名	複勝回収値
川田将雅	57.7%	津村明秀	189円
藤岡康太	38.9%	小崎綾也	170円
津村明秀	38.1%	藤岡康太	136円

生 産 者

3着内率TOP3		複勝回収値TOP3	
生産者名	3着内率	生産者名	複勝回収値
日西牧場	39.3%	カミイスタッド	146円
富田牧場	36.2%	日西牧場	132円
ダーレー・ジャパン・ファーム	35.0%	ナカノファーム	121円

距 離

3着内率TOP3		複勝回収値TOP3	
距離	3着内率	距離	複勝回収値
1200m	29.1%	1200m	88円
1800m	24.8%	1800m	78円
2600m	22.7%	1400m	73円

高橋 亮
（タカハシ リョウ）

1978年1月6日生

初免許年 2012年（7年目）

開業以来安定して勝ち星を重ねており、特に芝での活躍が光る厩舎です。レース選択が上手く、関東への遠征やローカル開催が狙い目になります。新馬戦での勝率が高いものの、基本的にはレースを使って結果を出していくタイプです。休み明けでの出走は割引が必要となります。騎手時代の同期である、福永騎手との相性は良好です。

	総数	1着	2着	3着	着外	勝率	連対率	3着内率	単回値	複回値
芝成績	443	41 - 29 - 39 - 334				9.3%	15.8%	24.6%	100円	87円
ダート成績	423	31 - 23 - 37 - 332				7.3%	12.8%	21.5%	63円	60円

馬 主

3着内率TOP3 馬主名	3着内率	複勝回収値TOP3 馬主名	複勝回収値
里見美恵子	46.4%	藤田孟司	131円
西尾午郎	36.7%	市川義美ホールディングス	105円
藤田孟司	35.7%	オースミ	101円

生 産 者

3着内率TOP3 生産者名	3着内率	複勝回収値TOP3 生産者名	複勝回収値
大島牧場	45.2%	川上牧場	131円
ノーザンファーム	40.5%	須崎牧場	109円
川上牧場	35.7%	丸幸小林牧場	101円

騎 手

3着内率TOP3 騎手名	3着内率	複勝回収値TOP3 騎手名	複勝回収値
藤岡佑介	44.4%	柴田善臣	186円
柴田善臣	38.5%	川島信二	126円
武豊	38.5%	藤岡佑介	101円

距 離

3着内率TOP3 距離	3着内率	複勝回収値TOP3 距離	複勝回収値
1000m	48.6%	1600m	105円
1700m	26.1%	1000m	92円
2000m	24.7%	2000m	79円

武幸四郎
（タケコウシロウ）

1978年11月3日生

初免許年 2017年（2年目）

18年の新規開業厩舎の中で、8月終了まで9勝と最多の勝利を挙げています。騎手時代に築いた「ブランド力」の高さは、新規開業厩舎でも随一。2歳馬には大手馬主やクラブからの預託馬が多く、数年で成績を大きく伸ばしても驚けません。最多騎乗数は秋山騎手で、次いで兄の武豊騎手。期待馬にどの騎手を起用するかに注目です。

	総数	1着	2着	3着	着外	勝率	連対率	3着内率	単回値	複回値
芝成績	66	5 - 5 - 4 - 52				7.6%	15.2%	21.2%	143円	64円
ダート成績	29	4 - 1 - 1 - 23				13.8%	17.2%	20.7%	42円	43円

馬 主

3着内率TOP3 馬主名	3着内率	複勝回収値TOP3 馬主名	複勝回収値
小林昌志	44.4%	小林昌志	147円
山上和良	28.6%	大迫久美子	144円
サンデーレーシング	20.0%	山上和良	45円

生 産 者

3着内率TOP3 生産者名	3着内率	複勝回収値TOP3 生産者名	複勝回収値
雅牧場	44.4%	雅牧場	147円
三嶋牧場	33.3%	Zenno Management Inc	144円
Zenno Management Inc	20.0%	三嶋牧場	81円

騎 手

3着内率TOP3 騎手名	3着内率	複勝回収値TOP3 騎手名	複勝回収値
秋山真一郎	35.7%	秋山真一郎	108円
武豊	27.3%	竹之下智昭	82円
浜中俊	25.0%	浜中俊	67円

距 離

3着内率TOP3 距離	3着内率	複勝回収値TOP3 距離	複勝回収値
1400m	42.9%	1400m	110円
1700m	33.3%	2200m	76円
2200m	33.3%	1800m	72円

クセ強度 C

武 英智
（タケ ヒデノリ）

1980年12月31日生

初免許年 2017年（2年目）

12年9月の騎乗を最後に騎手を引退。木原一良厩舎の調教助手を経て、18年に開業しました。技術調教師の時期には、ノーザンFなどで研修しています。祖父は元調教師、父は元調教助手、武豊騎手は再従兄弟と、競馬サークルに血縁は多数。時期的なものもありますが、18年の2歳馬のデビューは、10頭中9頭が芝のレースでした。

	総数	1着	2着	3着	着外	勝率	連対率	3着内率	単回値	複回値
芝成績	70	4 - 5 - 3 - 58				5.7%	12.9%	17.1%	126円	94円
ダート成績	36	2 - 5 - 4 - 25				5.6%	19.4%	30.6%	41円	122円

馬主

3着内率TOP3		複勝回収値TOP3	
馬主名	3着内率	馬主名	複勝回収値
タマモ	66.7%	森中蕃	380円
キャロットファーム	50.0%	キャロットファーム	276円
沼川一彦	33.3%	タマモ	148円

騎手

3着内率TOP3		複勝回収値TOP3	
騎手名	3着内率	騎手名	複勝回収値
松田大作	44.4%	太宰啓介	443円
四位洋文	38.9%	松田大作	127円
富田暁	25.0%	富田暁	119円

生産者

3着内率TOP3		複勝回収値TOP3	
生産者名	3着内率	生産者名	複勝回収値
社台コーポレーション白老ファーム	50.0%	社台コーポレーション白老ファーム	276円
信岡牧場	40.0%	信岡牧場	172円
杵臼牧場	33.3%	絵笛牧場	78円

距離

3着内率TOP3		複勝回収値TOP3	
距離	3着内率	距離	複勝回収値
1600m	35.7%	1200m	177円
1000m	33.3%	1700m	166円
1700m	30.0%	1400m	98円

武井 亮
（タケイ リョウ）

1980年12月25日生

初免許年 2014年（5年目）

勝利数でみると、福島、新潟と東京、中山が互角。しかし、勝率、単勝回収値で見ると、福島、新潟の方が断然高いです。最近勢いのある了徳寺健二HD（テソーロ）の有力馬を多く管理しており、成績も秀でています。鞍上は蛯名騎手に注目。特に蛯名騎手への乗り替わりでは、勝率が30%を超えており、勝負気配を感じ取れます。

	総数	1着	2着	3着	着外	勝率	連対率	3着内率	単回値	複回値
芝成績	403	30 - 27 - 29 - 317				7.4%	14.1%	21.3%	66円	76円
ダート成績	432	37 - 28 - 23 - 344				8.6%	15.0%	20.4%	61円	64円

馬主

3着内率TOP3		複勝回収値TOP3	
馬主名	3着内率	馬主名	複勝回収値
冨樫賢二	41.7%	石瀬浩三	138円
了徳寺健二ホールディングス	40.0%	了徳寺健二ホールディングス	123円
林正道	35.3%	幅田昌伸	120円

騎手

3着内率TOP3		複勝回収値TOP3	
騎手名	3着内率	騎手名	複勝回収値
石神深一	50.0%	松田大作	235円
蛯名正義	36.5%	石神深一	115円
吉田隼人	33.1%	大野拓弥	113円

生産者

3着内率TOP3		複勝回収値TOP3	
生産者名	3着内率	生産者名	複勝回収値
沖田牧場	45.0%	吉田ファーム	113円
ノーザンファーム	31.8%	沖田牧場	113円
昭和牧場	31.0%	昭和牧場	110円

距離

3着内率TOP3		複勝回収値TOP3	
距離	3着内率	距離	複勝回収値
1700m	30.6%	2000m	110円
1600m	24.8%	1200m	84円
2000m	22.4%	1000m	65円

田村康仁
（タムラヤスヒト）

1963年3月30日生

初免許年 1997年（22年目）

関東主場での出走が多く、勝利数の8割を東京と中山が占めます。中山のダート1800mで1~2番人気なら信頼度が高く、単複とも回収値は100円超。配当的な妙味も大きいです。メジャーエンブレムの主戦だった、Cルメール騎手での勝率41.7%は驚異的。常に人気ですが、3番人気以下では勝ちにくいので絞り込めます。

	総数	1着	2着	3着	着外	勝率	連対率	3着内率	単回値	複回値
芝成績	421	34	23	29	335	8.1%	13.5%	20.4%	50円	52円
ダート成績	725	72	58	42	553	9.9%	17.9%	23.7%	136円	81円

馬主

3着内率TOP3		複勝回収値TOP3	
馬主名	3着内率	馬主名	複勝回収値
窪田康志	43.3%	島川隆哉	132円
サンデーレーシング	36.8%	ディアレストクラブ	123円
HimRockRacing	36.1%	窪田康志	122円

騎手

3着内率TOP3		複勝回収値TOP3	
騎手名	3着内率	騎手名	複勝回収値
Cルメール	63.9%	丸田恭介	179円
戸崎圭太	40.0%	柴山雄一	112円
三浦皇成	33.3%	三浦皇成	92円

生産者

3着内率TOP3		複勝回収値TOP3	
生産者名	3着内率	生産者名	複勝回収値
社台コーポレーション白老ファーム	48.6%	清水牧場	168円
イワミ牧場	36.4%	イワミ牧場	140円
ノーザンファーム	35.2%	エスティファーム	133円

距離

3着内率TOP3		複勝回収値TOP3	
距離	3着内率	距離	複勝回収値
1300m	37.0%	1700m	120円
2100m	36.1%	2100m	110円
2400m	32.3%	1800m	96円

土田 稔
（ツチダ ミノル）

1955年6月23日生

初免許年 1992年（27年目）

主力の「トーセン」馬の馬券対象が全てダート戦であるように、勝ち星はダートに集中しています。1番人気での勝率は45.8%と優秀で、2~3着の数が少ないので、馬券的には馬単や3連単のアタマといった狙い方ができます。勝利数のほとんどが未勝利と500万の下級条件で、集計期間中、新馬と1000万の勝利数はそれぞれ1つずつでした。

	総数	1着	2着	3着	着外	勝率	連対率	3着内率	単回値	複回値
芝成績	248	7	4	14	223	2.8%	4.4%	10.1%	43円	74円
ダート成績	544	33	35	33	443	6.1%	12.5%	18.6%	45円	63円

馬主

3着内率TOP3		複勝回収値TOP3	
馬主名	3着内率	馬主名	複勝回収値
ミルファーム	30.3%	サラブレッドクラブ・ラフィアン	278円
荻原昭二	28.1%	吉田喜代司	123円
島川隆哉	27.1%	Basic	116円

騎手

3着内率TOP3		複勝回収値TOP3	
騎手名	3着内率	騎手名	複勝回収値
柴田善臣	28.9%	吉田豊	106円
古川吉洋	24.0%	松田大作	99円
丸山元気	21.2%	横山和生	80円

生産者

3着内率TOP3		複勝回収値TOP3	
生産者名	3着内率	生産者名	複勝回収値
千代田牧場	35.7%	千代田牧場	153円
エスティファーム	25.0%	社台ファーム	130円
社台ファーム	24.3%	ダーレー・ジャパン・ファーム	87円

距離

3着内率TOP3		複勝回収値TOP3	
距離	3着内率	距離	複勝回収値
1700m	23.6%	1600m	91円
1150m	19.2%	1800m	82円
1200m	18.2%	1700m	68円

クセ強度 C

角田晃一（ツノダコウイチ）

1970年11月18日生
初免許年 2010年（9年目）

「マネジメント力」が高く、ローカル開催が得意な厩舎です。中でも小倉では勝率12.0%、単勝回収値は252円と大活躍。芝の短距離戦も得意で、勝率、単勝回収値とも優秀。厩舎の重賞勝ち馬2頭は、どちらも芝の短距離戦で挙げています。休み明けの成績は一息ですが、2走目から大幅に成績を上げることが特徴です。

	総数	1着	2着	3着	着外	勝率	連対率	3着内率	単回値	複回値
芝成績	501	53 - 40 - 40 - 368				10.6%	18.6%	26.5%	93円	71円
ダート成績	475	42 - 45 - 42 - 346				8.8%	18.3%	27.2%	100円	74円

馬主

3着内率TOP3		複勝回収値TOP3	
馬主名	3着内率	馬主名	複勝回収値
ノースヒルズ	44.1%	シンザンクラブ	147円
窪田芳郎	42.3%	宋玉植	134円
市川義美ホールディングス	40.5%	薪浦亨	134円

生産者

3着内率TOP3		複勝回収値TOP3	
生産者名	3着内率	生産者名	複勝回収値
ヤナガワ牧場	50.0%	千葉飯田牧場	122円
ノースヒルズ	37.8%	ノースヒルズ	103円
新冠タガノファーム	35.9%	ヤナガワ牧場	101円

騎手

3着内率TOP3		複勝回収値TOP3	
騎手名	3着内率	騎手名	複勝回収値
浜中俊	45.5%	古川吉洋	128円
武豊	41.3%	浜中俊	114円
藤岡佑介	36.6%	鮫島良太	85円

距離

3着内率TOP3		複勝回収値TOP3	
距離	3着内率	距離	複勝回収値
1000m	35.0%	1700m	100円
1200m	32.5%	1800m	80円
2400m	30.4%	1200m	80円

寺島 良（テラシマ リョウ）

1981年6月27日生
初免許年 2016年（3年目）

16年に開業してからまだ3年目ですが、重賞勝ちの実績もある将来が楽しみな厩舎です。18年は勝ち星、勝率とも17年を大きく上回り、新馬戦も3勝と好調。キャリアベストの成績を残しています。中3週など、短い間隔で詰めて使ってきた際に結果を出すのが特徴で、休み明けよりも使い込まれた馬が狙い目です。

	総数	1着	2着	3着	着外	勝率	連対率	3着内率	単回値	複回値
芝成績	274	16 - 18 - 24 - 216				5.8%	12.4%	21.2%	93円	90円
ダート成績	222	18 - 11 - 10 - 183				8.1%	13.1%	17.6%	45円	41円

馬主

3着内率TOP3		複勝回収値TOP3	
馬主名	3着内率	馬主名	複勝回収値
畑佐博	34.6%	畑佐博	158円
東京ホースレーシング	13.0%	東京ホースレーシング	57円
大樹ファーム	7.1%	大樹ファーム	54円

生産者

3着内率TOP3		複勝回収値TOP3	
生産者名	3着内率	生産者名	複勝回収値
富田牧場	40.9%	富田牧場	169円
社台ファーム	25.6%	ノーザンファーム	80円
ノーザンファーム	15.8%	社台ファーム	77円

騎手

3着内率TOP3		複勝回収値TOP3	
騎手名	3着内率	騎手名	複勝回収値
松山弘平	33.3%	松山弘平	148円
川又賢治	25.6%	川又賢治	91円
松若風馬	24.3%	松若風馬	73円

距離

3着内率TOP3		複勝回収値TOP3	
距離	3着内率	距離	複勝回収値
1700m	37.5%	1400m	87円
1600m	24.3%	2000m	75円
1400m	19.3%	1700m	67円

戸田博文
（トダヒロフミ）

1963年10月1日生

初免許年 2000年（19年目）

ある程度の勝ち数がありながら、単勝回収値が44円と低いのは人気薄で勝てていないため。福永騎手と岩田騎手では、3番人気までがひとつの目安です。厩舎の主力はキャロットFの所有馬で、好成績は断然芝のレース。こちらも馬券の対象としては3番人気まで。戸崎騎手、Mデムーロ騎手はダートで勝てていません。

	総数	1着	2着	3着	着外	勝率	連対率	3着内率	単回値	複回値
芝成績	665	58	69	72	466	8.7%	19.1%	29.9%	39円	60円
ダート成績	379	29	26	32	292	7.7%	14.5%	23.0%	52円	64円

馬主

3着内率TOP3		複勝回収値TOP3	
馬主名	3着内率	馬主名	複勝回収値
シルクレーシング	58.8%	サンデーレーシング	138円
吉田勝己	48.0%	市川義美ホールディングス	100円
青芝商事	42.6%	吉田勝己	86円

騎手

3着内率TOP3		複勝回収値TOP3	
騎手名	3着内率	騎手名	複勝回収値
Cルメール	61.8%	丸山元気	126円
Mデムーロ	59.1%	Cルメール	114円
戸崎圭太	53.2%	浜野谷憲尚	108円

生産者

3着内率TOP3		複勝回収値TOP3	
生産者名	3着内率	生産者名	複勝回収値
前谷武志	43.5%	SocietySelectionSy	113円
ノーザンファーム	39.0%	追分ファーム	104円
社台ファーム	28.9%	前谷武志	78円

距離

3着内率TOP3		複勝回収値TOP3	
距離	3着内率	距離	複勝回収値
2100m	35.6%	2400m	97円
2000m	35.6%	2000m	71円
2400m	33.3%	2100m	70円

西浦勝一
（ニシウラカツイチ）

1951年2月7日生

初免許年 1996年（23年目）

JRA史上初のGI級10勝馬ホッコータルマエを輩出。その他の馬も丁寧に扱い、息の長い活躍をさせることに定評があります。近年はゴドルフィンの馬も多く在厩し、このコンビでは勝率、3着内率とも優秀な成績を収めています。ダート戦よりも芝の方が成績が良く、福島、函館といった小回りコースを得意としています。

	総数	1着	2着	3着	着外	勝率	連対率	3着内率	単回値	複回値
芝成績	636	57	49	68	462	9.0%	16.7%	27.4%	102円	88円
ダート成績	421	30	31	32	328	7.1%	14.5%	22.1%	62円	69円

馬主

3着内率TOP3		複勝回収値TOP3	
馬主名	3着内率	馬主名	複勝回収値
HimRockRacing	51.3%	三嶋牧場	306円
吉田照哉	50.0%	上村利幸	142円
G1レーシング	45.5%	G1レーシング	139円

騎手

3着内率TOP3		複勝回収値TOP3	
騎手名	3着内率	騎手名	複勝回収値
Mデムーロ	57.1%	丸山元気	161円
丸山元気	42.3%	岩田康誠	119円
浜中俊	41.7%	国分優作	86円

生産者

3着内率TOP3		複勝回収値TOP3	
生産者名	3着内率	生産者名	複勝回収値
タバタファーム	51.0%	三嶋牧場	170円
浦河小林牧場	44.8%	浦河小林牧場	142円
斉藤英牧場	38.2%	小島牧場	120円

距離

3着内率TOP3		複勝回収値TOP3	
距離	3着内率	距離	複勝回収値
1000m	34.5%	1800m	106円
1200m	33.0%	1200m	94円
1600m	25.2%	1000m	79円

クセ強度 C

西園正都
ニシゾノマサト

1955年12月29日生
初免許年 1997年（22年目）

厩舎のGI勝ちは全て芝のマイル戦でのもの。単勝回収値も150円を超えているように、芝のマイル戦が得意な条件です。また、「マネジメント力」が高く、レース選択が非常に巧み。関東やローカルへ遠征した際には勝率、単勝回収値とも上がります。調子を維持するのが上手で、昇級初戦で通用する馬が多いのも特徴です。

	総数	1着	2着	3着	着外	勝率	連対率	3着内率	単回値	複回値
芝成績	687	58	56	50	523	8.4%	16.6%	23.9%	90円	72円
ダート成績	623	57	51	63	452	9.1%	17.3%	27.4%	78円	71円

馬主

3着内率TOP3		複勝回収値TOP3	
馬主名	3着内率	馬主名	複勝回収値
G1レーシング	47.1%	グリーンファーム	138円
KTレーシング	41.2%	KTレーシング	129円
栄進堂	36.8%	G1レーシング	125円

騎手

3着内率TOP3		複勝回収値TOP3	
騎手名	3着内率	騎手名	複勝回収値
Mデムーロ	53.3%	藤岡康太	144円
川田将雅	50.0%	柴田大知	135円
Cルメール	50.0%	松山弘平	108円

生産者

3着内率TOP3		複勝回収値TOP3	
生産者名	3着内率	生産者名	複勝回収値
グランド牧場	78.3%	平野牧場	175円
チャンピオンズファーム	59.1%	グランド牧場	125円
AdenaSprings	41.7%	コスモヴューファーム	122円

距離

3着内率TOP3		複勝回収値TOP3	
距離	3着内率	距離	複勝回収値
2400m	36.7%	1600m	108円
1200m	31.5%	2200m	100円
1600m	28.9%	1400m	83円

西村真幸
ニシムラマサユキ

1976年1月11日生
初免許年 2014年（5年目）

15年3月に開業し、2年目から20勝のラインをクリアしています。勝利数の3分の1を、2歳戦で占めているのが大きな特徴です。2歳戦が始まる6月から使いだし、新馬戦は夏競馬期間が好成績。一方で、3歳の新馬戦では勝利がありません。主戦の川田騎手の馬券対象は5番人気まで。松若騎手は穴馬で狙える騎手です。

	総数	1着	2着	3着	着外	勝率	連対率	3着内率	単回値	複回値
芝成績	589	35	40	39	475	5.9%	12.7%	19.4%	81円	64円
ダート成績	463	32	28	37	366	6.9%	13.0%	21.0%	56円	88円

馬主

3着内率TOP3		複勝回収値TOP3	
馬主名	3着内率	馬主名	複勝回収値
シルクレーシング	47.6%	大島豊彦	152円
福井明	37.1%	福井明	118円
田畑利彦	34.0%	シルクレーシング	116円

騎手

3着内率TOP3		複勝回収値TOP3	
騎手名	3着内率	騎手名	複勝回収値
Mデムーロ	70.8%	佐藤友則	139円
川田将雅	54.5%	岩田康誠	111円
岩田康誠	31.8%	松若風馬	108円

生産者

3着内率TOP3		複勝回収値TOP3	
生産者名	3着内率	生産者名	複勝回収値
社台コーポレーション白老ファーム	37.0%	社台コーポレーション白老ファーム	191円
RobertB. TrussellJ	32.0%	出口牧場	120円
明治牧場	30.6%	明治牧場	88円

距離

3着内率TOP3		複勝回収値TOP3	
距離	3着内率	距離	複勝回収値
2600m	50.0%	1900m	173円
2000m	24.8%	2600m	111円
1800m	22.6%	2000m	81円

野中賢二
（ノナカケンジ）

1965年9月29日生

初免許年 2007年（12年目）

ダート馬の「育成力」が光る厩舎です。18年夏はグリムがレパードSを制覇しました。パワフルで末脚を伸ばせるタイプの馬を、多く育成しています。注目のオーナーは、カナヤマホールディングス。先のグリムをはじめ、預託された5頭すべてが勝ち上がっています。同オーナーからの預託馬は、新馬戦から要チェックです。

	総数	1着	2着	3着	着外	勝率	連対率	3着内率	単回値	複回値
芝成績	341	28 - 25 - 18 - 270				8.2%	15.5%	20.8%	90円	65円
ダート成績	463	53 - 40 - 47 - 323				11.4%	20.1%	30.2%	73円	94円

馬主

3着内率TOP3		複勝回収値TOP3	
馬主名	3着内率	馬主名	複勝回収値
クイーンズ・ランチ	52.2%	間野隆司	164円
カナヤマホールディングス	43.2%	クイーンズ・ランチ	119円
橋元勇氣	42.9%	橋元勇氣	99円

騎手

3着内率TOP3		複勝回収値TOP3	
騎手名	3着内率	騎手名	複勝回収値
Mデムーロ	45.5%	松若風馬	144円
福永祐一	44.2%	幸英明	129円
川田将雅	44.0%	福永祐一	117円

生産者

3着内率TOP3		複勝回収値TOP3	
生産者名	3着内率	生産者名	複勝回収値
田中裕之	32.8%	三嶋牧場	157円
栄進牧場	29.6%	千代田牧場	129円
ダーレー・ジャパン・ファーム	28.2%	田中裕之	110円

距離

3着内率TOP3		複勝回収値TOP3	
距離	3着内率	距離	複勝回収値
1200m	30.4%	1400m	96円
1800m	28.5%	1200m	86円
2400m	27.3%	1700m	80円

橋口慎介
（ハシグチシンスケ）

1975年3月31日生

初免許年 2015年（4年目）

父の橋口弘次郎厩舎を引き継ぐ形で開業。父の時代から管理していた馬が少なくなった今が正念場でしょう。九州出身の父は小倉への思い入れが強く、北海道への遠征を行わない傾向がありました。しかし、慎介師は、狙いを付けて参戦しています。成績が良いのは中京。しかし、勝ち星は500万までの下級条件の平場戦に限定されます。

	総数	1着	2着	3着	着外	勝率	連対率	3着内率	単回値	複回値
芝成績	307	21 - 24 - 22 - 240				6.8%	14.7%	21.8%	47円	84円
ダート成績	211	15 - 13 - 17 - 166				7.1%	13.3%	21.3%	56円	74円

馬主

3着内率TOP3		複勝回収値TOP3	
馬主名	3着内率	馬主名	複勝回収値
鈴木隆司	34.2%	ノースヒルズ	146円
ダノックス	28.2%	前田晋二	126円
前田晋二	27.3%	ダノックス	116円

騎手

3着内率TOP3		複勝回収値TOP3	
騎手名	3着内率	騎手名	複勝回収値
小牧太	29.3%	北村友一	130円
荻野極	26.9%	荻野極	110円
武豊	22.7%	松山弘平	82円

生産者

3着内率TOP3		複勝回収値TOP3	
生産者名	3着内率	生産者名	複勝回収値
ノーザンファーム	27.5%	ノースヒルズ	90円
ノースヒルズ	25.0%	社台ファーム	84円
社台ファーム	17.8%	ノーザンファーム	78円

距離

3着内率TOP3		複勝回収値TOP3	
距離	3着内率	距離	複勝回収値
2000m	30.2%	2000m	160円
1400m	25.0%	1700m	96円
1200m	22.8%	1600m	77円

第3章

クセ強度 C

林 徹（ハヤシ トオル）

1979年4月4日生

初免許年 2017年（2年目）

18年3月開業。東大卒という高学歴は、小笠師に続く2人目。調教助手としては加藤和宏厩舎出身ですが、技術調教師時代にノーザンFや矢作厩舎で研修。その経験が今後の人脈として活きてきそうです。初勝利まで49戦を要したものの、その翌週には2勝を挙げました。現在は芝とダートの出走数が互角。今後に注目です。

	総数	1着	2着	3着	着外	勝率	連対率	3着内率	単回値	複回値
芝成績	44	2	4	1	37	4.5%	13.6%	15.9%	17円	44円
ダート成績	42	2	1	0	39	4.8%	7.1%	7.1%	282円	68円

馬 主

3着内率TOP3		複勝回収値TOP3	
馬主名	3着内率	馬主名	複勝回収値
広尾レース	40.0%	田中成奉	205円
ヒダカ・ブリーダーズ・ユニオン	28.6%	社台レースホース	158円
吉田千津	25.0%	吉田千津	98円

騎 手

3着内率TOP3		複勝回収値TOP3	
騎手名	3着内率	騎手名	複勝回収値
伊藤工真	14.3%	武士沢友治	56円
武士沢友治	12.5%	伊藤工真	21円
柴山雄一	0.0%	柴山雄一	0円

生産者

3着内率TOP3		複勝回収値TOP3	
生産者名	3着内率	生産者名	複勝回収値
社台ファーム	16.7%	追分ファーム	182円
追分ファーム	11.1%	社台ファーム	87円
社台コーポレーション白老ファーム	0.0%	社台コーポレーション白老ファーム	0円

距 離

3着内率TOP3		複勝回収値TOP3	
距離	3着内率	距離	複勝回収値
2000m	20.0%	1700m	103円
1700m	16.7%	1800m	102円
1400m	12.5%	2000m	79円

平田 修（ヒラタ オサム）

1960年5月29日生

初免許年 2005年（14年目）

芝、ダートとも1600m~2000mの距離を得意としています。特に阪神のダート1800mでは、人気薄でも積極的に狙えます。しかし、2000mを超える距離での勝利数は1つと、大きく割り引く必要があります。下級条件が中心ですが、牝馬限定戦では芝、ダートとも単勝回収値が100円を超えており、芝では勝率も優秀です。

	総数	1着	2着	3着	着外	勝率	連対率	3着内率	単回値	複回値
芝成績	496	42	38	30	386	8.5%	16.1%	22.2%	87円	65円
ダート成績	450	37	39	36	338	8.2%	16.9%	24.9%	83円	77円

馬 主

3着内率TOP3		複勝回収値TOP3	
馬主名	3着内率	馬主名	複勝回収値
亀田和弘	50.0%	亀田和弘	240円
吉田勝己	45.5%	丸山担	145円
丸山担	42.9%	飯田正剛	136円

騎 手

3着内率TOP3		複勝回収値TOP3	
騎手名	3着内率	騎手名	複勝回収値
川田将雅	48.6%	富田暁	195円
Mデムーロ	44.8%	岡田祥嗣	156円
和田竜二	34.9%	北村友一	94円

生産者

3着内率TOP3		複勝回収値TOP3	
生産者名	3着内率	生産者名	複勝回収値
隆栄牧場	45.5%	隆栄牧場	218円
千代田牧場	33.3%	千代田牧場	131円
社台ファーム	28.0%	追分ファーム	92円

距 離

3着内率TOP3		複勝回収値TOP3	
距離	3着内率	距離	複勝回収値
1800m	26.1%	1700m	79円
1600m	23.8%	1800m	75円
2000m	23.6%	2000m	73円

本田 優（ホンダ マサル）

1959年1月4日生
初免許年 2007年（12年目）

17年にレーヌミノルでGI初制覇。そのオーナーである吉岡實氏の所有馬を多く預かっており、このコンビでの勝率は13.9%で、単勝回収値は121円と優秀な成績です。ダートよりは芝の成績が良好で、特にマイル以下の短距離戦なら単勝回収値は110円を超えています。ダート戦で狙うなら、新馬戦がおすすめです。

	総数	1着	2着	3着	着外	勝率	連対率	3着内率	単回値	複回値
芝成績	694	56	44	40	554	8.1%	14.4%	20.2%	110円	77円
ダート成績	585	46	37	49	453	7.9%	14.2%	22.6%	81円	77円

馬 主

3着内率TOP3		複勝回収値TOP3	
馬主名	3着内率	馬主名	複勝回収値
八木良司	38.2%	安原浩司	176円
吉田晴哉	33.3%	八木良司	119円
社台レースホース	33.3%	田中康弘	108円

騎 手

3着内率TOP3		複勝回収値TOP3	
騎手名	3着内率	騎手名	複勝回収値
Cルメール	57.1%	太宰啓介	116円
酒井学	38.5%	城戸義政	111円
浜中俊	37.8%	北村友一	109円

生産者

3着内率TOP3		複勝回収値TOP3	
生産者名	3着内率	生産者名	複勝回収値
新冠タガノファーム	39.6%	岡田スタッド	144円
武田牧場	39.3%	新冠タガノファーム	124円
八木牧場	36.1%	三嶋牧場	123円

距 離

3着内率TOP3		複勝回収値TOP3	
距離	3着内率	距離	複勝回収値
1700m	28.7%	2400m	130円
2400m	27.3%	1800m	92円
1800m	23.2%	1700m	88円

松下武士（マツシタ タケシ）

1980年12月14日生
初免許年 2014年（5年目）

15年3月の開業。4〜7番人気での好走率が高い穴厩舎で、全体での複勝回収値は92円です。厩舎開業2年目の16年に27勝を挙げるも、17年は16勝と後退。18年は成績回復の傾向にあります。これは芝で勝てなくなり、良績がダートに集中していることが原因。ダートでは、特に関東圏での好走率が高いです。

	総数	1着	2着	3着	着外	勝率	連対率	3着内率	単回値	複回値
芝成績	330	20	23	20	267	6.1%	13.0%	19.1%	56円	98円
ダート成績	647	45	50	40	512	7.0%	14.7%	20.9%	104円	87円

馬 主

3着内率TOP3		複勝回収値TOP3	
馬主名	3着内率	馬主名	複勝回収値
ノルマンディーサラブレッドレーシング	33.3%	松本好雄	235円
木村信彦	32.0%	土井肇	187円
キャピタル・システム	30.8%	山田裕仁	164円

騎 手

3着内率TOP3		複勝回収値TOP3	
騎手名	3着内率	騎手名	複勝回収値
池添謙一	43.5%	中谷雄太	208円
小牧太	39.3%	小牧太	182円
鮫島克駿	33.3%	酒井学	140円

生産者

3着内率TOP3		複勝回収値TOP3	
生産者名	3着内率	生産者名	複勝回収値
岡田スタッド	37.5%	岡田スタッド	230円
モリナガファーム	33.3%	金成吉田牧場	222円
山際牧場	28.1%	廣田侊助	187円

距 離

3着内率TOP3		複勝回収値TOP3	
距離	3着内率	距離	複勝回収値
1200m	26.3%	2000m	157円
1700m	23.3%	1200m	139円
2000m	22.1%	1600m	98円

クセ強度 C

松田国英
マツダクニヒデ

1950年9月28日生

初免許年 1995年（24年目）

現役トップタイの、ダービー2勝トレーナー。Cルメール騎手、Mデムーロ騎手で31勝と、勝利数の40%弱を挙げています。中距離戦を得意とし、芝では1800m、ダートでは1700mでの勝率の高さが目を引きます。反面、1200mでの勝利はなし。血統的には、自身が管理したクロフネとキングカメハメハの産駒で好成績です。

	総数	1着	2着	3着	着外	勝率	連対率	3着内率	単回値	複回値
芝成績	405	32 - 32 - 44 - 297				7.9%	15.8%	26.7%	48円	65円
ダート成績	403	47 - 33 - 39 - 284				11.7%	19.9%	29.5%	87円	65円

馬主

3着内率TOP3		複勝回収値TOP3	
馬主名	3着内率	馬主名	複勝回収値
社台レースホース	57.9%	吉田勝己	97円
吉田晴哉	57.9%	野田みづき	85円
吉田勝己	46.3%	社台レースホース	83円

生産者

3着内率TOP3		複勝回収値TOP3	
生産者名	3着内率	生産者名	複勝回収値
エクセルマネジメント	47.6%	カントリー牧場	148円
カントリー牧場	45.8%	エクセルマネジメント	88円
フジワラファーム	42.9%	下河辺牧場	85円

騎手

3着内率TOP3		複勝回収値TOP3	
騎手名	3着内率	騎手名	複勝回収値
Mデムーロ	62.5%	高田潤	121円
高田潤	61.9%	Cルメール	104円
Cルメール	60.3%	Mデムーロ	100円

距離

3着内率TOP3		複勝回収値TOP3	
距離	3着内率	距離	複勝回収値
2400m	42.9%	1600m	80円
1700m	41.4%	2400m	74円
1800m	29.2%	2000m	74円

宮本 博
ミヤモトヒロシ

1963年3月27日生

初免許年 2003年（16年目）

通算の勝率はそれほど高くはありません。しかし、芝レースでは単勝、複勝ともに回収値が110円を超えている穴党向けの厩舎です。その高い回収値を支えているのが、地元でもある京都、阪神の2つの競馬場です。関東遠征での成績は振るわず、狙うなら関西がおすすめです。ダート戦では勝率5%台と、成績が下がることも要注意です。

	総数	1着	2着	3着	着外	勝率	連対率	3着内率	単回値	複回値
芝成績	626	50 - 58 - 54 - 464				8.0%	17.3%	25.9%	115円	110円
ダート成績	331	17 - 23 - 19 - 272				5.1%	12.1%	17.8%	71円	74円

馬主

3着内率TOP3		複勝回収値TOP3	
馬主名	3着内率	馬主名	複勝回収値
サラブレッドクラブ・ラフィアン	35.2%	吉木伸彦	133円
吉木伸彦	33.3%	ノースヒルズ	132円
ノースヒルズ	29.3%	瀬谷隆雄	123円

生産者

3着内率TOP3		複勝回収値TOP3	
生産者名	3着内率	生産者名	複勝回収値
タガミファーム	65.5%	タガミファーム	182円
ビッグレッドファーム	32.4%	平山牧場	165円
村上欽哉	32.0%	下河辺牧場	163円

騎手

3着内率TOP3		複勝回収値TOP3	
騎手名	3着内率	騎手名	複勝回収値
浜中俊	47.8%	藤岡佑介	301円
和田竜二	36.7%	浜中俊	183円
武豊	35.0%	幸英明	116円

距離

3着内率TOP3		複勝回収値TOP3	
距離	3着内率	距離	複勝回収値
2200m	37.8%	1200m	121円
2400m	30.3%	1600m	119円
1800m	26.1%	2000m	117円

村山 明
（ムラヤマ アキラ）

1971年8月18日生

初免許年 2008年（11年目）

ダートGⅠ級を11勝したコパノリッキーに代表されるように、成績は圧倒的にダート寄り。勝利数の9割近くを占めています。芝のレースでの傾向はハッキリしており、勝利は1200m戦に集中しています。集計期間中、新馬戦では1勝のみ。芝でデビューする馬が6割以上を占めるものの連対はなく、大きく割引くのが妥当です。

	総数	1着	2着	3着	着外	勝率	連対率	3着内率	単回値	複回値
芝成績	349	9 - 7 - 16 - 317				2.6%	4.6%	9.2%	46円	30円
ダート成績	708	63 - 53 - 48 - 544				8.9%	16.4%	23.2%	85円	76円

馬 主

3着内率TOP3		複勝回収値TOP3	
馬主名	3着内率	馬主名	複勝回収値
吉田晴哉	50.0%	吉田晴哉	165円
社台レースホース	50.0%	社台レースホース	165円
小林祥晃	34.7%	亀井哲也	135円

生産者

3着内率TOP3		複勝回収値TOP3	
生産者名	3着内率	生産者名	複勝回収値
社台コーポレーション白老ファーム	35.3%	鮫川啓一	131円
鮫川啓一	35.0%	グランド牧場	114円
三嶋牧場	34.6%	三嶋牧場	113円

騎 手

3着内率TOP3		複勝回収値TOP3	
騎手名	3着内率	騎手名	複勝回収値
Cルメール	34.5%	和田竜二	135円
和田竜二	34.4%	福永祐一	114円
福永祐一	33.3%	松若風馬	96円

距 離

3着内率TOP3		複勝回収値TOP3	
距離	3着内率	距離	複勝回収値
1900m	33.3%	1900m	185円
1700m	27.5%	1700m	82円
1800m	22.2%	1200m	68円

森 秀行
（モリ ヒデユキ）

1959年3月12日生

初免許年 1993年（26年目）

GⅠ6勝を誇る厩舎ですが、一時は低迷。最近はやや盛り返してきました。勝利数が多いのは戸崎騎手で、馬券の対象は、ほぼ3番人気まで。武豊騎手ではダートに特化した成績で、特に特別戦では6戦で5勝と勝負強さを発揮しています。新馬戦では、期間中1勝のみ。調教のタイムが速くても、1着固定の馬券は避けるのが吉。

	総数	1着	2着	3着	着外	勝率	連対率	3着内率	単回値	複回値
芝成績	525	23 - 52 - 35 - 415				4.4%	14.3%	21.0%	26円	64円
ダート成績	612	36 - 35 - 52 - 489				5.9%	11.6%	20.1%	64円	83円

馬 主

3着内率TOP3		複勝回収値TOP3	
馬主名	3着内率	馬主名	複勝回収値
大野照旺	38.7%	吉田勝利	185円
玉井宏和	37.5%	玉井宏和	130円
飛野牧場	36.4%	河合純二	117円

生産者

3着内率TOP3		複勝回収値TOP3	
生産者名	3着内率	生産者名	複勝回収値
本桐牧場	53.8%	高松牧場	171円
小池博幸	40.9%	社台ファーム	163円
マリオステーブル	38.5%	小池博幸	142円

騎 手

3着内率TOP3		複勝回収値TOP3	
騎手名	3着内率	騎手名	複勝回収値
戸崎圭太	38.8%	荻野極	294円
内田博幸	35.0%	勝浦正樹	144円
Mデムーロ	35.0%	森裕太朗	135円

距 離

3着内率TOP3		複勝回収値TOP3	
距離	3着内率	距離	複勝回収値
1000m	33.3%	2200m	139円
2200m	26.1%	1400m	108円
2000m	24.5%	1000m	86円

クセ強度 C

安田翔伍
ヤスダ ショウゴ

1982年7月8日生

初免許年 **2017年（2年目）**

18年3月の開業で、現状はダート戦で好成績を残しています。父である安田隆行厩舎から転厩してきた、オメガパフュームで初勝利を挙げました。また、シリウスSで初重賞制覇を達成したのも同馬でした。18年夏の北海道開催では、出走数が少ない中で結果を残しており、19年以降も北海道開催では要注目の厩舎です。

	総数	1着	2着	3着	着外	勝率	連対率	3着内率	単回値	複回値
芝成績	25	1 - 5 - 2 - 17				4.0%	24.0%	32.0%	372円	118円
ダート成績	63	5 - 1 - 6 - 51				7.9%	9.5%	19.0%	44円	49円

馬主

3着内率TOP3		複勝回収値TOP3	
馬主名	3着内率	馬主名	複勝回収値
原禮子	83.3%	長谷川光司	216円
竹園正繼	66.7%	竹園正繼	133円
長谷川光司	20.0%	原禮子	93円

騎手

3着内率TOP3		複勝回収値TOP3	
騎手名	3着内率	騎手名	複勝回収値
Mデムーロ	83.3%	三浦皇成	272円
三浦皇成	40.0%	鮫島克駿	190円
北村友一	28.6%	Mデムーロ	93円

生産者

3着内率TOP3		複勝回収値TOP3	
生産者名	3着内率	生産者名	複勝回収値
ムラカミファーム	66.7%	鮫川ファーム	216円
社台ファーム	41.7%	ノーザンファーム	165円
ノーザンファーム	33.3%	ムラカミファーム	133円

距離

3着内率TOP3		複勝回収値TOP3	
距離	3着内率	距離	複勝回収値
1700m	35.7%	1800m	96円
1800m	27.8%	1700m	73円
1200m	15.8%	1200m	25円

矢野英一
ヤノ エイイチ

1970年2月24日生

初免許年 **2008年（11年目）**

目を引くのが特別戦での好成績。特に芝の特別戦では、6番人気あたりまでなら十分馬券の圏内です。主戦はジェネラーレウーノで18年の京成杯を勝った田辺騎手。同騎手で勝ちきるのは2番人気までで、馬券の対象も5番人気あたりまでと考えられます。個人馬主からの預託馬が中心で、クラブ馬主の活躍馬は多くありません。

	総数	1着	2着	3着	着外	勝率	連対率	3着内率	単回値	複回値
芝成績	332	30 - 23 - 33 - 246				9.0%	16.0%	25.9%	60円	81円
ダート成績	574	39 - 51 - 48 - 436				6.8%	15.7%	24.0%	41円	70円

馬主

3着内率TOP3		複勝回収値TOP3	
馬主名	3着内率	馬主名	複勝回収値
日進牧場	45.5%	アポロサラブレッドクラブ	176円
アポロサラブレッドクラブ	44.0%	井上一郎	162円
Gリビエール・レーシング	37.9%	ローレルレーシング	142円

騎手

3着内率TOP3		複勝回収値TOP3	
騎手名	3着内率	騎手名	複勝回収値
田辺裕信	47.7%	津村明秀	172円
丸山元気	34.0%	丸山元気	105円
吉田豊	32.5%	田辺裕信	102円

生産者

3着内率TOP3		複勝回収値TOP3	
生産者名	3着内率	生産者名	複勝回収値
日進牧場	45.5%	恵比寿興業株式会社那須野牧場	104円
前川正美	38.5%	川島牧場	101円
浜本牧場	35.0%	浜本牧場	82円

距離

3着内率TOP3		複勝回収値TOP3	
距離	3着内率	距離	複勝回収値
1000m	42.9%	1000m	167円
2000m	27.3%	1700m	110円
1300m	25.8%	1200m	92円

吉村圭司（ヨシムラケイジ）

1972年5月31日生

初免許年 2011年（8年目）

エリザベス女王杯を勝ったクイーンズリングは、新馬戦からラストランの有馬記念までの全てのレースで、計5名の外国出身騎手が手綱を取りました。このように、短期免許を含め、外国出身騎手を多用する厩舎です。特に新馬戦で外国出身騎手を起用した場合は注目。連闘策は取らず、詰まった間隔での成績も一息です。

	総数	1着	2着	3着	着外	勝率	連対率	3着内率	単回値	複回値
芝成績	522	44 - 43 - 43 - 392				8.4%	16.7%	24.9%	57円	78円
ダート成績	410	37 - 33 - 37 - 303				9.0%	17.1%	26.1%	60円	67円

馬主

3着内率TOP3 馬主名	3着内率	複勝回収値TOP3 馬主名	複勝回収値
橋元勇氣	50.0%	G1レーシング	181円
ゴドルフィン	41.3%	ゴドルフィン	127円
グリーンフィールズ	36.4%	サンデーレーシング	92円

騎手

3着内率TOP3 騎手名	3着内率	複勝回収値TOP3 騎手名	複勝回収値
Cルメール	50.0%	松山弘平	155円
松山弘平	40.9%	松田大作	122円
Mデムーロ	40.8%	Cルメール	107円

生産者

3着内率TOP3 生産者名	3着内率	複勝回収値TOP3 生産者名	複勝回収値
ダーレー・ジャパン・ファーム	42.0%	辻牧場	173円
辻牧場	39.1%	ダーレー・ジャパン・ファーム	132円
KennethL. Ramsey&	35.0%	社台コーポレーション白老ファーム	127円

距離

3着内率TOP3 距離	3着内率	複勝回収値TOP3 距離	複勝回収値
1400m	33.3%	2200m	148円
2200m	33.3%	1400m	107円
2000m	27.6%	2400m	72円

和田正一郎（ワダショウイチロウ）

1974年10月3日生

初免許年 2009年（10年目）

ノーザンFの生産馬は13頭のうち8頭が勝ち上がり。それらで計20勝を挙げており、特に牝馬の活躍が目立ちます。芝では重賞勝ちまであるものの、ダートでは500万を勝利すると頭打ちの傾向。オジュウチョウサンが全勝利数の約2割にあたる14勝を挙げているので、勝率や単勝回収値を見る際は注意が必要です。

	総数	1着	2着	3着	着外	勝率	連対率	3着内率	単回値	複回値
芝成績	276	19 - 17 - 15 - 225				6.9%	13.0%	18.5%	64円	62円
ダート成績	310	24 - 15 - 15 - 256				7.7%	12.6%	17.4%	81円	87円

馬主

3着内率TOP3 馬主名	3着内率	複勝回収値TOP3 馬主名	複勝回収値
サンデーレーシング	50.0%	増田雄一	125円
吉田和美	38.1%	浅沼廣幸	123円
チョウサン	37.5%	井上基之	121円

騎手

3着内率TOP3 騎手名	3着内率	複勝回収値TOP3 騎手名	複勝回収値
戸崎圭太	56.0%	井上敏樹	254円
石神深一	48.1%	石川裕紀人	177円
柴山雄一	29.6%	津村明秀	92円

生産者

3着内率TOP3 生産者名	3着内率	複勝回収値TOP3 生産者名	複勝回収値
ノーザンファーム	42.7%	高橋幸男	152円
坂東牧場	37.5%	スマイルファーム	126円
高橋幸男	35.0%	ファニーヒルファーム	123円

距離

3着内率TOP3 距離	3着内率	複勝回収値TOP3 距離	複勝回収値
2400m	34.6%	1400m	111円
2200m	28.6%	2400m	88円
1150m	24.1%	1800m	81円

クセ強度 D

青木孝文（アオキタカフミ）

1981年9月23日生
初免許年 2016年（3年目）

POINT 17年3月の開業。未勝利戦を中心に好走

狙い所 芝の未勝利戦

	総数	1着	2着	3着	着外	勝率	連対率	3着内率	単回値	複回値
芝成績	171	9 - 11 - 5 - 146				5.3%	11.7%	14.6%	205円	98円
ダート成績	158	3 - 14 - 12 - 129				1.9%	10.8%	18.4%	4円	66円
狙い所成績	91	8 - 5 - 2 - 76				8.8%	14.3%	16.5%	383円	114円

浅野洋一郎（アサノヨウイチロウ）

1956年11月26日生
初免許年 1993年（26年目）

POINT 管理馬の多くは個人牧場の生産馬

狙い所 石橋脩騎手

	総数	1着	2着	3着	着外	勝率	連対率	3着内率	単回値	複回値
芝成績	199	4 - 5 - 13 - 177				2.0%	4.5%	11.1%	40円	47円
ダート成績	277	9 - 8 - 14 - 246				3.2%	6.1%	11.2%	31円	39円
狙い所成績	28	3 - 0 - 4 - 21				10.7%	10.7%	25.0%	170円	71円

安達昭夫（アダチアキオ）

1959年10月27日生
初免許年 1999年（20年目）

POINT Mデムーロ、Cルメールで単回収値100円超

狙い所 川島信二騎手のダート戦

	総数	1着	2着	3着	着外	勝率	連対率	3着内率	単回値	複回値
芝成績	291	19 - 23 - 29 - 220				6.5%	14.4%	24.4%	52円	78円
ダート成績	484	33 - 27 - 38 - 386				6.8%	12.4%	20.2%	114円	85円
狙い所成績	21	5 - 1 - 1 - 14				23.8%	28.6%	33.3%	753円	186円

荒川義之（アラカワヨシユキ）

1968年5月21日生
初免許年 2007年（12年目）

POINT 秋の2歳戦、それも芝での好走が多い

狙い所 1番人気

	総数	1着	2着	3着	着外	勝率	連対率	3着内率	単回値	複回値
芝成績	552	25 - 46 - 29 - 452				4.5%	12.9%	18.1%	78円	101円
ダート成績	466	25 - 38 - 30 - 373				5.4%	13.5%	20.0%	27円	73円
狙い所成績	42	18 - 8 - 5 - 11				42.9%	61.9%	73.8%	106円	95円

飯田祐史
イイダユウジ

1974年11月18日生
初免許年 2013年（6年目）

	総数	1着	2着	3着	着外	勝率	連対率	3着内率	単回値	複回値
芝成績	244	7 - 7 - 13 - 217				2.9%	5.7%	11.1%	38円	37円
ダート成績	611	44 - 42 - 51 - 474				7.2%	14.1%	22.4%	95円	86円
狙い所成績	170	15 - 17 - 12 - 126				8.8%	18.8%	25.9%	193円	96円

POINT ▶ 勝ち星の8割以上がダート戦でのもの

狙い所 ▶ 裏開催のダート

飯田雄三
イイダユウゾウ

1953年7月31日生
初免許年 2000年（19年目）

	総数	1着	2着	3着	着外	勝率	連対率	3着内率	単回値	複回値
芝成績	306	13 - 8 - 18 - 267				4.2%	6.9%	12.7%	35円	72円
ダート成績	508	36 - 32 - 33 - 407				7.1%	13.4%	19.9%	78円	90円
狙い所成績	27	11 - 4 - 5 - 7				40.7%	55.6%	74.1%	162円	116円

POINT ▶ ウインの馬で上位人気なら信頼度高い

狙い所 ▶ ウイン馬の1~3番人気

池上昌和
イケガミマサカズ

1974年10月6日生
初免許年 2015年（4年目）

	総数	1着	2着	3着	着外	勝率	連対率	3着内率	単回値	複回値
芝成績	370	14 - 24 - 25 - 307				3.8%	10.3%	17.0%	56円	55円
ダート成績	423	17 - 20 - 26 - 360				4.0%	8.7%	14.9%	33円	59円
狙い所成績	22	4 - 3 - 2 - 13				18.2%	31.8%	40.9%	462円	145円

POINT ▶ 連闘は勝負懸かり。勝率、単回収値とも高い

狙い所 ▶ 連闘

池添兼雄
イケゾエカネオ

1952年10月22日生
初免許年 1997年（22年目）

	総数	1着	2着	3着	着外	勝率	連対率	3着内率	単回値	複回値
芝成績	467	40 - 38 - 44 - 345				8.6%	16.7%	26.1%	62円	77円
ダート成績	474	36 - 38 - 33 - 367				7.6%	15.6%	22.6%	98円	79円
狙い所成績	39	10 - 4 - 6 - 19				25.6%	35.9%	51.3%	118円	88円

POINT ▶ メイショウの馬で3番人気以内なら好成績

狙い所 ▶ 3番人気以内のメイショウ馬

クセ強度 **D**

石栗龍彦
イシクリタツヒコ

1958年4月15日生
初免許年 1999年（20年目）

POINT 父の石栗龍雄厩舎から横山典騎手がデビュー

狙い所 横山典弘騎手

	総数	1着	2着	3着	着外	勝率	連対率	3着内率	単回値	複回値
芝成績	320	8 - 9 - 9 - 294				2.5%	5.3%	8.1%	76円	45円
ダート成績	412	18 - 15 - 22 - 357				4.4%	8.0%	13.3%	63円	61円
狙い所成績	44	6 - 3 - 2 - 33				13.6%	20.5%	25.0%	232円	129円

石毛善彦
イシゲヨシヒコ

1954年11月9日生
初免許年 1994年（25年目）

POINT 芝の短距離に特化。新潟直千では5勝

狙い所 新潟芝直千

	総数	1着	2着	3着	着外	勝率	連対率	3着内率	単回値	複回値
芝成績	385	14 - 11 - 18 - 342				3.6%	6.5%	11.2%	117円	71円
ダート成績	361	2 - 9 - 9 - 341				0.6%	3.0%	5.5%	9円	23円
狙い所成績	30	5 - 2 - 4 - 19				16.7%	23.3%	36.7%	337円	124円

伊藤伸一
イトウシンイチ

1959年7月17日生
初免許年 1998年（21年目）

POINT 馬券の対象になるのは1000万クラスまで

狙い所 ダート500万クラス

	総数	1着	2着	3着	着外	勝率	連対率	3着内率	単回値	複回値
芝成績	429	10 - 26 - 19 - 374				2.3%	8.4%	12.8%	31円	78円
ダート成績	452	15 - 13 - 24 - 400				3.3%	6.2%	11.5%	39円	65円
狙い所成績	96	7 - 4 - 5 - 80				7.3%	11.5%	16.7%	112円	66円

伊藤大士
イトウダイシ

1972年11月29日生
初免許年 2009年（10年目）

POINT 下級条件の特別戦は回収値が高い

狙い所 中2週での出走

	総数	1着	2着	3着	着外	勝率	連対率	3着内率	単回値	複回値
芝成績	557	34 - 40 - 42 - 441				6.1%	13.3%	20.8%	116円	90円
ダート成績	460	17 - 28 - 22 - 393				3.7%	9.8%	14.6%	21円	61円
狙い所成績	146	11 - 12 - 12 - 111				7.5%	15.8%	24.0%	241円	97円

伊藤正徳
（イトウマサノリ）

1948年10月22日生
初免許年 1987年（32年目）

| | POINT | 騎手時代の同期には、岡部幸雄騎手など |
| | 狙い所 | 福島の芝 |

	総数	1着 2着 3着 着外	勝率	連対率	3着内率	単回値	複回値
芝成績	323	6 － 10 － 13 － 294	1.9%	5.0%	9.0%	30円	39円
ダート成績	358	9 － 10 － 15 － 324	2.5%	5.3%	9.5%	28円	35円
狙い所成績	60	3 － 1 － 3 － 53	5.0%	6.7%	11.7%	109円	49円

岩戸孝樹
（イワトタカキ）

1966年7月23日生
初免許年 2000年（19年目）

| | POINT | 競馬学校騎手課程1期生。障害戦に多く参戦 |
| | 狙い所 | 7番人気 |

	総数	1着 2着 3着 着外	勝率	連対率	3着内率	単回値	複回値
芝成績	486	23 － 29 － 36 － 398	4.7%	10.7%	18.1%	46円	78円
ダート成績	526	21 － 39 － 39 － 427	4.0%	11.4%	18.8%	71円	73円
狙い所成績	84	10 － 8 － 5 － 61	11.9%	21.4%	27.4%	245円	109円

上原博之
（ウエハラヒロユキ）

1957年1月25日生
初免許年 1993年（26年目）

| | POINT | 管理したダイワメジャーの産駒は好成績 |
| | 狙い所 | 中山での未勝利戦 |

	総数	1着 2着 3着 着外	勝率	連対率	3着内率	単回値	複回値
芝成績	574	40 － 32 － 39 － 463	7.0%	12.5%	19.3%	62円	53円
ダート成績	426	28 － 35 － 33 － 330	6.6%	14.8%	22.5%	90円	79円
狙い所成績	139	13 － 11 － 14 － 101	9.4%	17.3%	27.3%	146円	85円

蛯名利弘
（エビナトシヒロ）

1961年3月10日生
初免許年 2012年（7年目）

| | POINT | 中山、福島の小回りのダートに良績集中 |
| | 狙い所 | 福島のダート |

	総数	1着 2着 3着 着外	勝率	連対率	3着内率	単回値	複回値
芝成績	345	7 － 4 － 9 － 325	2.0%	3.2%	5.8%	63円	30円
ダート成績	652	33 － 35 － 40 － 544	5.1%	10.4%	16.6%	112円	109円
狙い所成績	77	9 － 3 － 8 － 57	11.7%	15.6%	26.0%	93円	161円

第3章

クセ強度 D

大江原 哲 （オオエハラ サトシ）

1953年2月13日生
初免許年 1996年（23年目）

POINT 鞍上継続騎乗なら穴をあける可能性も

狙い所 継続騎乗

	総数	1着	2着	3着	着外	勝率	連対率	3着内率	単回値	複回値
芝成績	319	10 - 15 - 21 - 273				3.1%	7.8%	14.4%	73円	74円
ダート成績	408	21 - 18 - 20 - 349				5.1%	9.6%	14.5%	105円	71円
狙い所成績	230	17 - 8 - 12 - 193				7.4%	10.9%	16.1%	160円	77円

大根田裕之 （オオネダ ヒロユキ）

1959年7月31日生
初免許年 1998年（21年目）

POINT GI勝ちの実績あるも、近10年以上重賞未勝利

狙い所 幸英明騎手の1番人気

	総数	1着	2着	3着	着外	勝率	連対率	3着内率	単回値	複回値
芝成績	236	6 - 15 - 21 - 194				2.5%	8.9%	17.8%	12円	114円
ダート成績	462	29 - 30 - 35 - 368				6.3%	12.8%	20.3%	42円	82円
狙い所成績	14	7 - 2 - 2 - 3				50.0%	64.3%	78.6%	121円	103円

大橋勇樹 （オオハシ ユウキ）

1961年5月25日生
初免許年 2002年（17年目）

POINT 勝ち星は圧倒的にダート。8割以上を占める

狙い所 ダートの1700~2000m

	総数	1着	2着	3着	着外	勝率	連対率	3着内率	単回値	複回値
芝成績	221	9 - 8 - 8 - 196				4.1%	7.7%	11.3%	53円	50円
ダート成績	828	55 - 52 - 65 - 656				6.6%	12.9%	20.8%	108円	91円
狙い所成績	499	35 - 36 - 45 - 383				7.0%	14.2%	23.2%	124円	91円

大和田 成 （オオワダ ナルル）

1976年4月28日生
初免許年 2011年（8年目）

POINT 勝ち星の4分の3はダート戦でのもの

狙い所 500万クラスのダート

	総数	1着	2着	3着	着外	勝率	連対率	3着内率	単回値	複回値
芝成績	339	14 - 27 - 20 - 278				4.1%	12.1%	18.0%	30円	72円
ダート成績	514	42 - 38 - 35 - 399				8.2%	15.6%	22.4%	103円	87円
狙い所成績	141	19 - 7 - 8 - 107				13.5%	18.4%	24.1%	136円	73円

小笠倫弘
（オガサミチヒロ）

1971年7月19日生
初免許年 2005年（14年目）

> **POINT** 新馬の単回収値は197円。3人気までは単

> **狙い所** 新馬戦

	総数	1着 2着 3着 着外	勝率	連対率	3着内率	単回値	複回値
芝成績	388	15 - 22 - 22 - 329	3.9%	9.5%	15.2%	55円	53円
ダート成績	480	34 - 34 - 33 - 379	7.1%	14.2%	21.0%	77円	64円
狙い所成績	90	9 - 4 - 8 - 69	10.0%	14.4%	23.3%	197円	84円

岡田稲男
（オカダイナオ）

1960年11月3日生
初免許年 2002年（17年目）

> **POINT** ダートの未勝利は5番人気までに絞り込める

> **狙い所** ダート未勝利5番人気以内

	総数	1着 2着 3着 着外	勝率	連対率	3着内率	単回値	複回値
芝成績	367	30 - 33 - 25 - 279	8.2%	17.2%	24.0%	71円	88円
ダート成績	573	55 - 48 - 49 - 421	9.6%	18.0%	26.5%	53円	79円
狙い所成績	75	18 - 12 - 9 - 36	24.0%	40.0%	52.0%	123円	107円

尾形和幸
（オガタカズユキ）

1976年5月4日生
初免許年 2013年（6年目）

> **POINT** 障害戦に積極的に参戦。成績も悪くない

> **狙い所** 内田博幸騎手のダート戦

	総数	1着 2着 3着 着外	勝率	連対率	3着内率	単回値	複回値
芝成績	396	14 - 13 - 21 - 348	3.5%	6.8%	12.1%	48円	42円
ダート成績	495	35 - 33 - 33 - 394	7.1%	13.7%	20.4%	73円	72円
狙い所成績	41	10 - 5 - 3 - 23	24.4%	36.6%	43.9%	160円	84円

沖 芳夫
（オキヨシオ）

1949年2月28日生
初免許年 1986年（33年目）

> **POINT** 和田、幸、太宰騎手で好走。19年春定年

> **狙い所** 中京ダート1400m

	総数	1着 2着 3着 着外	勝率	連対率	3着内率	単回値	複回値
芝成績	245	12 - 22 - 17 - 194	4.9%	13.9%	20.8%	46円	72円
ダート成績	491	32 - 40 - 31 - 388	6.5%	14.7%	21.0%	63円	82円
狙い所成績	19	5 - 2 - 2 - 10	26.3%	36.8%	47.4%	138円	93円

第3章

クセ強度 D

奥平雅士
オクヒラマサシ

1972年6月22日生
初免許年 2004年（15年目）

POINT	ダートの中距離以上のレースで良績が目立つ
狙い所	東京ダート2100m

	総数	1着 2着 3着 着外	勝率	連対率	3着内率	単回値	複回値
芝成績	311	11 - 15 - 20 - 265	3.5%	8.4%	14.8%	32円	77円
ダート成績	620	46 - 53 - 47 - 474	7.4%	16.0%	23.5%	81円	91円
狙い所成績	45	6 - 1 - 3 - 35	13.3%	15.6%	22.2%	309円	86円

小野次郎
オノジロウ

1970年8月1日生
初免許年 2011年（8年目）

POINT	主戦は横山父子。単回収値は100円超
狙い所	500万クラスの1~3番人気

	総数	1着 2着 3着 着外	勝率	連対率	3着内率	単回値	複回値
芝成績	401	9 - 20 - 11 - 361	2.2%	7.2%	10.0%	86円	52円
ダート成績	537	32 - 23 - 30 - 452	6.0%	10.2%	15.8%	105円	97円
狙い所成績	20	6 - 4 - 1 - 9	30.0%	50.0%	55.0%	132円	94円

粕谷昌央
カスヤマサオ

1965年9月4日生
初免許年 2007年（12年目）

POINT	関西圏への遠征も多いが中京で1勝のみ
狙い所	1番人気

	総数	1着 2着 3着 着外	勝率	連対率	3着内率	単回値	複回値
芝成績	355	8 - 9 - 17 - 321	2.3%	4.8%	9.6%	34円	62円
ダート成績	426	13 - 14 - 17 - 382	3.1%	6.3%	10.3%	108円	66円
狙い所成績	13	6 - 3 - 2 - 2	46.2%	69.2%	84.6%	110円	108円

加藤和宏
カトウカズヒロ

1956年3月4日生
初免許年 2005年（14年目）

POINT	ダービー騎手。子息士津八師もまもなく開業
狙い所	芝、未勝利、上位人気

	総数	1着 2着 3着 着外	勝率	連対率	3着内率	単回値	複回値
芝成績	309	7 - 12 - 12 - 278	2.3%	6.1%	10.0%	22円	55円
ダート成績	406	3 - 7 - 11 - 385	0.7%	2.5%	5.2%	20円	21円
狙い所成績	10	2 - 4 - 0 - 4	20.0%	60.0%	60.0%	74円	84円

金成貴史
カナリタカシ

1969年10月5日生
初免許年 2012年（7年目）

> **POINT** 芝のレースなら穴でも狙う価値はあり

> **狙い所** 芝の4~6番人気

	総数	1着	2着	3着	着外	勝率	連対率	3着内率	単回値	複回値
芝成績	459	30 – 36 – 40 – 353				6.5%	14.4%	23.1%	104円	82円
ダート成績	486	34 – 41 – 44 – 367				7.0%	15.4%	24.5%	54円	83円
狙い所成績	97	9 – 12 – 16 – 60				9.3%	21.6%	38.1%	121円	107円

萱野浩二
カヤノコウジ

1960年2月28日生
初免許年 1997年（22年目）

> **POINT** 日高の生産馬が中心。狙いは新潟芝直千

> **狙い所** 新潟芝直千

	総数	1着	2着	3着	着外	勝率	連対率	3着内率	単回値	複回値
芝成績	427	20 – 12 – 19 – 376				4.7%	7.5%	11.9%	52円	74円
ダート成績	458	14 – 12 – 17 – 415				3.1%	5.7%	9.4%	55円	45円
狙い所成績	22	3 – 0 – 0 – 19				13.6%	13.6%	13.6%	138円	46円

加用 正
カヨウタダシ

1953年5月17日生
初免許年 1993年（26年目）

> **POINT** ミツバなどオープンまで出世するのはダート

> **狙い所** 松山弘平騎手のダート戦

	総数	1着	2着	3着	着外	勝率	連対率	3着内率	単回値	複回値
芝成績	470	26 – 37 – 42 – 365				5.5%	13.4%	22.3%	37円	71円
ダート成績	468	51 – 40 – 33 – 344				10.9%	19.4%	26.5%	118円	72円
狙い所成績	39	9 – 6 – 1 – 23				23.1%	38.5%	41.0%	265円	123円

川村禎彦
カワムラヨシヒコ

1958年5月24日生
初免許年 1995年（24年目）

> **POINT** 勝負は和田騎手。上位人気は信頼

> **狙い所** 和田竜二騎手の1~2番人気

	総数	1着	2着	3着	着外	勝率	連対率	3着内率	単回値	複回値
芝成績	381	23 – 27 – 30 – 301				6.0%	13.1%	21.0%	74円	83円
ダート成績	627	40 – 32 – 54 – 501				6.4%	11.5%	20.1%	46円	73円
狙い所成績	20	11 – 2 – 2 – 5				55.0%	65.0%	75.0%	151円	105円

クセ強度 D

菊川正達
キクカワマサタツ

1962年11月17日生
初免許年 2000年（19年目）

POINT ▶ 新馬戦で5番人気以内なら妙味あり

狙い所 ▶ 前走2着、今回1番人気

	総数	1着	2着	3着	着外	勝率	連対率	3着内率	単回値	複回値
芝成績	639	34	31	43	531	5.3%	10.2%	16.9%	65円	72円
ダート成績	319	16	11	22	270	5.0%	8.5%	15.4%	64円	72円
狙い所成績	16	6	3	4	3	37.5%	56.3%	81.3%	90円	108円

北出成人
キタデヨシヒト

1964年1月11日生
初免許年 2005年（14年目）

POINT ▶ セントウルS勝ちのように芝短距離傾向強い

狙い所 ▶ 芝1200m戦

	総数	1着	2着	3着	着外	勝率	連対率	3着内率	単回値	複回値
芝成績	507	32	33	33	409	6.3%	12.8%	19.3%	100円	76円
ダート成績	469	24	34	21	390	5.1%	12.4%	16.8%	50円	57円
狙い所成績	143	14	8	12	109	9.8%	15.4%	23.8%	116円	95円

木原一良
キハラカズヨシ

1954年4月25日生
初免許年 1998年（21年目）

POINT ▶ 単回収値の高さは2~3番人気の好成績にあり

狙い所 ▶ 京都のダート

	総数	1着	2着	3着	着外	勝率	連対率	3着内率	単回値	複回値
芝成績	421	20	27	28	346	4.8%	11.2%	17.8%	55円	70円
ダート成績	501	50	25	24	402	10.0%	15.0%	19.8%	206円	98円
狙い所成績	203	26	10	10	157	12.8%	17.7%	22.7%	353円	149円

久保田貴士
クボタタカシ

1967年9月17日生
初免許年 2002年（17年目）

POINT ▶ 主戦は田辺騎手。関東主場で高回収値

狙い所 ▶ 1600万クラス

	総数	1着	2着	3着	着外	勝率	連対率	3着内率	単回値	複回値
芝成績	357	30	28	33	266	8.4%	16.2%	25.5%	55円	62円
ダート成績	497	51	42	38	366	10.3%	18.7%	26.4%	62円	62円
狙い所成績	48	8	1	3	36	16.7%	18.8%	25.0%	181円	80円

栗田博憲
クリタヒロノリ

1948年11月4日生
初免許年 1980年（39年目）

POINT マイネル馬では、単複とも回収値100円超

狙い所 東京での新馬戦

	総数	1着	2着	3着	着外	勝率	連対率	3着内率	単回値	複回値
芝成績	494	38	38	46	372	7.7%	15.4%	24.7%	69円	87円
ダート成績	296	21	9	12	254	7.1%	10.1%	14.2%	56円	62円
狙い所成績	17	5	2	1	9	29.4%	41.2%	47.1%	308円	152円

黒岩陽一
クロイワヨウイチ

1980年12月22日生
初免許年 2012年（7年目）

POINT 主戦の内田騎手は新馬、未勝利で買い

狙い所 連闘

	総数	1着	2着	3着	着外	勝率	連対率	3着内率	単回値	複回値
芝成績	444	23	26	31	364	5.2%	11.0%	18.0%	60円	61円
ダート成績	453	21	32	36	364	4.6%	11.7%	19.6%	36円	66円
狙い所成績	17	3	2	1	11	17.6%	29.4%	35.3%	567円	150円

古賀史生
コガフミオ

1951年10月4日生
初免許年 1988年（31年目）

POINT 馬齢限定の500万クラスでは勝ち星なし

狙い所 ダート1000万クラス

	総数	1着	2着	3着	着外	勝率	連対率	3着内率	単回値	複回値
芝成績	235	11	7	8	209	4.7%	7.7%	11.1%	94円	56円
ダート成績	504	29	28	31	416	5.8%	11.3%	17.5%	44円	69円
狙い所成績	37	5	2	5	25	13.5%	18.9%	32.4%	73円	82円

小崎 憲
コザキケン

1971年3月30日生
初免許年 2006年（13年目）

POINT 息子の小崎騎手より、小牧、福永騎手が買い

狙い所 小倉の未勝利戦

	総数	1着	2着	3着	着外	勝率	連対率	3着内率	単回値	複回値
芝成績	322	16	23	21	262	5.0%	12.1%	18.6%	64円	66円
ダート成績	531	46	42	41	402	8.7%	16.6%	24.3%	79円	70円
狙い所成績	47	6	3	8	30	12.8%	19.1%	36.2%	151円	174円

第3章

クセ強度 D

小西一男
コニシカズオ

1955年9月30日生
初免許年 1990年（29年目）

POINT 田辺騎手のデビュー厩舎。コンビで重賞勝ち

狙い所 田辺裕信騎手

	総数	1着	2着	3着	着外	勝率	連対率	3着内率	単回値	複回値
芝成績	200	10 - 16 - 9 - 165				5.0%	13.0%	17.5%	53円	46円
ダート成績	632	45 - 48 - 44 - 495				7.1%	14.7%	21.7%	103円	88円
狙い所成績	144	15 - 13 - 12 - 104				10.4%	19.4%	27.8%	133円	80円

小桧山 悟
コビヤマサトル

1954年1月20日生
初免許年 1995年（24年目）

POINT 勝ちきれないものの、2~3着には

狙い所 ダートの4~6番人気

	総数	1着	2着	3着	着外	勝率	連対率	3着内率	単回値	複回値
芝成績	396	8 - 21 - 22 - 345				2.0%	7.3%	12.9%	61円	80円
ダート成績	608	26 - 35 - 31 - 516				4.3%	10.0%	15.1%	51円	59円
狙い所成績	83	12 - 9 - 13 - 49				14.5%	25.3%	41.0%	188円	121円

斉藤崇史
サイトウタカシ

1982年8月29日生
初免許年 2015年（4年目）

POINT 16年3月開業。主戦福永騎手は好成績

狙い所 新潟

	総数	1着	2着	3着	着外	勝率	連対率	3着内率	単回値	複回値
芝成績	360	25 - 28 - 22 - 285				6.9%	14.7%	20.8%	75円	77円
ダート成績	199	10 - 11 - 20 - 158				5.0%	10.6%	20.6%	50円	63円
狙い所成績	31	5 - 1 - 5 - 20				16.1%	19.4%	35.5%	184円	109円

斎藤誠
サイトウマコト

1971年4月7日生
初免許年 2006年（13年目）

POINT ノーザンファーム馬の休み明けは買い

狙い所 戸崎圭太騎手で1番人気

	総数	1着	2着	3着	着外	勝率	連対率	3着内率	単回値	複回値
芝成績	715	76 - 61 - 57 - 521				10.6%	19.2%	27.1%	94円	77円
ダート成績	461	36 - 43 - 42 - 340				7.8%	17.1%	26.2%	92円	92円
狙い所成績	31	16 - 4 - 1 - 10				51.6%	64.5%	67.7%	115円	86円

坂口正則
（サカグチマサノリ）

1948年9月2日生
初免許年 1983年（36年目）

POINT エイシン軍団の主力厩舎も、19年春に定年

狙い所 エイシン馬の芝

	総数	1着	2着	3着	着外	勝率	連対率	3着内率	単回値	複回値
芝成績	414	24	19	27	344	5.8%	10.4%	16.9%	89円	56円
ダート成績	412	17	14	20	361	4.1%	7.5%	12.4%	108円	61円
狙い所成績	92	16	4	8	64	17.4%	21.7%	30.4%	152円	75円

崎山博樹
（サキヤマヒロキ）

1950年12月14日生
初免許年 1984年（35年目）

POINT 2歳戦では振るわず、古馬になってから

狙い所 4歳馬

	総数	1着	2着	3着	着外	勝率	連対率	3着内率	単回値	複回値
芝成績	287	8	8	14	257	2.8%	5.6%	10.5%	55円	59円
ダート成績	623	27	38	30	528	4.3%	10.4%	15.2%	84円	77円
狙い所成績	150	12	13	11	114	8.0%	16.7%	24.0%	205円	130円

作田誠二
（サクタセイジ）

1949年3月7日生
初免許年 1995年（24年目）

POINT 勝ち星の3割近くを障害戦が占める

狙い所 障害戦の5番人気以内

	総数	1着	2着	3着	着外	勝率	連対率	3着内率	単回値	複回値
芝成績	289	10	15	12	252	3.5%	8.7%	12.8%	40円	46円
ダート成績	362	9	6	15	332	2.5%	4.1%	8.3%	46円	45円
狙い所成績	24	6	3	3	12	25.0%	37.5%	50.0%	267円	109円

佐々木晶三
（ササキショウゾウ）

1956年1月15日生
初免許年 1994年（25年目）

POINT キズナのダービー他、平地、障害でGI勝ち

狙い所 小倉の特別戦

	総数	1着	2着	3着	着外	勝率	連対率	3着内率	単回値	複回値
芝成績	591	32	44	50	465	5.4%	12.9%	21.3%	30円	62円
ダート成績	294	19	18	22	235	6.5%	12.6%	20.1%	54円	65円
狙い所成績	34	6	2	2	24	17.6%	23.5%	29.4%	88円	55円

クセ強度 D

笹田和秀
（ササダカズヒデ）

1956年9月29日生
初免許年 2008年（11年目）

POINT 岳父伊藤雄師の影響か、勝ち頭はエアの馬

狙い所 中1週での出走

	総数	1着	2着	3着	着外	勝率	連対率	3着内率	単回値	複回値
芝成績	398	34	30	27	307	8.5%	16.1%	22.9%	55円	63円
ダート成績	348	22	26	30	270	6.3%	13.8%	22.4%	98円	81円
狙い所成績	80	12	10	8	50	15.0%	27.5%	37.5%	117円	86円

佐藤吉勝
（サトウヨシカツ）

1957年11月4日生
初免許年 1998年（21年目）

POINT 福島、新潟が主戦場。中京、小倉は一息

狙い所 福島の芝コース

	総数	1着	2着	3着	着外	勝率	連対率	3着内率	単回値	複回値
芝成績	309	14	17	16	262	4.5%	10.0%	15.2%	53円	55円
ダート成績	410	8	18	18	366	2.0%	6.3%	10.7%	22円	43円
狙い所成績	42	6	2	0	34	14.3%	19.0%	19.0%	132円	52円

柴田政人
（シバタマサト）

1948年8月19日生
初免許年 1995年（24年目）

POINT ダービー騎手の調教師も19年春には定年

狙い所 1番人気

	総数	1着	2着	3着	着外	勝率	連対率	3着内率	単回値	複回値
芝成績	259	7	12	11	229	2.7%	7.3%	11.6%	40円	78円
ダート成績	336	8	7	16	305	2.4%	4.5%	9.2%	21円	37円
狙い所成績	17	6	2	2	7	35.3%	47.1%	58.8%	91円	80円

清水英克
（シミズヒデカツ）

1965年9月24日生
初免許年 2005年（14年目）

POINT 日高の生産馬が中心。その中で健闘している

狙い所 柴山雄一騎手

	総数	1着	2着	3着	着外	勝率	連対率	3着内率	単回値	複回値
芝成績	373	16	9	18	330	4.3%	6.7%	11.5%	78円	68円
ダート成績	420	22	29	30	339	5.2%	12.1%	19.3%	62円	81円
狙い所成績	67	7	4	9	47	10.4%	16.4%	29.9%	298円	234円

新開幸一
シンカイコウイチ

1966年10月21日生
初免許年 2010年（9年目）

POINT ▶ 中京遠征も多いが、関西圏では勝ち星なし

狙い所 ▶ 中山ダート1800m

	総数	1着	2着	3着	着外	勝率	連対率	3着内率	単回値	複回値
芝成績	219	12 - 14 - 12 - 181				5.5%	11.9%	17.4%	33円	51円
ダート成績	588	41 - 48 - 54 - 445				7.0%	15.1%	24.3%	60円	71円
狙い所成績	105	14 - 7 - 8 - 76				13.3%	20.0%	27.6%	121円	81円

杉浦宏昭
スギウラヒロアキ

1960年8月3日生
初免許年 1995年（24年目）

POINT ▶ ナックビーナスが代表。短距離傾向強い

狙い所 ▶ 芝1200m戦

	総数	1着	2着	3着	着外	勝率	連対率	3着内率	単回値	複回値
芝成績	415	20 - 22 - 29 - 344				4.8%	10.1%	17.1%	76円	65円
ダート成績	452	20 - 28 - 28 - 376				4.4%	10.6%	16.8%	67円	59円
狙い所成績	162	14 - 13 - 13 - 122				8.6%	16.7%	24.7%	153円	85円

鈴木孝志
スズキタカシ

1971年4月20日生
初免許年 2009年（10年目）

POINT ▶ 宇治田原優駿Sからの帰厩初戦は勝率10%超

狙い所 ▶ 幸英明騎手

	総数	1着	2着	3着	着外	勝率	連対率	3着内率	単回値	複回値
芝成績	531	37 - 45 - 44 - 405				7.0%	15.4%	23.7%	71円	75円
ダート成績	514	34 - 53 - 51 - 376				6.6%	16.9%	26.8%	55円	99円
狙い所成績	86	7 - 10 - 11 - 58				8.1%	19.8%	32.6%	113円	98円

鈴木伸尋
スズキノブヒロ

1959年10月26日生
初免許年 1997年（22年目）

POINT ▶ 主戦津村騎手の上位人気は軸で信頼

狙い所 ▶ 津村明秀騎手1~2番人気

	総数	1着	2着	3着	着外	勝率	連対率	3着内率	単回値	複回値
芝成績	276	19 - 17 - 15 - 225				6.9%	13.0%	18.5%	64円	62円
ダート成績	591	39 - 40 - 36 - 476				6.6%	13.4%	19.5%	114円	82円
狙い所成績	28	8 - 9 - 2 - 9				28.6%	60.7%	67.9%	103円	103円

クセ強度 D

勢司和浩
セイシカズヒロ

1962年2月14日生
初免許年 1999年（20年目）

POINT → 主戦の北村宏司騎手には安定感あり

狙い所 → 北村宏司騎手のダート戦

	総数	1着	2着	3着	着外	勝率	連対率	3着内率	単回値	複回値
芝成績	420	17	20	28	355	4.0%	8.8%	15.5%	43円	73円
ダート成績	329	15	13	21	280	4.6%	8.5%	14.9%	65円	53円
狙い所成績	48	6	5	4	33	12.5%	22.9%	31.3%	173円	88円

高市圭二
タカイチケイジ

1955年8月18日生
初免許年 1996年（23年目）

POINT → 1番人気は勝率、単回収値とも高い

狙い所 → ダート500万クラス

	総数	1着	2着	3着	着外	勝率	連対率	3着内率	単回値	複回値
芝成績	471	14	27	23	407	3.0%	8.7%	13.6%	38円	56円
ダート成績	479	28	37	44	370	5.8%	13.6%	22.8%	68円	78円
狙い所成績	222	14	16	24	168	6.3%	13.5%	24.3%	107円	80円

高橋文雅
タカハシフミマサ

1972年4月28日生
初免許年 2012年（7年目）

POINT → 1番人気では勝率46.2%、単回収値113円

狙い所 → 未勝利戦の1番人気

	総数	1着	2着	3着	着外	勝率	連対率	3着内率	単回値	複回値
芝成績	387	21	31	21	314	5.4%	13.4%	18.9%	41円	60円
ダート成績	510	35	32	38	405	6.9%	13.1%	20.6%	59円	73円
狙い所成績	28	14	4	3	7	50.0%	64.3%	75.0%	117円	95円

高橋康之
タカハシヤスユキ

1972年12月10日生
初免許年 2012年（7年目）

POINT → ダート戦の勝ち星は500万クラスまで

狙い所 → 1000万クラスの牝馬

	総数	1着	2着	3着	着外	勝率	連対率	3着内率	単回値	複回値
芝成績	403	25	23	23	332	6.2%	11.9%	17.6%	65円	82円
ダート成績	423	18	32	24	349	4.3%	11.8%	17.5%	63円	81円
狙い所成績	59	6	6	3	44	10.2%	20.3%	25.4%	117円	110円

高橋 裕
タカハシ　ユタカ

1953年5月19日生
初免許年 1991年（28年目）

POINT ▶ 主力のマイネル馬の勝ち星は全て芝

狙い所 ▶ 芝の1600m未満

	総数	1着	2着	3着	着外	勝率	連対率	3着内率	単回値	複回値
芝成績	473	37	28	34	374	7.8%	13.7%	20.9%	92円	86円
ダート成績	335	15	18	27	275	4.5%	9.9%	17.9%	54円	104円
狙い所成績	199	18	10	19	152	9.0%	14.1%	23.6%	128円	105円

高橋義博
タカハシヨシヒロ

1951年2月7日生
初免許年 1998年（21年目）

POINT ▶ 勝ち星の3割近くをゲッカコウが占める

狙い所 ▶ 3~5番人気

	総数	1着	2着	3着	着外	勝率	連対率	3着内率	単回値	複回値
芝成績	333	10	17	15	291	3.0%	8.1%	12.6%	38円	45円
ダート成績	217	3	3	4	207	1.4%	2.8%	4.6%	21円	19円
狙い所成績	56	10	5	4	37	17.9%	26.8%	33.9%	143円	81円

高橋祥泰
タカハシヨシヤス

1952年1月31日生
初免許年 1983年（36年目）

POINT ▶ 内田騎手は単複とも回収値100円超

狙い所 ▶ 1300m以下のダート

	総数	1着	2着	3着	着外	勝率	連対率	3着内率	単回値	複回値
芝成績	485	25	31	34	395	5.2%	11.5%	18.6%	65円	82円
ダート成績	390	24	28	22	316	6.2%	13.3%	19.0%	50円	56円
狙い所成績	174	16	14	11	133	9.2%	17.2%	23.6%	66円	55円

高柳大輔
タカヤナギダイスケ

1977年6月7日生
初免許年 2017年（2年目）

POINT ▶ 18年春に開業。美浦の高柳瑞樹師は実兄

狙い所 ▶ 1~2番人気

	総数	1着	2着	3着	着外	勝率	連対率	3着内率	単回値	複回値
芝成績	29	0	1	1	27	0.0%	3.4%	6.9%	0円	16円
ダート成績	77	5	5	7	60	6.5%	13.0%	22.1%	66円	82円
狙い所成績	9	2	4	1	2	22.2%	66.7%	77.8%	65円	134円

第3章

クセ強度 D

高柳瑞樹
タカヤナギミズキ

1975年8月1日生
初免許年 2010年（9年目）

POINT 戸崎騎手は下級条件に絞って買える

狙い所 500万クラスで戸崎騎手

	総数	1着	2着	3着	着外	勝率	連対率	3着内率	単回値	複回値
芝成績	276	12 – 21 – 28 – 215				4.3%	12.0%	22.1%	40円	68円
ダート成績	537	61 – 45 – 40 – 391				11.4%	19.7%	27.2%	64円	72円
狙い所成績	16	8 – 2 – 0 – 6				50.0%	62.5%	62.5%	276円	118円

武市康男
タケイチヤスオ

1971年7月9日生
初免許年 2006年（13年目）

POINT ダートの未勝利戦は人気薄でも警戒必要

狙い所 ダートの未勝利戦

	総数	1着	2着	3着	着外	勝率	連対率	3着内率	単回値	複回値
芝成績	549	20 – 28 – 41 – 460				3.6%	8.7%	16.2%	55円	84円
ダート成績	590	29 – 36 – 24 – 501				4.9%	11.0%	15.1%	82円	66円
狙い所成績	229	14 – 15 – 9 – 191				6.1%	12.7%	16.6%	155円	93円

竹内正洋
タケウチマサヒロ

1979年1月11日生
初免許年 2015年（4年目）

POINT 1番人気より2~3番人気で好成績

狙い所 2~3番人気

	総数	1着	2着	3着	着外	勝率	連対率	3着内率	単回値	複回値
芝成績	338	9 – 12 – 5 – 312				2.7%	6.2%	7.7%	70円	46円
ダート成績	424	18 – 23 – 25 – 358				4.2%	9.7%	15.6%	53円	70円
狙い所成績	73	13 – 16 – 10 – 34				17.8%	39.7%	53.4%	94円	92円

田島俊明
タジマトシアキ

1974年1月16日生
初免許年 2009年（10年目）

POINT 新馬戦の勝ち星は全てダート

狙い所 ダートの新馬戦

	総数	1着	2着	3着	着外	勝率	連対率	3着内率	単回値	複回値
芝成績	292	9 – 12 – 10 – 261				3.1%	7.2%	10.6%	38円	46円
ダート成績	647	32 – 40 – 32 – 543				4.9%	11.1%	16.1%	77円	61円
狙い所成績	45	5 – 3 – 1 – 36				11.1%	17.8%	20.0%	224円	89円

田所秀孝
タドコロヒデタカ

1950年10月31日生
初免許年 1995年（24年目）

POINT ▶ 障害に積極参戦も勝ち上がりはそこまで

狙い所 ▶ 昇級戦

	総数	1着 2着 3着 着外	勝率	連対率	3着内率	単回値	複回値
芝成績	443	21 - 23 - 19 - 380	4.7%	9.9%	14.2%	70円	59円
ダート成績	524	24 - 25 - 17 - 458	4.6%	9.4%	12.6%	106円	54円
狙い所成績	61	10 - 4 - 1 - 46	16.4%	23.0%	24.6%	203円	78円

田中清隆
タナカキヨタカ

1951年12月16日生
初免許年 1990年（29年目）

POINT ▶ 主戦の蛯名騎手は500万クラスで買い

狙い所 ▶ 休み明け3走目

	総数	1着 2着 3着 着外	勝率	連対率	3着内率	単回値	複回値
芝成績	520	29 - 30 - 31 - 430	5.6%	11.3%	17.3%	66円	57円
ダート成績	357	19 - 13 - 14 - 311	5.3%	9.0%	12.9%	59円	58円
狙い所成績	96	13 - 5 - 8 - 70	13.5%	18.8%	27.1%	252円	143円

田中剛
タナカツヨシ

1961年2月13日生
初免許年 2010年（9年目）

POINT ▶ 騎手時代は障害の名手も、障害馬は育たず

狙い所 ▶ 2歳戦

	総数	1着 2着 3着 着外	勝率	連対率	3着内率	単回値	複回値
芝成績	473	26 - 42 - 28 - 377	5.5%	14.4%	20.3%	66円	63円
ダート成績	285	13 - 17 - 18 - 237	4.6%	10.5%	16.8%	50円	66円
狙い所成績	122	9 - 5 - 6 - 102	7.4%	11.5%	16.4%	133円	72円

田中博康
タナカヒロヤス

1985年12月5日生
初免許年 2017年（2年目）

POINT ▶ GI騎手が早々に調教師に。手腕に期待

狙い所 ▶ 裏開催

	総数	1着 2着 3着 着外	勝率	連対率	3着内率	単回値	複回値
芝成績	39	1 - 3 - 3 - 32	2.6%	10.3%	17.9%	13円	70円
ダート成績	37	4 - 2 - 4 - 27	10.8%	16.2%	27.0%	203円	93円
狙い所成績	21	3 - 3 - 0 - 15	14.3%	28.6%	28.6%	154円	123円

クセ強度 D

谷 潔 (タニ キヨシ)

1957年1月11日生
初免許年 1994年（25年目）

POINT 管理馬はほぼ個人馬主。九州馬主と縁が深い

狙い所 夏の小倉開催

	総数	1着	2着	3着	着外	勝率	連対率	3着内率	単回値	複回値
芝成績	410	24	15	34	337	5.9%	9.5%	17.8%	92円	83円
ダート成績	448	20	17	22	389	4.5%	8.3%	13.2%	59円	54円
狙い所成績	89	9	4	6	70	10.1%	14.6%	21.3%	150円	113円

谷原義明 (タニハラ ヨシアキ)

1948年7月28日生
初免許年 1989年（30年目）

POINT 馬房数は14と少ない。19年春には定年

狙い所 1番人気

	総数	1着	2着	3着	着外	勝率	連対率	3着内率	単回値	複回値
芝成績	359	9	11	14	325	2.5%	5.6%	9.5%	19円	30円
ダート成績	254	8	15	10	221	3.1%	9.1%	13.0%	9円	36円
狙い所成績	17	7	3	2	5	41.2%	58.8%	70.6%	107円	92円

千田輝彦 (チダ テルヒコ)

1969年8月23日生
初免許年 2010年（9年目）

POINT 福永騎手など関西のリーディング上位を起用

狙い所 Mデムーロ騎手

	総数	1着	2着	3着	着外	勝率	連対率	3着内率	単回値	複回値
芝成績	487	19	26	30	412	3.9%	9.2%	15.4%	64円	70円
ダート成績	418	25	25	25	343	6.0%	12.0%	17.9%	81円	50円
狙い所成績	16	4	3	1	8	25.0%	43.8%	50.0%	233円	128円

柄崎 孝 (ツカザキ タカシ)

1951年11月24日生
初免許年 1986年（33年目）

POINT 馬房数12は全体最少。1番人気は2着付け

狙い所 3～5番人気

	総数	1着	2着	3着	着外	勝率	連対率	3着内率	単回値	複回値
芝成績	240	6	13	12	209	2.5%	7.9%	12.9%	26円	59円
ダート成績	252	9	16	14	213	3.6%	9.9%	15.5%	59円	78円
狙い所成績	56	9	7	8	32	16.1%	28.6%	42.9%	112円	93円

天間昭一
テンマショウイチ

1965年2月26日生
初免許年 2006年（13年目）

POINT 1200mを筆頭に勝ちはマイル以下に集中

狙い所 1200mの未勝利

	総数	1着	2着	3着	着外	勝率	連対率	3着内率	単回値	複回値
芝成績	413	12 - 12 - 12 - 377				2.9%	5.8%	8.7%	50円	73円
ダート成績	416	14 - 23 - 21 - 358				3.4%	8.9%	13.9%	34円	60円
狙い所成績	143	9 - 9 - 7 - 118				6.3%	12.6%	17.5%	70円	107円

中尾秀正
ナカオヒデマサ

1966年12月6日生
初免許年 2002年（17年目）

POINT ここ3年半で新馬戦での勝ち星はなし

狙い所 エイシンの馬のダート戦

	総数	1着	2着	3着	着外	勝率	連対率	3着内率	単回値	複回値
芝成績	397	22 - 21 - 27 - 327				5.5%	10.8%	17.6%	66円	75円
ダート成績	430	29 - 31 - 29 - 341				6.7%	14.0%	20.7%	75円	86円
狙い所成績	64	13 - 4 - 6 - 41				20.3%	26.6%	35.9%	294円	175円

中川公成
ナカガワタダシゲ

1962年5月25日生
初免許年 2005年（14年目）

POINT 未勝利、500万限定だがトーセン馬は好成績

狙い所 9~12月

	総数	1着	2着	3着	着外	勝率	連対率	3着内率	単回値	複回値
芝成績	323	30 - 25 - 31 - 237				9.3%	17.0%	26.6%	70円	68円
ダート成績	485	29 - 30 - 35 - 391				6.0%	12.2%	19.4%	90円	75円
狙い所成績	196	21 - 14 - 23 - 138				10.7%	17.9%	29.6%	178円	113円

中舘英二
ナカダテエイジ

1965年7月22日生
初免許年 2015年（4年目）

POINT ノーザンF天栄から帰厩初戦は勝率25%

狙い所 芝の新馬戦

	総数	1着	2着	3着	着外	勝率	連対率	3着内率	単回値	複回値
芝成績	340	22 - 17 - 16 - 285				6.5%	11.5%	16.2%	80円	51円
ダート成績	474	31 - 40 - 19 - 384				6.5%	15.0%	19.0%	62円	64円
狙い所成績	50	6 - 4 - 1 - 39				12.0%	20.0%	22.0%	238円	85円

クセ強度 D

中野栄治
ナカノエイジ

1953年3月31日生
初免許年 1995年（24年目）

POINT	未勝利戦の1~3番人気は好成績
狙い所	未勝利戦の1~3番人気

	総数	1着 2着 3着 着外	勝率	連対率	3着内率	単回値	複回値
芝成績	518	19－22－22－455	3.7%	7.9%	12.2%	46円	78円
ダート成績	375	8－17－19－331	2.1%	6.7%	11.7%	23円	56円
狙い所成績	48	11－9－11－17	22.9%	41.7%	64.6%	108円	105円

中村 均
ナカムラ ヒトシ

1948年9月13日生
初免許年 1977年（42年目）

POINT	現役最古参調教師も、19年春には定年
狙い所	Mデムーロ騎手で3人気まで

	総数	1着 2着 3着 着外	勝率	連対率	3着内率	単回値	複回値
芝成績	557	24－33－37－463	4.3%	10.2%	16.9%	46円	55円
ダート成績	392	22－24－28－318	5.6%	11.7%	18.9%	44円	57円
狙い所成績	20	6－2－3－9	30.0%	40.0%	55.0%	111円	93円

西橋豊治
ニシハシトヨジ

1950年3月18日生
初免許年 1994年（25年目）

POINT	勝ちは栗東から近い中京、京都、阪神に集中
狙い所	中京のダート

	総数	1着 2着 3着 着外	勝率	連対率	3着内率	単回値	複回値
芝成績	416	11－13－23－369	2.6%	5.8%	11.3%	44円	53円
ダート成績	441	10－18－12－401	2.3%	6.3%	9.1%	24円	35円
狙い所成績	67	6－4－1－56	9.0%	14.9%	16.4%	71円	58円

根本康広
ネモトヤスヒロ

1956年1月31日生
初免許年 1997年（22年目）

POINT	ダービー騎手にして、藤田菜七子騎手の師匠
狙い所	1000万クラスの特別戦

	総数	1着 2着 3着 着外	勝率	連対率	3着内率	単回値	複回値
芝成績	272	11－7－11－243	4.0%	6.6%	10.7%	76円	34円
ダート成績	485	14－19－20－432	2.9%	6.8%	10.9%	17円	42円
狙い所成績	44	4－1－1－38	9.1%	11.4%	13.6%	175円	51円

畠山吉宏
ハタケヤマヨシヒロ

1962年9月2日生
初免許年 1999年（20年目）

POINT ▶ 2歳の早い時期にデビューさせて勝ち上がり

狙い所 ▶ 2歳7~9月

	総数	1着	2着	3着	着外	勝率	連対率	3着内率	単回値	複回値
芝成績	467	20 - 31 - 29 - 387				4.3%	10.9%	17.1%	64円	63円
ダート成績	429	28 - 22 - 30 - 349				6.5%	11.7%	18.6%	194円	110円
狙い所成績	75	8 - 9 - 7 - 51				10.7%	22.7%	32.0%	74円	104円

羽月友彦
ハツキトモヒコ

1970年7月29日生
初免許年 2006年（13年目）

POINT ▶ 宇治田原優駿Sからの帰厩初戦は複回収値高い

狙い所 ▶ ダートの未勝利戦

	総数	1着	2着	3着	着外	勝率	連対率	3着内率	単回値	複回値
芝成績	254	9 - 11 - 14 - 220				3.5%	7.9%	13.4%	40円	94円
ダート成績	577	39 - 25 - 40 - 473				6.8%	11.1%	18.0%	88円	81円
狙い所成績	244	19 - 11 - 20 - 194				7.8%	12.3%	20.5%	107円	77円

服部利之
ハットリトシユキ

1958年6月12日生
初免許年 1998年（21年目）

POINT ▶ 父はニホンピロウィナーを育てた調教師

狙い所 ▶ ニホンピロの5番人気まで

	総数	1着	2着	3着	着外	勝率	連対率	3着内率	単回値	複回値
芝成績	275	9 - 6 - 19 - 241				3.3%	5.5%	12.4%	52円	67円
ダート成績	406	10 - 14 - 22 - 360				2.5%	5.9%	11.3%	32円	44円
狙い所成績	34	6 - 3 - 5 - 20				17.6%	26.5%	41.2%	115円	84円

浜田多実雄
ハマダタミオ

1972年8月21日生
初免許年 2012年（7年目）

POINT ▶ テイエムなど九州の馬主との繋がり強い

狙い所 ▶ 小倉の芝

	総数	1着	2着	3着	着外	勝率	連対率	3着内率	単回値	複回値
芝成績	315	21 - 23 - 21 - 250				6.7%	14.0%	20.6%	86円	69円
ダート成績	572	41 - 41 - 40 - 450				7.2%	14.3%	21.3%	92円	131円
狙い所成績	60	5 - 7 - 8 - 40				8.3%	20.0%	33.3%	292円	119円

第3章

クセ強度 D

藤沢則雄
フジサワノリオ

1954年8月19日生
初免許年 1998年（21年目）

POINT	勝ち星は芝1ダート8障害1の割合
狙い所	ダートの未勝利戦

	総数	1着	2着	3着	着外	勝率	連対率	3着内率	単回値	複回値
芝成績	242	4	9	15	214	1.7%	5.4%	11.6%	8円	79円
ダート成績	505	32	31	29	413	6.3%	12.5%	18.2%	121円	81円
狙い所成績	239	14	16	12	197	5.9%	12.6%	17.6%	186円	96円

藤原辰雄
フジワラタツオ

1952年1月25日生
初免許年 1994年（25年目）

POINT	夏競馬で勝ち星の半分を稼いでいる
狙い所	7~9月

	総数	1着	2着	3着	着外	勝率	連対率	3着内率	単回値	複回値
芝成績	119	3	5	0	111	2.5%	6.7%	6.7%	62円	36円
ダート成績	514	35	44	32	403	6.8%	15.4%	21.6%	92円	73円
狙い所成績	176	20	21	11	124	11.4%	23.3%	29.5%	174円	89円

星野 忍
ホシノ シノブ

1950年12月29日生
初免許年 1997年（22年目）

POINT	1番人気は数は少ないが連対率100%
狙い所	中1週での出走

	総数	1着	2着	3着	着外	勝率	連対率	3着内率	単回値	複回値
芝成績	192	9	11	4	168	4.7%	10.4%	12.5%	81円	91円
ダート成績	325	10	7	10	298	3.1%	5.2%	8.3%	48円	46円
狙い所成績	65	6	2	4	53	9.2%	12.3%	18.5%	140円	48円

堀井雅広
ホリイマサヒロ

1951年12月4日生
初免許年 1994年（25年目）

POINT	日高の生産馬中心で、多くは個人馬主所有馬
狙い所	武豊騎手

	総数	1着	2着	3着	着外	勝率	連対率	3着内率	単回値	複回値
芝成績	530	25	17	34	454	4.7%	7.9%	14.3%	64円	72円
ダート成績	495	19	12	28	436	3.8%	6.3%	11.9%	37円	79円
狙い所成績	37	6	2	5	24	16.2%	21.6%	35.1%	97円	103円

本間 忍
ホンマ シノブ

1957年7月28日生
初免許年 2000年（19年目）

| POINT | 日高の生産馬が中心。主力はトーセン馬 |
| 狙い所 | 夏競馬 |

	総数	1着	2着	3着	着外	勝率	連対率	3着内率	単回値	複回値
芝成績	262	12 - 6 - 12 - 232				4.6%	6.9%	11.5%	42円	48円
ダート成績	507	22 - 31 - 19 - 435				4.3%	10.5%	14.2%	73円	55円
狙い所成績	220	16 - 9 - 12 - 183				7.3%	11.4%	16.8%	114円	60円

牧 光二
マキ コウジ

1973年2月10日生
初免許年 2008年（11年目）

| POINT | 所属の木幡巧騎手よりも勝負は石橋騎手 |
| 狙い所 | 東京ダート |

	総数	1着	2着	3着	着外	勝率	連対率	3着内率	単回値	複回値
芝成績	511	35 - 49 - 44 - 383				6.8%	16.4%	25.0%	53円	76円
ダート成績	694	58 - 55 - 69 - 512				8.4%	16.3%	26.2%	100円	81円
狙い所成績	214	25 - 20 - 25 - 144				11.7%	21.0%	32.7%	172円	124円

牧浦充徳
マキウラミツノリ

1974年8月17日生
初免許年 2009年（10年目）

| POINT | 関東圏への新馬戦は狙っての出走 |
| 狙い所 | 関東圏での新馬戦 |

	総数	1着	2着	3着	着外	勝率	連対率	3着内率	単回値	複回値
芝成績	322	18 - 15 - 16 - 273				5.6%	10.2%	15.2%	85円	66円
ダート成績	615	52 - 59 - 66 - 438				8.5%	18.0%	28.8%	76円	84円
狙い所成績	36	5 - 2 - 4 - 25				13.9%	19.4%	30.6%	236円	108円

牧田和弥
マキタカズヤ

1972年3月4日生
初免許年 2010年（9年目）

| POINT | 短距離戦で好成績。特にダートで傾向顕著 |
| 狙い所 | ダート1200m戦 |

	総数	1着	2着	3着	着外	勝率	連対率	3着内率	単回値	複回値
芝成績	475	29 - 27 - 34 - 385				6.1%	11.8%	18.9%	68円	63円
ダート成績	560	36 - 44 - 39 - 441				6.4%	14.3%	21.3%	69円	79円
狙い所成績	137	12 - 15 - 10 - 100				8.8%	19.7%	27.0%	155円	110円

クセ強度 D

松永昌博
マツナガマサヒロ

1953年12月17日生
初免許年 2005年（14年目）

POINT 若駒よりも古馬。特に5歳馬で活躍

狙い所 武豊騎手

	総数	1着	2着	3着	着外	勝率	連対率	3着内率	単回値	複回値
芝成績	436	30	34	32	340	6.9%	14.7%	22.0%	89円	86円
ダート成績	476	39	46	44	347	8.2%	17.9%	27.1%	89円	88円
狙い所成績	37	9	5	4	19	24.3%	37.8%	48.6%	181円	124円

松永康利
マツナガヤストシ

1965年2月15日生
初免許年 2006年（13年目）

POINT 1番人気の成績は勝率35.7%で及第点

狙い所 1番人気

	総数	1着	2着	3着	着外	勝率	連対率	3着内率	単回値	複回値
芝成績	305	7	8	13	277	2.3%	4.9%	9.2%	42円	53円
ダート成績	393	18	17	20	338	4.6%	8.9%	14.0%	41円	55円
狙い所成績	14	5	2	3	4	35.7%	50.0%	71.4%	94円	97円

松元茂樹
マツモトシゲキ

1948年10月21日生
初免許年 1992年（27年目）

POINT 平地GI4勝の実績も、19年春には定年

狙い所 福永祐一騎手

	総数	1着	2着	3着	着外	勝率	連対率	3着内率	単回値	複回値
芝成績	370	33	24	36	277	8.9%	15.4%	25.1%	66円	81円
ダート成績	379	30	45	33	271	7.9%	19.8%	28.5%	122円	106円
狙い所成績	35	9	9	3	14	25.7%	51.4%	60.0%	275円	130円

松山将樹
マツヤママサキ

1970年6月2日生
初免許年 2007年（12年目）

POINT ダートの傾向強く、単回収値は100円超

狙い所 柴田大知騎手

	総数	1着	2着	3着	着外	勝率	連対率	3着内率	単回値	複回値
芝成績	243	5	8	16	214	2.1%	5.3%	11.9%	79円	76円
ダート成績	506	23	13	22	448	4.5%	7.1%	11.5%	119円	78円
狙い所成績	45	5	1	3	36	11.1%	13.3%	20.0%	204円	82円

的場 均
マトバ ヒトシ

1957年3月25日生
初免許年 2001年（18年目）

| | POINT | レースを使って調子を上げて行く傾向 |
| | 狙い所 | 休み明け6戦目以上 |

	総数	1着 2着 3着 着外	勝率	連対率	3着内率	単回値	複回値
芝成績	339	10 - 15 - 15 - 299	2.9%	7.4%	11.8%	83円	81円
ダート成績	440	12 - 14 - 15 - 399	2.7%	5.9%	9.3%	45円	48円
狙い所成績	93	9 - 9 - 4 - 71	9.7%	19.4%	23.7%	131円	99円

水野貴広
ミズノタカヒロ

1972年11月2日生
初免許年 2006年（13年目）

| | POINT | ここ一番の勝負騎手は戸崎騎手 |
| | 狙い所 | 戸崎圭太騎手 |

	総数	1着 2着 3着 着外	勝率	連対率	3着内率	単回値	複回値
芝成績	476	18 - 28 - 28 - 402	3.8%	9.7%	15.5%	49円	86円
ダート成績	568	24 - 27 - 39 - 478	4.2%	9.0%	15.8%	38円	67円
狙い所成績	15	5 - 1 - 3 - 6	33.3%	40.0%	60.0%	106円	112円

南田美知雄
ミナミダミチオ

1955年9月30日生
初免許年 1994年（25年目）

| | POINT | 勝ち頭の丸山騎手の勝ち星は全てダート |
| | 狙い所 | 中2週での出走 |

	総数	1着 2着 3着 着外	勝率	連対率	3着内率	単回値	複回値
芝成績	283	7 - 8 - 11 - 257	2.5%	5.3%	9.2%	35円	52円
ダート成績	418	18 - 23 - 19 - 358	4.3%	9.8%	14.4%	109円	66円
狙い所成績	139	11 - 10 - 12 - 106	7.9%	15.1%	23.7%	93円	80円

宮 徹
ミヤ トオル

1960年7月11日生
初免許年 1996年（23年目）

| | POINT | 勝ち星の7割以上を2~3歳馬が占める |
| | 狙い所 | 2歳戦 |

	総数	1着 2着 3着 着外	勝率	連対率	3着内率	単回値	複回値
芝成績	616	31 - 35 - 39 - 511	5.0%	10.7%	17.0%	72円	69円
ダート成績	372	26 - 36 - 20 - 290	7.0%	16.7%	22.0%	85円	100円
狙い所成績	155	12 - 9 - 12 - 122	7.7%	13.5%	21.3%	105円	58円

第3章

クセ強度 D

武藤善則
ムトウヨシノリ

1967年3月21日生
初免許年 2001年（18年目）

POINT ▶ 勝ち星は500万まで。上級条件は苦戦

狙い所 ▶ 500万クラスの1~3番人気

	総数	1着	2着	3着	着外	勝率	連対率	3着内率	単回値	複回値
芝成績	460	18 - 29 - 24 - 389				3.9%	10.2%	15.4%	42円	50円
ダート成績	468	27 - 17 - 31 - 393				5.8%	9.4%	16.0%	73円	78円
狙い所成績	45	14 - 7 - 9 - 15				31.1%	46.7%	66.7%	142円	111円

宗像義忠
ムナカタヨシタダ

1954年7月26日生
初免許年 1992年（27年目）

POINT ▶ 田中勝春騎手の継続騎乗が狙い目

狙い所 ▶ 前走2着馬

	総数	1着	2着	3着	着外	勝率	連対率	3着内率	単回値	複回値
芝成績	708	44 - 55 - 49 - 560				6.2%	14.0%	20.9%	76円	80円
ダート成績	369	16 - 24 - 21 - 308				4.3%	10.8%	16.5%	35円	62円
狙い所成績	79	18 - 9 - 9 - 43				22.8%	34.2%	45.6%	87円	77円

山内研二
ヤマウチケンジ

1949年6月30日生
初免許年 1987年（32年目）

POINT ▶ 裏開催の中京で勝ち星を稼いでいる

狙い所 ▶ コウエイの馬

	総数	1着	2着	3着	着外	勝率	連対率	3着内率	単回値	複回値
芝成績	591	32 - 40 - 35 - 484				5.4%	12.2%	18.1%	75円	63円
ダート成績	662	59 - 55 - 53 - 495				8.9%	17.2%	25.2%	90円	78円
狙い所成績	124	15 - 21 - 10 - 78				12.1%	29.0%	37.1%	111円	115円

湯窪幸雄
ユクボサチオ

1950年11月9日生
初免許年 2000年（19年目）

POINT ▶ ダートで穴を多数も狙いは絞り辛い

狙い所 ▶ 関西開催のダート未勝利

	総数	1着	2着	3着	着外	勝率	連対率	3着内率	単回値	複回値
芝成績	248	6 - 6 - 16 - 220				2.4%	4.8%	11.3%	15円	47円
ダート成績	590	30 - 30 - 51 - 479				5.1%	10.2%	18.8%	203円	108円
狙い所成績	226	12 - 13 - 15 - 186				5.3%	11.1%	17.7%	381円	149円

吉田直弘（ヨシダナオヒロ）

1971年6月14日生
初免許年 2007年（12年目）

POINT ▶ キャロットFや金子HDなど有力馬主の馬も多い

狙い所 ▶ 川田将雅騎手の4番人気以内

	総数	1着	2着	3着	着外	勝率	連対率	3着内率	単回値	複回値
芝成績	382	15 - 21 - 23 - 323				3.9%	9.4%	15.4%	52円	61円
ダート成績	630	52 - 54 - 43 - 481				8.3%	16.8%	23.7%	73円	79円
狙い所成績	36	10 - 2 - 3 - 21				27.8%	33.3%	41.7%	123円	70円

和田雄二（ワダユウジ）

1969年8月14日生
初免許年 2013年（6年目）

POINT ▶ 連闘での出走多いが勝ち星はなし

狙い所 ▶ 1番人気

	総数	1着	2着	3着	着外	勝率	連対率	3着内率	単回値	複回値
芝成績	502	22 - 27 - 20 - 433				4.4%	9.8%	13.7%	56円	59円
ダート成績	520	17 - 24 - 27 - 452				3.3%	7.9%	13.1%	47円	63円
狙い所成績	25	13 - 5 - 1 - 6				52.0%	72.0%	76.0%	142円	104円

和田勇介（ワダユウスケ）

1980年3月4日生
初免許年 2017年（2年目）

POINT ▶ 18年3月開業。現状個人馬主所有馬が中心

狙い所 ▶ 中山

	総数	1着	2着	3着	着外	勝率	連対率	3着内率	単回値	複回値
芝成績	70	1 - 2 - 3 - 64				1.4%	4.3%	8.6%	30円	44円
ダート成績	47	1 - 2 - 1 - 43				2.1%	6.4%	8.5%	20円	46円
狙い所成績	20	1 - 0 - 1 - 18				5.0%	5.0%	10.0%	106円	109円

渡辺薫彦（ワタナベクニヒコ）

1975年4月5日生
初免許年 2015年（4年目）

POINT ▶ 16年3月開業。未勝利戦の1番人気で良績

狙い所 ▶ 未勝利戦の1番人気

	総数	1着	2着	3着	着外	勝率	連対率	3着内率	単回値	複回値
芝成績	267	10 - 23 - 15 - 219				3.7%	12.4%	18.0%	36円	108円
ダート成績	308	21 - 26 - 20 - 241				6.8%	15.3%	21.8%	51円	72円
狙い所成績	18	9 - 4 - 2 - 3				50.0%	72.2%	83.3%	129円	117円

第3章

困った時は
「厩舎力」が高い厩舎!
18年札幌記念

　GⅠや、その前哨戦となるGⅡでは、リーディング上位の厩舎、騎手には逆らえません。馬券の選択に困った時は、「厩舎力」が高い厩舎を選択するというのが、馬券的中への近道です。
　札幌記念は、軸馬の⑮モズカッチャンから、ノーザンFや他の大手生産牧場の馬を中心に、手広く流しました。Column2でも触れましたが、「軸さえ決まれば、後はシンプルに」を意識しています。
　⑤マカヒキは、1番人気で信頼できる友道康夫厩舎の所属。凱旋門賞後は故障もあり一息でしたが、ジャパンカップでの末脚から復調を見て取れました。芝中距離馬の育成に関しては、日本一といえる友道厩舎で、鞍上がCルメール騎手なら外せません。
　②サングレーザーは、「育成力」が高い浅見秀一厩舎の馬。距離の不安は走ってみなければわかりません。しかし、浅見厩舎の「育成力」で補えると推測しました。
　その他にも、堀宣行厩舎の⑧ネオリアリズムなど、「厩舎力」が高い厩舎の馬は、基本的には相手に加えています。
　2番人気-1番人気-4番人気の決着で、3連複は35.9倍が的中。「厩舎力」が高い厩舎を選んだことで、好配当を得ることができました。

札幌記念
3連複35.9倍を
900円的中

購入1万2,200円

払戻3万2,310円

4章 全厩舎一覧データ

本章では、
「JRA現役全厩舎のワンポイントデータ」に加え、
「人気馬信頼度」「穴馬激走期待度」
「休み明け期待度」「クセ強度」の4項目を
A〜Dのジャッジで大公開!
きっと馬券攻略のお役に立てるはずです!

CHAPTER 4

厩舎力 ～陣営のクセを掴めば馬券は面白いように当たる！～

美浦	相沢 郁 アイザワ イクオ
人気馬信頼度	C
穴馬激走期待度	A
休み明け期待度	D
クセ強度	C
得意距離	2400m
勝負騎手	岩田康誠

美浦	青木孝文 アオキ タカフミ
人気馬信頼度	D
穴馬激走期待度	D
休み明け期待度	C
クセ強度	D
得意距離	1400m
勝負騎手	北村宏司

美浦	浅野洋一郎 アサノ ヨウイチロウ
人気馬信頼度	C
穴馬激走期待度	C
休み明け期待度	D
クセ強度	D
得意距離	1000m
勝負騎手	松岡正海

栗東	浅見秀一 アサミ ヒデカズ
人気馬信頼度	B
穴馬激走期待度	B
休み明け期待度	A
クセ強度	B
得意距離	1600m
勝負騎手	和田竜二

栗東	安達昭夫 アダチ アキオ
人気馬信頼度	B
穴馬激走期待度	A
休み明け期待度	A
クセ強度	D
得意距離	1600m
勝負騎手	浜中俊

栗東	荒川義之 アラカワ ヨシユキ
人気馬信頼度	C
穴馬激走期待度	C
休み明け期待度	C
クセ強度	D
得意距離	1600m
勝負騎手	津村明秀

栗東	飯田祐史 イイダ ユウジ
人気馬信頼度	B
穴馬激走期待度	B
休み明け期待度	C
クセ強度	D
得意距離	1700m
勝負騎手	幸英明

栗東	飯田雄三 イイダ ユウゾウ
人気馬信頼度	A
穴馬激走期待度	A
休み明け期待度	C
クセ強度	D
得意距離	1200m
勝負騎手	松山弘平

栗東	五十嵐忠男 イガラシ タダオ
人気馬信頼度	C
穴馬激走期待度	A
休み明け期待度	B
クセ強度	C
得意距離	2000m
勝負騎手	荻野極

栗東	池江泰寿 イケエ ヤストシ
人気馬信頼度	B
穴馬激走期待度	B
休み明け期待度	A
クセ強度	B
得意距離	2200m
勝負騎手	浜中俊

美浦
池上昌和
イケガミ　マサカズ

人気馬信頼度	穴馬激走期待度	休み明け期待度	クセ強度
D	C	D	D

得意距離	勝負騎手
1800m	内田博幸

栗東
池添兼雄
イケゾエ　カネオ

人気馬信頼度	穴馬激走期待度	休み明け期待度	クセ強度
B	A	A	D

得意距離	勝負騎手
1700m	池添謙一

栗東
池添 学
イケゾエ　マナブ

人気馬信頼度	穴馬激走期待度	休み明け期待度	クセ強度
C	C	C	C

得意距離	勝負騎手
1700m	戸崎圭太

美浦
石栗龍彦
イシクリ　タツヒコ

人気馬信頼度	穴馬激走期待度	休み明け期待度	クセ強度
A	B	D	D

得意距離	勝負騎手
1700m	横山典弘

美浦
石毛善彦
イシゲ　ヨシヒコ

人気馬信頼度	穴馬激走期待度	休み明け期待度	クセ強度
D	D	D	D

得意距離	勝負騎手
1000m	柴田善臣

栗東
石坂 正
イシザカ　セイ

人気馬信頼度	穴馬激走期待度	休み明け期待度	クセ強度
C	B	C	C

得意距離	勝負騎手
1600m	Mデムーロ

栗東
石橋 守
イシバシ　マモル

人気馬信頼度	穴馬激走期待度	休み明け期待度	クセ強度
B	C	C	C

得意距離	勝負騎手
1600m	浜中俊

美浦
伊藤圭三
イトウ　ケイゾウ

人気馬信頼度	穴馬激走期待度	休み明け期待度	クセ強度
C	A	B	C

得意距離	勝負騎手
1150m	石橋脩

美浦
伊藤伸一
イトウ　シンイチ

人気馬信頼度	穴馬激走期待度	休み明け期待度	クセ強度
D	D	D	D

得意距離	勝負騎手
1600m	柴田大知

美浦
伊藤大士
イトウ　ダイシ

人気馬信頼度	穴馬激走期待度	休み明け期待度	クセ強度
D	C	C	D

得意距離	勝負騎手
2000m	三浦皇成

第4章

ア行
カ行
サ行
タ行
ナ行
ハ行
マ行
ヤ行
ラ行
ワ行

厩舎力 ～陣営のクセを掴めば馬券は面白いように当たる！～

美浦	伊藤正徳 イトウ マサノリ	人気馬信頼度 D	穴馬激走期待度 D	休み明け期待度 D	クセ強度 D
		得意距離 1200m		勝負騎手 大野拓弥	

美浦	岩戸孝樹 イワト タカキ	人気馬信頼度 D	穴馬激走期待度 B	休み明け期待度 D	クセ強度 D
		得意距離 1200m		勝負騎手 木幡巧也	

美浦	上原博之 ウエハラ ヒロユキ	人気馬信頼度 C	穴馬激走期待度 C	休み明け期待度 D	クセ強度 D
		得意距離 1200m		勝負騎手 三浦皇成	

栗東	梅田智之 ウメダ トモユキ	人気馬信頼度 C	穴馬激走期待度 B	休み明け期待度 C	クセ強度 C
		得意距離 1200m		勝負騎手 福永祐一	

美浦	蛯名利弘 エビナ トシヒロ	人気馬信頼度 B	穴馬激走期待度 C	休み明け期待度 D	クセ強度 D
		得意距離 1700m		勝負騎手 西田雄一郎	

美浦	大江原哲 オオエハラ サトシ	人気馬信頼度 D	穴馬激走期待度 B	休み明け期待度 A	クセ強度 D
		得意距離 1800m		勝負騎手 加藤祥太	

栗東	大久保龍志 オオクボ リュウジ	人気馬信頼度 A	穴馬激走期待度 C	休み明け期待度 C	クセ強度 B
		得意距離 2000m		勝負騎手 Mデムーロ	

美浦	大竹正博 オオタケ マサヒロ	人気馬信頼度 C	穴馬激走期待度 C	休み明け期待度 B	クセ強度 C
		得意距離 2000m		勝負騎手 田辺裕信	

栗東	大根田裕之 オオネダ ヒロユキ	人気馬信頼度 A	穴馬激走期待度 A	休み明け期待度 A	クセ強度 D
		得意距離 1800m		勝負騎手 古川吉洋	

栗東	大橋勇樹 オオハシ ユウキ	人気馬信頼度 C	穴馬激走期待度 B	休み明け期待度 C	クセ強度 D
		得意距離 1700m		勝負騎手 秋山真一郎	

美浦
大和田成
オオワダ ナル

人気馬信頼度	穴馬激走期待度	休み明け期待度	クセ強度
B	D	D	D

得意距離	1300m	勝負騎手	田辺裕信

美浦
小笠倫弘
オガサ ミチヒロ

人気馬信頼度	穴馬激走期待度	休み明け期待度	クセ強度
C	B	A	D

得意距離	1400m	勝負騎手	田辺裕信

栗東
岡田稲男
オカダ イナオ

人気馬信頼度	穴馬激走期待度	休み明け期待度	クセ強度
A	C	C	D

得意距離	1800m	勝負騎手	川田将雅

美浦
尾形和幸
オガタ カズユキ

人気馬信頼度	穴馬激走期待度	休み明け期待度	クセ強度
D	C	C	D

得意距離	1600m	勝負騎手	内田博幸

栗東
沖 芳夫
オキ ヨシオ

人気馬信頼度	穴馬激走期待度	休み明け期待度	クセ強度
C	A	A	D

得意距離	2000m	勝負騎手	松山弘平

美浦
奥平雅士
オクヒラ マサシ

人気馬信頼度	穴馬激走期待度	休み明け期待度	クセ強度
C	B	B	D

得意距離	2100m	勝負騎手	菅原隆一

美浦
奥村 武
オクムラ タケシ

人気馬信頼度	穴馬激走期待度	休み明け期待度	クセ強度
B	C	C	C

得意距離	2000m	勝負騎手	戸崎圭太

栗東
奥村 豊
オクムラ ユタカ

人気馬信頼度	穴馬激走期待度	休み明け期待度	クセ強度
A	A	B	C

得意距離	2000m	勝負騎手	福永祐一

美浦
尾関知人
オゼキ トモヒト

人気馬信頼度	穴馬激走期待度	休み明け期待度	クセ強度
C	C	B	C

得意距離	1200m	勝負騎手	田中勝春

栗東
音無秀孝
オトナシ ヒデタカ

人気馬信頼度	穴馬激走期待度	休み明け期待度	クセ強度
B	C	C	B

得意距離	1800m	勝負騎手	武豊

厩舎力 〜陣営のクセを掴めば馬券は面白いように当たる！〜

所属	調教師	人気馬信頼度	穴馬激走期待度	休み明け期待度	クセ強度	得意距離	勝負騎手
美浦	小野次郎 (オノ ジロウ)	B	B	D	D	1000m	横山武史
美浦	粕谷昌央 (カスヤ マサオ)	D	C	C	D	1200m	勝浦正樹
美浦	加藤和宏 (カトウ カズヒロ)	D	D	D	D	1000m	城戸義政
美浦	加藤征弘 (カトウ ユキヒロ)	B	B	B	A	1600m	大野拓弥
美浦	金成貴史 (カナリ タカシ)	C	B	A	D	1200m	丹内祐次
美浦	萱野浩二 (カヤノ コウジ)	D	B	C	D	1200m	井上敏樹
栗東	加用 正 (カヨウ タダシ)	B	C	B	D	1200m	鮫島克駿
栗東	河内 洋 (カワチ ヒロシ)	B	A	D	C	2200m	荻野極
栗東	川村禎彦 (カワムラ ヨシヒコ)	B	B	B	D	1400m	和田竜二
美浦	菊川正達 (キクカワ マサタツ)	B	C	D	D	1200m	柴田大知

美浦 **菊沢隆徳** キクザワ タカノリ	人気馬信頼度 B	穴馬激走期待度 C	休み明け期待度 C	クセ強度 B
	得意距離 1200m		勝負騎手 戸崎圭太	

栗東 **北出成人** キタデ ヨシヒト	人気馬信頼度 B	穴馬激走期待度 C	休み明け期待度 B	クセ強度 D
	得意距離 1700m		勝負騎手 松田大作	

栗東 **木原一良** キハラ カズヨシ	人気馬信頼度 A	穴馬激走期待度 B	休み明け期待度 C	クセ強度 D
	得意距離 1800m		勝負騎手 酒井学	

美浦 **木村哲也** キムラ テツヤ	人気馬信頼度 A	穴馬激走期待度 D	休み明け期待度 A	クセ強度 A
	得意距離 2400m		勝負騎手 Cルメール	

美浦 **国枝 栄** クニエダ サカエ	人気馬信頼度 B	穴馬激走期待度 C	休み明け期待度 B	クセ強度 B
	得意距離 1600m		勝負騎手 Cルメール	

美浦 **久保田貴士** クボタ タカシ	人気馬信頼度 A	穴馬激走期待度 C	休み明け期待度 B	クセ強度 D
	得意距離 1000m		勝負騎手 内田博幸	

美浦 **栗田 徹** クリタ トオル	人気馬信頼度 C	穴馬激走期待度 A	休み明け期待度 C	クセ強度 C
	得意距離 1150m		勝負騎手 丸田恭介	

美浦 **栗田博憲** クリタ ヒロノリ	人気馬信頼度 A	穴馬激走期待度 A	休み明け期待度 A	クセ強度 D
	得意距離 2000m		勝負騎手 柴田善臣	

美浦 **黒岩陽一** クロイワ ヨウイチ	人気馬信頼度 D	穴馬激走期待度 C	休み明け期待度 C	クセ強度 D
	得意距離 1700m		勝負騎手 内田博幸	

美浦 **古賀史生** コガ フミオ	人気馬信頼度 C	穴馬激走期待度 C	休み明け期待度 D	クセ強度 D
	得意距離 1800m		勝負騎手 武士沢友治	

第4章

ア行 カ行 サ行 タ行 ナ行 ハ行 マ行 ヤ行 ラ行 ワ行

厩舎力 ～陣営のクセを掴めば馬券は面白いように当たる！～

所属	調教師	人気馬信頼度	穴馬激走期待度	休み明け期待度	クセ強度	得意距離	勝負騎手
美浦	古賀慎明 (コガ マサアキ)	B	C	C	B	1400m	大野拓弥
栗東	小崎 憲 (コザキ ケン)	D	C	A	D	1400m	福永祐一
美浦	小島茂之 (コジマ シゲユキ)	A	B	B	C	2000m	田中勝春
美浦	小西一男 (コニシ カズオ)	B	A	B	D	1400m	田辺裕信
美浦	小桧山悟 (コビヤマ サトル)	D	A	D	D	1800m	木幡初也
栗東	昆 貢 (コン ミツグ)	C	B	C	A	1700m	古川吉洋
栗東	今野貞一 (コンノ テイイチ)	C	C	D	C	2200m	福永祐一
栗東	斉藤崇史 (サイトウ タカシ)	C	A	B	D	2000m	福永祐一
美浦	斎藤 誠 (サイトウ マコト)	C	D	C	D	1400m	戸崎圭太
栗東	坂口正則 (サカグチ マサノリ)	C	A	D	D	2000m	和田竜二

栗東				
崎山博樹 サキヤマ ヒロキ	人気馬信頼度 **C**	穴馬激走期待度 **B**	休み明け期待度 **C**	クセ強度 **D**
	得意距離 1200m		勝負騎手 水口優也	

栗東				
作田誠二 サクタ セイジ	人気馬信頼度 **A**	穴馬激走期待度 **D**	休み明け期待度 **D**	クセ強度 **D**
	得意距離 1700m		勝負騎手 藤岡佑介	

栗東				
佐々木晶三 ササキ ショウゾウ	人気馬信頼度 **D**	穴馬激走期待度 **C**	休み明け期待度 **C**	クセ強度 **D**
	得意距離 1700m		勝負騎手 和田竜二	

栗東				
笹田和秀 ササダ カズヒデ	人気馬信頼度 **C**	穴馬激走期待度 **C**	休み明け期待度 **D**	クセ強度 **D**
	得意距離 1200m		勝負騎手 岡田祥嗣	

美浦				
佐藤吉勝 サトウ ヨシカツ	人気馬信頼度 **D**	穴馬激走期待度 **C**	休み明け期待度 **C**	クセ強度 **D**
	得意距離 1400m		勝負騎手 吉田隼人	

栗東				
鮫島一歩 サメシマ イッポ	人気馬信頼度 **C**	穴馬激走期待度 **B**	休み明け期待度 **C**	クセ強度 **C**
	得意距離 2000m		勝負騎手 和田竜二	

美浦				
鹿戸雄一 シカト ユウイチ	人気馬信頼度 **B**	穴馬激走期待度 **B**	休み明け期待度 **B**	クセ強度 **B**
	得意距離 1200m		勝負騎手 戸崎圭太	

美浦				
柴田政人 シバタ マサト	人気馬信頼度 **D**	穴馬激走期待度 **C**	休み明け期待度 **C**	クセ強度 **D**
	得意距離 1000m		勝負騎手 石橋脩	

栗東				
清水久詞 シミズ ヒサシ	人気馬信頼度 **C**	穴馬激走期待度 **B**	休み明け期待度 **B**	クセ強度 **C**
	得意距離 2400m		勝負騎手 川田将雅	

美浦				
清水英克 シミズ ヒデカツ	人気馬信頼度 **C**	穴馬激走期待度 **B**	休み明け期待度 **D**	クセ強度 **D**
	得意距離 1400m		勝負騎手 柴山雄一	

第4章

ア行 カ行 サ行 タ行 ナ行 ハ行 マ行 ヤ行 ラ行 ワ行

157

厩舎力 ～陣営のクセを掴めば馬券は面白いように当たる!～

所属	調教師	人気馬信頼度	穴馬激走期待度	休み明け期待度	クセ強度	得意距離	勝負騎手
栗東	庄野靖志 ショウノ ヤスシ	A	B	A	C	2000m	Mデムーロ
美浦	新開幸一 シンカイ コウイチ	B	C	C	D	1600m	大野拓弥
栗東	須貝尚介 スガイ ナオスケ	C	A	C	A	2600m	北村友一
美浦	杉浦宏昭 スギウラ ヒロアキ	C	B	C	D	1700m	勝浦正樹
栗東	杉山晴紀 スギヤマ ハルキ	B	A	D	B	2000m	松若風馬
栗東	鈴木孝志 スズキ タカシ	C	A	C	D	2000m	松田大作
美浦	鈴木伸尋 スズキ ノブヒロ	C	C	A	D	1800m	津村明秀
栗東	角居勝彦 スミイ カツヒコ	B	C	B	C	2200m	浜中俊
美浦	勢司和浩 セイシ カズヒロ	D	C	C	D	1800m	柴山雄一
美浦	高市圭二 タカイチ ケイジ	B	C	C	D	1800m	横山武史

158

厩舎力 ～陣営のクセを掴めば馬券は面白いように当たる！～

美浦 高柳瑞樹 (タカヤナギ ミズキ)
- 人気馬信頼度: C
- 穴馬激走期待度: D
- 休み明け期待度: B
- クセ強度: D
- 得意距離: 1400m
- 勝負騎手: 田辺裕信

栗東 武幸四郎 (タケ コウシロウ)
- 人気馬信頼度: B
- 穴馬激走期待度: B
- 休み明け期待度: C
- クセ強度: C
- 得意距離: 1400m
- 勝負騎手: 秋山真一郎

栗東 武 英智 (タケ ヒデノリ)
- 人気馬信頼度: A
- 穴馬激走期待度: A
- 休み明け期待度: B
- クセ強度: C
- 得意距離: 1700m
- 勝負騎手: 松田大作

美浦 武井 亮 (タケイ リョウ)
- 人気馬信頼度: B
- 穴馬激走期待度: C
- 休み明け期待度: C
- クセ強度: C
- 得意距離: 2000m
- 勝負騎手: 松田大作

美浦 武市康男 (タケイチ ヤスオ)
- 人気馬信頼度: D
- 穴馬激走期待度: C
- 休み明け期待度: C
- クセ強度: D
- 得意距離: 2400m
- 勝負騎手: 田辺裕信

美浦 竹内正洋 (タケウチ マサヒロ)
- 人気馬信頼度: D
- 穴馬激走期待度: C
- 休み明け期待度: B
- クセ強度: D
- 得意距離: 1800m
- 勝負騎手: 嘉藤貴行

美浦 田島俊明 (タジマ トシアキ)
- 人気馬信頼度: D
- 穴馬激走期待度: C
- 休み明け期待度: B
- クセ強度: D
- 得意距離: 1800m
- 勝負騎手: 横山典弘

栗東 田所秀孝 (タドコロ ヒデタカ)
- 人気馬信頼度: D
- 穴馬激走期待度: D
- 休み明け期待度: C
- クセ強度: D
- 得意距離: 1000m
- 勝負騎手: 秋山真一郎

美浦 田中清隆 (タナカ キヨタカ)
- 人気馬信頼度: D
- 穴馬激走期待度: B
- 休み明け期待度: C
- クセ強度: D
- 得意距離: 1600m
- 勝負騎手: 大野拓弥

美浦 田中 剛 (タナカ ツヨシ)
- 人気馬信頼度: D
- 穴馬激走期待度: A
- 休み明け期待度: C
- クセ強度: D
- 得意距離: 1600m
- 勝負騎手: 田中勝春

厩舎	調教師	人気馬信頼度	穴馬激走期待度	休み明け期待度	クセ強度	得意距離	勝負騎手
美浦	田中博康 (タナカ ヒロヤス)	C	A	C	D	1200m	津村明秀
栗東	谷 潔 (タニ キヨシ)	B	B	C	D	1600m	北村友一
美浦	谷原義明 (タニハラ ヨシアキ)	A	D	D	D	1300m	田辺裕信
美浦	田村康仁 (タムラ ヤスヒト)	A	D	C	C	2100m	三浦皇成
栗東	千田輝彦 (チダ テルヒコ)	C	C	B	D	2400m	福永祐一
美浦	柄崎 孝 (ツカザキ タカシ)	D	A	D	D	1200m	長岡禎仁
美浦	土田 稔 (ツチダ ミノル)	C	B	B	C	1700m	柴田善臣
栗東	角田晃一 (ツノダ コウイチ)	A	D	C	C	1200m	浜中俊
美浦	手塚貴久 (テヅカ タカヒサ)	B	A	B	B	1200m	戸崎圭太
栗東	寺島 良 (テラシマ リョウ)	C	D	B	C	1700m	松山弘平

第4章 タ行

厩舎力 ～陣営のクセを掴めば馬券は面白いように当たる！～

美浦 天間昭一 テンマ ショウイチ
- 人気馬信頼度: C
- 穴馬激走期待度: C
- 休み明け期待度: D
- クセ強度: D
- 得意距離: 1800m
- 勝負騎手: 江田照男

美浦 戸田博文 トダ ヒロフミ
- 人気馬信頼度: C
- 穴馬激走期待度: D
- 休み明け期待度: C
- クセ強度: C
- 得意距離: 2000m
- 勝負騎手: Cルメール

栗東 友道康夫 トモミチ ヤスオ
- 人気馬信頼度: A
- 穴馬激走期待度: B
- 休み明け期待度: A
- クセ強度: A
- 得意距離: 2400m
- 勝負騎手: 福永祐一

栗東 中内田充正 ナカウチダ ミツマサ
- 人気馬信頼度: A
- 穴馬激走期待度: C
- 休み明け期待度: A
- クセ強度: A
- 得意距離: 2000m
- 勝負騎手: 川田将雅

栗東 中尾秀正 ナカオ ヒデマサ
- 人気馬信頼度: D
- 穴馬激走期待度: D
- 休み明け期待度: D
- クセ強度: D
- 得意距離: 1200m
- 勝負騎手: 藤岡康太

美浦 中川公成 ナカガワ タダシゲ
- 人気馬信頼度: B
- 穴馬激走期待度: C
- 休み明け期待度: C
- クセ強度: D
- 得意距離: 2000m
- 勝負騎手: 吉田隼人

栗東 中竹和也 ナカタケ カズヤ
- 人気馬信頼度: C
- 穴馬激走期待度: B
- 休み明け期待度: C
- クセ強度: B
- 得意距離: 1600m
- 勝負騎手: 岩田康誠

美浦 中舘英二 ナカダテ エイジ
- 人気馬信頼度: C
- 穴馬激走期待度: D
- 休み明け期待度: B
- クセ強度: D
- 得意距離: 2400m
- 勝負騎手: 田辺裕信

美浦 中野栄治 ナカノ エイジ
- 人気馬信頼度: A
- 穴馬激走期待度: C
- 休み明け期待度: C
- クセ強度: D
- 得意距離: 1400m
- 勝負騎手: 武藤雅

栗東 中村 均 ナカムラ ヒトシ
- 人気馬信頼度: D
- 穴馬激走期待度: D
- 休み明け期待度: D
- クセ強度: D
- 得意距離: 1700m
- 勝負騎手: Mデムーロ

調教師	人気馬信頼度	穴馬激走期待度	休み明け期待度	クセ強度	得意距離	勝負騎手
栗東 **西浦勝一** ニシウラ カツイチ	C	B	C	C	1200m	丸山元気
栗東 **西園正都** ニシゾノ マサト	C	B	C	C	1600m	Mデムーロ
栗東 **西橋豊治** ニシハシ トヨジ	D	D	D	D	1800m	和田竜二
栗東 **西村真幸** ニシムラ マサユキ	B	C	A	C	2600m	岩田康誠
美浦 **根本康広** ネモト ヤスヒロ	C	D	A	D	1000m	丸山元気
栗東 **野中賢二** ノナカ ケンジ	C	C	C	C	1200m	福永祐一
美浦 **萩原 清** ハギワラ キヨシ	A	C	B	B	2100m	柴山雄一
栗東 **橋口慎介** ハシグチ シンスケ	C	C	C	C	2000m	荻野極
栗東 **橋田 満** ハシダ ミツル	B	B	A	B	1700m	藤岡佑介
美浦 **畠山吉宏** ハタケヤマ ヨシヒロ	B	C	A	D	1800m	大野拓弥

第4章

ア行 / カ行 / サ行 / タ行 / ナ行 / ハ行 / マ行 / ヤ行 / ラ行 / ワ行

厩舎力 〜陣営のクセを掴めば馬券は面白いように当たる!〜

栗東 羽月友彦 ハツキ トモヒコ
- 人気馬信頼度: B
- 穴馬激走期待度: B
- 休み明け期待度: D
- クセ強度: D
- 得意距離: 1400m
- 勝負騎手: 松若風馬

栗東 服部利之 ハットリ トシユキ
- 人気馬信頼度: C
- 穴馬激走期待度: B
- 休み明け期待度: C
- クセ強度: D
- 得意距離: 1600m
- 勝負騎手: 幸英明

栗東 浜田多実雄 ハマダ タミオ
- 人気馬信頼度: B
- 穴馬激走期待度: B
- 休み明け期待度: C
- クセ強度: D
- 得意距離: 1200m
- 勝負騎手: 中井裕二

美浦 林徹 ハヤシ トオル
- 人気馬信頼度: D
- 穴馬激走期待度: B
- 休み明け期待度: C
- クセ強度: C
- 得意距離: 2000m
- 勝負騎手: 武士沢友治

栗東 平田修 ヒラタ オサム
- 人気馬信頼度: B
- 穴馬激走期待度: B
- 休み明け期待度: D
- クセ強度: C
- 得意距離: 1800m
- 勝負騎手: 川田将雅

栗東 藤岡健一 フジオカ ケンイチ
- 人気馬信頼度: B
- 穴馬激走期待度: A
- 休み明け期待度: C
- クセ強度: B
- 得意距離: 1600m
- 勝負騎手: Cルメール

美浦 藤沢和雄 フジサワ カズオ
- 人気馬信頼度: B
- 穴馬激走期待度: A
- 休み明け期待度: A
- クセ強度: A
- 得意距離: 1400m
- 勝負騎手: Cルメール

栗東 藤沢則雄 フジサワ ノリオ
- 人気馬信頼度: A
- 穴馬激走期待度: C
- 休み明け期待度: D
- クセ強度: D
- 得意距離: 1800m
- 勝負騎手: 幸英明

美浦 藤原辰雄 フジワラ タツオ
- 人気馬信頼度: C
- 穴馬激走期待度: B
- 休み明け期待度: B
- クセ強度: D
- 得意距離: 1700m
- 勝負騎手: 松岡正海

栗東 藤原英昭 フジワラ ヒデアキ
- 人気馬信頼度: A
- 穴馬激走期待度: A
- 休み明け期待度: A
- クセ強度: B
- 得意距離: 2400m
- 勝負騎手: 戸崎圭太

美浦 星野 忍 ホシノ シノブ	人気馬信頼度	穴馬激走期待度	休み明け期待度	クセ強度
	A	C	D	D
得意距離 1000m		勝負騎手 江田照男		

美浦 堀 宣行 ホリ ノリユキ	人気馬信頼度	穴馬激走期待度	休み明け期待度	クセ強度
	A	D	B	B
得意距離 2400m		勝負騎手 Jモレイラ		

美浦 堀井雅広 ホリイ マサヒロ	人気馬信頼度	穴馬激走期待度	休み明け期待度	クセ強度
	C	B	D	D
得意距離 2000m		勝負騎手 戸崎圭太		

栗東 本田 優 ホンダ マサル	人気馬信頼度	穴馬激走期待度	休み明け期待度	クセ強度
	C	B	A	C
得意距離 1700m		勝負騎手 太宰啓介		

美浦 本間忍 ホンマ シノブ	人気馬信頼度	穴馬激走期待度	休み明け期待度	クセ強度
	C	C	C	D
得意距離 1000m		勝負騎手 柴山雄一		

美浦 牧 光二 マキ コウジ	人気馬信頼度	穴馬激走期待度	休み明け期待度	クセ強度
	B	B	C	D
得意距離 1400m		勝負騎手 石橋脩		

栗東 牧浦充徳 マキウラ ミツノリ	人気馬信頼度	穴馬激走期待度	休み明け期待度	クセ強度
	B	A	A	D
得意距離 1700m		勝負騎手 吉田隼人		

栗東 牧田和弥 マキタ カズヤ	人気馬信頼度	穴馬激走期待度	休み明け期待度	クセ強度
	D	B	C	D
得意距離 2600m		勝負騎手 浜中俊		

栗東 松下武士 マツシタ タケシ	人気馬信頼度	穴馬激走期待度	休み明け期待度	クセ強度
	D	A	C	C
得意距離 1200m		勝負騎手 小牧太		

栗東 松田国英 マツダ クニヒデ	人気馬信頼度	穴馬激走期待度	休み明け期待度	クセ強度
	B	C	B	C
得意距離 2400m		勝負騎手 Mデムーロ		

第4章

ア行 カ行 サ行 タ行 ナ行 ハ行 マ行 ヤ行 ラ行 ワ行

厩舎力 ～陣営のクセを掴めば馬券は面白いように当たる！～

松永昌博 (マツナガ マサヒロ) 栗東
- 人気馬信頼度: D
- 穴馬激走期待度: B
- 休み明け期待度: C
- クセ強度: D
- 得意距離: 2000m
- 勝負騎手: 武豊

松永幹夫 (マツナガ ミキオ) 栗東
- 人気馬信頼度: B
- 穴馬激走期待度: D
- 休み明け期待度: C
- クセ強度: B
- 得意距離: 1400m
- 勝負騎手: 福永祐一

松永康利 (マツナガ ヤストシ) 美浦
- 人気馬信頼度: D
- 穴馬激走期待度: C
- 休み明け期待度: D
- クセ強度: D
- 得意距離: 1700m
- 勝負騎手: 田中勝春

松元茂樹 (マツモト シゲキ) 栗東
- 人気馬信頼度: B
- 穴馬激走期待度: A
- 休み明け期待度: A
- クセ強度: D
- 得意距離: 1800m
- 勝負騎手: 福永祐一

松山将樹 (マツヤマ マサキ) 美浦
- 人気馬信頼度: C
- 穴馬激走期待度: B
- 休み明け期待度: D
- クセ強度: D
- 得意距離: 1800m
- 勝負騎手: 黛弘人

的場 均 (マトバ ヒトシ) 美浦
- 人気馬信頼度: C
- 穴馬激走期待度: B
- 休み明け期待度: D
- クセ強度: D
- 得意距離: 1600m
- 勝負騎手: 横山和生

水野貴広 (ミズノ タカヒロ) 美浦
- 人気馬信頼度: B
- 穴馬激走期待度: D
- 休み明け期待度: C
- クセ強度: D
- 得意距離: 1400m
- 勝負騎手: 横山典弘

南井克巳 (ミナイ カツミ) 栗東
- 人気馬信頼度: C
- 穴馬激走期待度: C
- 休み明け期待度: C
- クセ強度: B
- 得意距離: 1200m
- 勝負騎手: 藤岡康太

南田美知雄 (ミナミダ ミチオ) 美浦
- 人気馬信頼度: D
- 穴馬激走期待度: C
- 休み明け期待度: D
- クセ強度: D
- 得意距離: 1000m
- 勝負騎手: 丸山元気

宮 徹 (ミヤ トオル) 栗東
- 人気馬信頼度: B
- 穴馬激走期待度: B
- 休み明け期待度: B
- クセ強度: D
- 得意距離: 1800m
- 勝負騎手: 鮫島克駿

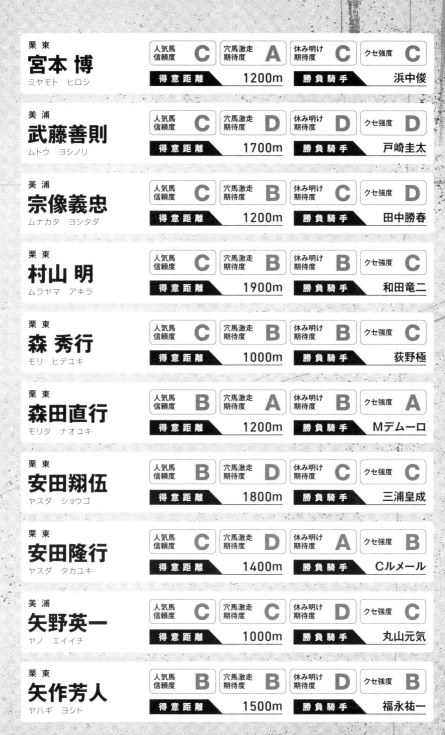

厩舎力 ~陣営のクセを掴めば馬券は面白いように当たる!~

栗東
山内研二
ヤマウチ ケンジ

人気馬信頼度	B	穴馬激走期待度	B	休み明け期待度	C	クセ強度	D

得意距離	1800m	勝負騎手	菱田裕二

栗東
湯窪幸雄
ユクボ サチオ

人気馬信頼度	D	穴馬激走期待度	D	休み明け期待度	D	クセ強度	D

得意距離	1800m	勝負騎手	酒井学

栗東
吉田直弘
ヨシダ ナオヒロ

人気馬信頼度	D	穴馬激走期待度	C	休み明け期待度	D	クセ強度	D

得意距離	1400m	勝負騎手	浜中俊

栗東
吉村圭司
ヨシムラ ケイジ

人気馬信頼度	D	穴馬激走期待度	B	休み明け期待度	B	クセ強度	C

得意距離	2200m	勝負騎手	松山弘平

美浦
和田正一郎
ワダ ショウイチロウ

人気馬信頼度	A	穴馬激走期待度	C	休み明け期待度	A	クセ強度	C

得意距離	2400m	勝負騎手	井上敏樹

美浦
和田雄二
ワダ ユウジ

人気馬信頼度	A	穴馬激走期待度	B	休み明け期待度	D	クセ強度	D

得意距離	1000m	勝負騎手	津村明秀

美浦
和田勇介
ワダ ユウスケ

人気馬信頼度	D	穴馬激走期待度	D	休み明け期待度	C	クセ強度	D

得意距離	2000m	勝負騎手	横山典弘

栗東
渡辺薫彦
ワタナベ クニヒコ

人気馬信頼度	B	穴馬激走期待度	D	休み明け期待度	D	クセ強度	D

得意距離	1200m	勝負騎手	和田竜二

厩舎力

陣営のクセを掴めば
馬券は面白いように当たる!

本書の執筆にあたり、多くの方にお力添えをいただきました。編集を担当してくださったガイドワークス赤佐敏隆様をはじめ、デザイナーの雨奥崇訓様、カメラマンの橋本健様には、無理なお願いを快く引き受けていただきました。また、榎田ルミさんには的確なアドバイスをいただき、素敵な写真もご提供いただきました。赤木さん、永野さん、片岡さん、鈴木さん、橋浜さん、奥野さん、飯村さん、平間さん、金子さん、伊原さん、安井さんらJRDBスタッフ、米田圭輔さん、サイバーミリオンの久保さんには、データ作成や校正にご尽力を賜りました。そして、皆さまに心より御礼申し上げます。

　「20代での現状維持は、退化していることと同じだぞ」

　学生時代の恩師の言葉を、改めて思い返します。私自身、未だに同じ失敗を繰り返してしまい、毎日が「変わらなければ！」の連続です。
　競馬においてもそう。「まえがき」で、現代競馬に起こったパラダイム

あとがき

シフトについて触れました。このような変革が、競馬界では絶えず起こっています。

18年のファインニードルの活躍は、ダーレーグループほか、海外大手の更なる日本進出を想起させます。さらには、ＡＩの進化に伴う異常オッズも、近いうちに全競馬界で問題となるでしょう。目の前の変化に、どのように対応するか。今の競馬はこの一言に尽きます。

競馬予想における現状維持は、退化していることと同じです。各々が自分流の予想方法を持ち、戦うのが競馬の醍醐味のひとつ。それでも、勝つためには変わらなければいけません。同じ考えに固執せず、柔軟に考え、潮流に乗った予想をし続ける。これを念頭に、競馬に取り組む所存です。

本書を手に取ってくださった皆さまに、厩舎、外厩データを新たな武器としてご活用いただけましたら幸甚です。

――村山　弘樹

参考文献など

参考文献

2016年 『そうだったのか！今までの見方が180度変わる知られざる競馬の仕組み』 橋浜保子 ガイドワークス

2014年 『外厩ブラックボックス馬券術』 飯村公一 ＫＫベストセラーズ

参考ウェブサイト

JRDB（http://www.jrdb.com/）

JRDV.sp（http://blog.jrdvsp.com/）

JRDBグループの関連コンテンツ

■JRDB（http://www.jrdb.com/）
外厩データの閲覧、取得はこちらから。

■ハイブリッド新聞コンビニプリント
（http://www.e-shinbun.net/cp/hybrid）
コンビニのマルチコピー機で、外厩データをプリントできます。

■ストライド競馬新聞（http://stride.get-luck.jp/）
競馬新聞に外厩情報が記載されています。

■馬券モンスター（http://bakemon.kbigd.com/）
投票機能付きパソコンソフト。外厩データを確認できます。

■スポーツ報知の競馬サイト　UMATOKU（馬トク）
（https://umatoku.hochi.co.jp/）
出馬表画面に外厩情報が記載されています。

村山弘樹（むらやま ひろき）

大阪府出身。同志社大学法学部を卒業後、株式会社ＪＲＤＢに入社。社内では主に調教や外厩データの解析と、システムの構築を担当。現在、サンケイスポーツ（関西版）にて、コラム「放牧明け狙い撃ち」を連載中。雑誌「競馬王」にも定期的に記事を寄稿している。著書に「激走力　ビッグデータが明かす激走馬」（報知新聞社）。Twitter：vm_jrdb

JRDB（ジャパン・レーシング・データ・バンク）

主に中央競馬関連の各データを管理・販売するデータ会社。年間を通じ、中央競馬の全競馬場・全レースにスタッフを派遣。各馬の仕上がりや、脚元の状態、馬装具、返し馬のチェックなどを行う。外厩に関するデータも08年からいち早く取り入れ、各方面に提供している。

厩舎力
陣営のクセを掴めば馬券は面白いように当たる！

2018年11月15日　初版第1刷発行

著　　　者	村山弘樹	
監　　　修	JRDB	
発　行　者	松丸仁	
装　　　幀	雨奥崇訓（oo-parts design）	
写　　　真	榎田ルミ、橋本健	
紙 面 協 力	競馬ブック	
印刷・製本	暁印刷	
発　行　所	ガイドワークス	

編集部　〒169-8578　東京都新宿区高田馬場4-28-12　03-6311-7956
営業部　〒169-8578　東京都新宿区高田馬場4-28-12　03-6311-7777
URL　http://guideworks.co.jp

本書の内容の一部あるいは全部を無断で複合複製（コピー）することは、法律で認められた場合を除き、著作者および出版社の権利の侵害となりますので、その場合は予め小社あてに許諾を求めて下さい。

©Hiroki Murayama ©JRDB

競馬王 2018夏〜秋の新刊

革命的複コロ馬券術の精度がさらにアップ！
ハイパー複コロ革命
魚谷智也 著
本体1650円＋税
好評発売中

じゃいは買い方で勝っている!!
勝てる馬券の買い方
じゃい（インスタントジョンソン）著
本体1296円＋税
好評発売中

究極の騎手データ本の最新刊が登場！
コース別 本当に儲かる騎手大全 2018秋〜2019
伊吹雅也 著
本体1600円＋税
好評発売中

枠順と位置取りの重要性に切り込む衝撃作！
「枠順」と「位置取り」で勝ち馬を見抜く！
JRDB 監修 久保和功・飯村公一 著
本体2000円＋税
好評発売中

全ての競走馬の「型」を完全掌握できる一冊！
競馬 勝者のエビデンス ー玄人になる「確証」と「型」ー
本島修司 著
本体1650円＋税
好評発売中

あのベストセラーが待望の復刻!!
馬券裁判
競馬で1億5000万円儲けた予想法の真実
卍 著
本体1500円＋税
好評発売中

大谷式オッズ理論の集大成!!
回収率をあげるオッズ馬券の奥義
大谷清文 著
本体1800円＋税
好評発売中

儲かるコースの儲かるタイミングだけ買え！
競馬研究所4
プロが勝負する厳選芝コースガイド
亀谷敬正 監修 競馬研究所 著
本体1700円＋税
好評発売中

若手人気予想家の待望のデビュー作
考えるヒント 〜常勝競馬を叶える予想戦術〜
キムラヨウヘイ 著
本体1800円＋税
好評発売中

最新の攻略セオリーを惜しみなく公開！
WIN5攻略全書
回収率150%超！"ミスターWIN5"のマインドセット
伊吹雅也 著
本体1650円＋税
好評発売中

弊社オンラインストアでも販売しています!!
http://guideworks.co.jp/ec/　※入手困難な商品でもこちらに在庫がある場合があります。

競馬王チャンネル

ニコニコ公式チャンネル

最先端の儲かる理論を発信し続ける馬券攻略雑誌

Point 1
競馬王本誌＆単行本の理論該当馬が一目瞭然！

Point 2
激走判定リストからの出走馬もすぐに分かる！

Point 3
競馬王ライター陣の重賞予想も読める！

Point 4
便利なメール配信サービスで激アツ馬を見逃さない！

【無料】リアル競馬王（ニコニコ生放送）買い目＆土日の勝負レースを無料公開！
※配信予定は変更になる場合がございます。

競馬王Webマガジン(ブロマガ)競馬王ライター陣の予想＆競馬王本誌・単行本の理論該当馬

【2018/5/5 Part2】究極コース攻略該当馬、今井雅宏の激走フラグ、前走パトロールチェック該当馬、馬券裁判男『卍指数』など、5/6(日)の競馬王5月号＆単行本理論該当馬
16時配信

【2018/5/5 Part1】消去法シークレットファイル・高橋学『NHKマイルC 消去法ガイド』、関西のカリスマ・赤木一騎『NHKマイルC 前日見解』など
20時配信

競馬王Webマガジン配信コンテンツ

水曜日配信
- 先週のパトロールチェック該当馬

木曜日配信
- 競馬王理論に基づいた次走注目馬リスト
- キムラヨウヘイの先週のハイレベルレース
- 伊吹雅也のコース傾向分析

金曜日配信
- 戦犯ホース・六本木一彦『今週の大穴勝負レース』

土曜日配信
- 関西のカリスマ・赤木一騎『重賞前日見解』
- 消去法シークレットファイル・高橋学『重賞消去法ガイド』

金曜日＆土曜日
- 土日の競馬王チャンネルオススメ馬
- 出走馬の激走フラグ（今井雅宏）
- 出走馬の前科（六本木一彦）
- 各場メインレースにおける馬券裁判男『卍指数』上位5頭

- 単行本『コース別馬券攻略ガイド軸』の該当馬
- 土日全レースの競馬王チャンネル出馬表
- 土日全レースの競馬王本誌『新・究極コース攻略ページ』該当馬
- 気温データによる注目馬（三宅誠）
- 前走・ハイレベルレース出走馬リスト
- 前走パトロールチェック該当馬

日曜日朝配信
- 土曜日の馬場傾向と日曜日の狙い馬

MCは本書の著者・伊吹雅也!!
業界のタブーに挑戦中!!
リアル競馬王
雑誌・競馬王を使うと本当に儲かるのか？身銭を切って検証します！

ニコニコ生放送で毎週金曜夜放送（無料）

ニコニコ公式ch『競馬王チャンネル』アクセス方法

初月無料！

競馬王チャンネル 検索

PC・スマホでアクセスOK！ 初月無料で月額540円（税込）

URL **http://ch.nicovideo.jp/keibaoh**

QRコードでアクセス！スマホにも完全対応！

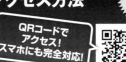

最新の馬券理論、旬のインタビュー、オリジナルデータ、POG情報…

競馬の勝ち方を読む!

最先端の儲かる理論を発信し続ける馬券攻略誌

競馬王

偶数月8日発売

定期購読受付中!

雑誌 競馬王

読者全員を勝たせるツールを目指し、毎週使える超実践的データを収録!!

お申し込みいただいた方には、なんと年間1冊サービス!! **購読料9990円**（送料無料）

お申し込みいただいた方には、なんと年間1冊サービス!! 特別定価1998円×6冊－1998円 ※購読期間は1年間

【電話での申し込み】弊社営業部（03-6311-7777）までお問い合わせください。
【メールでの申し込み】sp@keibaoh.com に郵便番号、住所、氏名、電話番号、購読開始の月号をお送りください。購読料金を記載しました払込取扱票を送らせて頂きます。なお、お申し込みは発売1週間前までにお願いします。

袋綴じ企画

得するんね！

㊙ 外厩データ

今や出走馬の約40％近くがトレセン外の通称「外厩」を経由した馬たちで占められている時代。無論、馬券を検討する上でも、その存在を無視することはできません。そこで本稿では、サンケイスポーツ紙上で連載している「放牧明け狙い撃ち」の原稿を書く上での元データとなっている、JRDBの「外厩リスト」を公開。どの外厩のどの条件が強いのか？これを読んで馬券に大いに役立ててください！

データ検証期間（2016年1月1日〜2018年8月31日）

サンスポ（関西版）読者も必見！
数ある外厩の特徴を把握することができれば、勝利は近い！

「休み明け」の馬に対する
正しい取捨が、馬券の勝敗を左右する!

今秋（9/29）よりサンケイスポーツ（関西版）で、「放牧明け狙い撃ち」というコラムを担当させて頂いております。このコラムでは、タイトルの通り、放牧先からの休養馬を中心に、その日の中の注目馬3頭を、厳選して取り挙げています。また、今後は叩き2戦目などで上昇を見せる馬に関しても、放牧先のデータから推奨していく予定です。

連載初日のコラムでは、阪神9Rヤマボウシ賞に出走したアールロッソ（外厩のチャンピオンズファーム淡路を経由）、阪神11RシリウスSに出走したオメガパフューム（外厩の山元トレーニングセンターを経由）、同じくシリウスSに出走したサンライズソア（外厩の山岡トレーニングセンターを経由）の3頭をピックアップし、それぞれ1着（3人気）、1着（2人気）、3着（3人気）という結果を残しました。妙味のあるところだったので、まずは上々のスタートが切れたと思っています。今後も推奨する3頭に関しては、堅いところから穴目まで、臆することなくチョイスしていこうと思いますので、どうぞご期待下さい。

コラムでの自信度は、高いものからA→Bの順としています。自信度Aは軸馬として、自信度Bは相手馬とすることをおすすめします。もちろん、先のアールロッソのように、配当的な妙味があるB評価に関しては、単勝で勝負していただけたら幸甚です。

私がサンケイスポーツで発表させて頂いているコラムは、JRDBで管理している「外厩データ」が元データとなっています。つまりこのデータにある、外厩の成績や、外厩と厩舎の相性などを鑑みて、推奨馬を選んでいるわけです。今回はそんなサンスポコラムのネタ元である、外厩データの一部を次頁以降で紹介していこうと思います。

現段階で、外厩帰りのデータを重視して予想をする人は少ないと思います。しかし、馬券を的中させる上で、「どこの外厩帰りか?」ということは、既に大事なファクターになっています。

現状、「外厩の●●帰り」などと、詳細に伝えているメディアは多くありません。そもそも、中9週以下の馬は、休養扱いになっていないのが現状。そのため、事前に外厩の名称と、そこを利用している厩舎や馬主の関係性を理解しておくことが理想です。これにより、おのずと「この馬は○○厩舎で中6週だから、外厩の●●帰りだな」と推測できるようになります。袋綴じデータを活用し、外厩データで高配当をつかみ取りましょう。

外厩×1番人気 ◀好成績ランキング

外厩名	総数	1着 2着 3着 着外	勝率	連対率	3着内率	単回値	複回値	主な利用馬
和田牧場（千葉県）	20	12 - 1 - 0 - 7	60.0%	65.0%	65.0%	107円	81円	和田正厩舎
ノーザンF早来	86	36 - 19 - 7 - 24	41.9%	64.0%	72.1%	94円	89円	ノーザンF生産馬の北海道開催
ミッドウェイF	53	22 - 8 - 2 - 21	41.5%	56.6%	60.4%	98円	79円	ゴドルフィン、伊藤圭、高柳瑞厩舎
ノーザンF天栄	897	368 - 158 - 100 - 271	41.0%	58.6%	69.8%	94円	89円	ノーザンF生産の関東馬
栗山育成牧場	30	12 - 5 - 4 - 9	40.0%	56.7%	70.0%	92円	91円	鈴木伸、星野、石毛厩舎
ノーザンF空港	78	31 - 8 - 7 - 32	39.7%	50.0%	59.0%	96円	76円	ノーザンF生産馬の北海道開催
ジョイナスF	29	11 - 9 - 2 - 7	37.9%	69.0%	75.9%	91円	96円	奥村武、国枝、中舘厩舎
ノーザンFしがらき	879	324 - 173 - 89 - 293	36.9%	56.5%	66.7%	85円	86円	ノーザンF生産の関西馬
EISHIN STABLE	30	11 - 9 - 4 - 6	36.7%	66.7%	80.0%	92円	104円	エイシン馬
名張トレーニングセンター	30	11 - 6 - 0 - 13	36.7%	56.7%	56.7%	102円	79円	西村、鮫島、森田厩舎
社台F	28	10 - 8 - 0 - 10	35.7%	64.3%	64.3%	101円	91円	社台F生産馬の北海道開催
阿見トレーニングセンター	81	28 - 9 - 11 - 33	34.6%	45.7%	59.3%	92円	81円	伊藤大、高橋文、的場厩舎
大山ヒルズ	80	26 - 12 - 7 - 35	32.5%	47.5%	56.3%	89円	77円	ノースヒルズ馬、中竹厩舎
テンコートトレーニングセンター	35	11 - 3 - 3 - 18	31.4%	40.0%	48.6%	90円	70円	ノルマンディー馬、高市厩舎
アップヒル	39	12 - 6 - 7 - 14	30.8%	46.2%	64.1%	73円	83円	南井、小崎、森厩舎
小野瀬F	36	11 - 6 - 3 - 16	30.6%	47.2%	55.6%	77円	78円	奥平、蛯名、栗田博厩舎
吉澤ステーブルWEST	419	128 - 75 - 49 - 167	30.5%	48.4%	60.1%	74円	80円	吉澤克己氏、サンライズ馬
宇治田原優駿ステーブル	289	88 - 61 - 37 - 103	30.4%	51.6%	64.4%	78円	87円	タガノ、メイショウ馬
山元トレーニングセンター	394	119 - 72 - 57 - 146	30.2%	48.5%	62.9%	73円	82円	社台F、追分F生産の関東馬
グリーンウッド・トレーニング	359	107 - 82 - 41 - 129	29.8%	52.6%	64.1%	73円	86円	社台F生産の関西馬
松風馬事センター	161	48 - 31 - 16 - 66	29.8%	49.1%	59.0%	84円	81円	ノルマンディー馬、牧、堀井厩舎
ファンタストクラブ	47	14 - 7 - 5 - 21	29.8%	44.7%	55.3%	75円	77円	昆、藤沢和、国枝厩舎
信楽牧場	37	11 - 3 - 9 - 14	29.7%	37.8%	62.2%	81円	83円	松永昌、藤沢則、飯田祐厩舎
三重ホーストレーニングセンター	25	7 - 5 - 3 - 10	28.0%	48.0%	60.0%	76円	80円	モズ馬、大橋、松下、矢作厩舎
グリーンF甲南	29	8 - 8 - 4 - 9	27.6%	55.2%	69.0%	67円	90円	クリノ馬、宮、湯窪厩舎
ミホ分場	71	19 - 10 - 10 - 32	26.8%	40.8%	54.9%	64円	73円	藤沢和、鹿戸、宗像厩舎
awajiトレーニングセンター	31	8 - 6 - 3 - 14	25.8%	45.2%	54.8%	72円	71円	牧調厩舎
島上牧場	26	6 - 2 - 7 - 11	23.1%	30.8%	57.7%	53円	78円	浜田、吉村厩舎
西山牧場阿見分場	35	7 - 14 - 3 - 11	20.0%	60.0%	68.6%	51円	91円	ニシノ＆セイウン馬、上原厩舎
吉澤ステーブルEAST	42	8 - 7 - 4 - 23	19.0%	35.7%	45.2%	46円	58円	吉澤克己氏、相沢厩舎

集計期間中の1番人気の成績は、勝率が32.0%、3着内率は64.0%でした。勝率が35.0%を超える外厩は、1番人気で信頼できるといえます。注目はミッドウェイF。総数こそ多くありませんが、ノーザンF系の外厩を上回る勝率の高さは、特筆に値します。

外 厩 × 芝 ◀ 好成績ランキング

外厩名	総数	1着 2着 3着 着外	勝率	連対率	3着内率	単回値	複回値	主な利用馬
ノーザンF早来	339	59 - 42 - 27 -211	17.4%	29.8%	37.8%	93円	76円	ノーザンF生産馬の北海道開催
ノーザンF天栄	3425	535-411-297-2182	15.6%	27.6%	36.3%	92円	86円	ノーザンF生産の関東馬
ノーザンF空港	353	55 - 32 - 28 -238	15.6%	24.6%	32.6%	78円	104円	ノーザンF生産馬の北海道開催
ヒイラギステーブル淡路	68	10 - 6 - 3 - 49	14.7%	23.5%	27.9%	332円	136円	カナヤマHD馬、高橋亮厩舎
ミッドウェイF	265	35 - 21 - 19 -190	13.2%	21.1%	28.3%	128円	86円	ゴドルフィン、伊藤圭、高柳瑞厩舎
ノーザンFしがらき	4594	590-492-407-3105	12.8%	23.6%	32.4%	84円	83円	ノーザンF生産の関西馬
ケイアイF	39	5 - 7 - 3 - 24	12.8%	30.8%	38.5%	117円	99円	ロード、ダノン馬
追分リリーバレー	63	8 - 7 - 7 - 41	12.7%	23.8%	34.9%	75円	136円	追分F生産馬の北海道開催
下河辺牧場日高支場	45	5 - 3 - 2 - 35	11.1%	17.8%	22.2%	43円	148円	下河辺牧場生産馬の北海道開催
シュウジデイF	106	11 - 8 - 7 - 80	10.4%	17.9%	24.5%	173円	91円	ライオン馬、矢作厩舎
ケイアイF千葉	111	11 - 12 - 14 - 74	9.9%	20.7%	33.3%	133円	193円	ロード、ダノン馬
木村牧場	127	12 - 14 - 7 - 94	9.4%	20.5%	26.0%	74円	130円	嶋田賢、沼川一彦氏
リバティホースナヴィゲイト	118	11 - 5 - 4 - 98	9.3%	13.6%	16.9%	68円	61円	高橋文、尾関厩舎
EISHIN STABLE	184	17 - 17 - 14 -136	9.2%	18.5%	26.1%	118円	98円	エイシン馬
社台F	152	14 - 10 - 10 -118	9.2%	15.8%	22.4%	57円	50円	社台F生産馬の北海道開催
山元トレーニングセンター	2095	187-179-193-1536	8.9%	17.5%	26.7%	59円	71円	社台F、追分F生産の関東馬
グリーンウッドトレーニング	2484	215-187-207-1875	8.7%	16.2%	24.5%	90円	78円	社台F生産の関西馬
笹川大晃牧場	23	2 - 3 - 2 - 16	8.7%	21.7%	30.4%	47円	101円	北海道開催時の滞在馬
Tomorrow　Farm	49	4 - 1 - 0 - 44	8.2%	10.2%	10.2%	215円	80円	古賀慎、松永康、竹内厩舎
遠野馬の里	101	8 - 4 - 5 - 84	7.9%	11.9%	16.8%	91円	81円	スズカ、グランド牧場、橋田厩舎
ファンタストクラブ	377	29 - 40 - 26 -282	7.7%	18.3%	25.2%	52円	73円	昆、藤沢和、国枝厩舎
宮崎ステーブル	39	3 - 1 - 0 - 35	7.7%	10.3%	10.3%	267円	73円	木原、谷、加用厩舎
篠原F	40	3 - 0 - 2 - 35	7.5%	7.5%	12.5%	245円	90円	柴田、勢司、加藤和厩舎
ミホ分場	447	33 - 33 - 37 -344	7.4%	14.8%	23.0%	50円	61円	藤沢和、鹿戸、宗像厩舎
吉澤ステーブルWEST	2357	174-196-193-1794	7.3%	15.6%	23.8%	61円	74円	吉澤克己氏、サンライズ馬
島上牧場	110	8 - 8 - 7 - 87	7.3%	14.5%	20.9%	50円	51円	浜田、吉村厩舎
コスモヴューF	212	15 - 10 - 9 -178	7.1%	11.8%	16.0%	102円	73円	ウイン馬、コスモヴューF生産馬
浅井牧場	56	4 - 2 - 2 - 48	7.1%	10.7%	14.3%	66円	57円	川村、梅田厩舎
小河牧場	87	6 - 5 - 4 - 72	6.9%	12.6%	17.2%	152円	114円	和田牧場の生産馬
ジョイナスF	232	16 - 19 - 14 -183	6.8%	15.0%	21.1%	62円	61円	奥村武、国枝、中舘厩舎

ノーザンF系は優秀な数字ですが、ヒイラギS淡路の好走率の高さに目がいきます。同外厩は、カツジ（池添兼雄厩舎）やグリム（野中賢二厩舎）などの重賞ウィナーを育成し、18年は大活躍を見せました。カナヤマHDや高橋亮厩舎が多く利用しており、これらの中5週以上の馬は要マークです。

外厩×ダート　好成績ランキング

外厩名	総数	1着	2着	3着	着外	勝率	連対率	3着内率	単回値	複回値	主な利用馬
EISHIN STABLE	131	17 - 10 - 14 - 90				13.0%	20.6%	31.3%	182円	123円	エイシン馬
ノーザンF天栄	1679	215-153-165-1146				12.8%	21.9%	31.7%	78円	83円	ノーザンF生産の関東馬
シュウジデイF	64	8 - 6 - 4 - 46				12.5%	21.9%	28.1%	173円	86円	ライオン馬、矢作厩舎
グランド牧場	41	5 - 3 - 2 - 31				12.2%	19.5%	24.4%	195円	83円	グランド牧場生産馬
チャンピオンズF淡路	101	12 - 9 - 4 - 76				11.9%	20.8%	24.8%	75円	73円	松田、小崎、大久保厩舎
吉澤ステーブル	51	6 - 6 - 5 - 34				11.8%	23.5%	33.3%	141円	119円	吉澤克己氏所有馬の北海道開催
ノーザンFしがらき	2166	218-180-195-1573				10.1%	18.4%	27.4%	74円	81円	ノーザンF生産の関西馬
ミホ分場	239	24 - 27 - 18 - 170				10.0%	21.3%	28.9%	65円	111円	藤沢和、鹿戸、宗像厩舎
ファンタストクラブ	213	20 - 13 - 20 - 160				9.4%	15.5%	24.9%	110円	87円	昆、藤沢和、国枝厩舎
ノーザンF早来	106	10 - 11 - 4 - 81				9.4%	19.8%	23.6%	62円	71円	ノーザンF生産馬の北海道開催
山元トレーニングセンター	1561	142-153-114-1152				9.1%	18.9%	26.2%	88円	84円	社台F、追分F生産の関東馬
ノーザンF空港	132	12 - 11 - 12 - 97				9.1%	17.4%	26.5%	68円	61円	ノーザンF生産馬の北海道開催
ビッグレッドF真歌	33	3 - 2 - 2 - 26				9.1%	15.2%	21.2%	200円	99円	マイネル、ビッグレッドF馬
ヒイラギステーブル淡路	89	8 - 6 - 5 - 70				9.0%	15.7%	21.3%	196円	128円	カナヤマHD馬、高橋亮厩舎
坂東牧場	57	5 - 4 - 3 - 45				8.8%	15.8%	21.1%	138円	85円	坂東牧場、ディアマント馬
ミッドウェイF	241	21 - 23 - 19 - 178				8.7%	18.3%	26.1%	43円	71円	ゴドルフィン、伊藤圭、高柳瑞厩舎
アップヒル	338	28 - 26 - 28 - 256				8.3%	16.0%	24.3%	102円	94円	南井、小崎、森厩舎
目名共同育成センター	36	3 - 5 - 1 - 27				8.3%	22.2%	25.0%	38円	144円	石栗、高柳大厩舎
ヒイラギステーブル名張	97	8 - 8 - 4 - 77				8.2%	16.5%	20.6%	57円	55円	カナヤマHD馬、高橋亮厩舎
辰美牧場	211	17 - 9 - 12 - 173				8.1%	12.3%	18.0%	134円	95円	木原、鈴木孝、安達厩舎
吉澤ステーブルWEST	2214	175-162-158-1719				7.9%	15.2%	22.3%	103円	80円	吉澤克己氏、サンライズ馬
グリーンウッド・トレーニング	2114	165-152-166-1631				7.8%	15.0%	22.8%	84円	72円	社台F生産の関西馬
テンコートトレーニングセンター	406	31 - 26 - 22 - 327				7.6%	14.0%	19.5%	114円	83円	ノルマンディー馬、高市厩舎
大東牧場	190	14 - 12 - 6 - 158				7.4%	13.7%	16.8%	64円	60円	グリーンF、テソーロ、ミルF馬
山口ステーブル	27	2 - 4 - 3 - 18				7.4%	22.2%	33.3%	138円	192円	山口裕介氏の所有馬
大山ヒルズ	715	52 - 50 - 52 - 561				7.3%	14.3%	21.5%	64円	90円	ノースヒルズ馬、中竹厩舎
山田ステーブル	44	3 - 3 - 1 - 37				6.8%	13.6%	15.9%	46円	160円	相沢、山内、鈴木孝厩舎
エスティF小見川	267	18 - 17 - 15 - 217				6.7%	13.1%	18.7%	98円	96円	トーセン馬
宇治田原優駿ステーブル	3056	198-167-185-2506				6.5%	11.9%	18.0%	71円	71円	タガノ、メイショウ馬
ビクトリーホースランチ名張	31	2 - 0 - 1 - 28				6.4%	6.4%	9.6%	30円	15円	大樹Fの所有馬

勝率1位はEISHIN STABLE。エイシン冠馬の育成を担っている外厩で、長期の休み明け&人気薄でも好走させています。ミホ分場は、藤沢和雄厩舎に注目。レッドの冠馬や、山本英俊氏、窪田康志氏など、厩舎ゆかりのオーナーでの激走が目立ちます。

外厩×新馬戦　好成績ランキング

外厩名	総数	1着 2着 3着 着外	勝率	連対率	3着内率	単回値	複回値	主な利用馬
ノーザンF空港	117	27 - 15 - 8 - 67	23.1%	35.9%	42.7%	89円	116円	ノーザンF生産馬の北海道開催
ノーザンF天栄	642	134 - 106 - 84 - 318	20.9%	37.4%	50.5%	102円	100円	ノーザンF生産の関東馬
ノーザンF早来	138	27 - 23 - 14 - 74	19.6%	36.2%	46.4%	72円	84円	ノーザンF生産馬の北海道開催
ノーザンFしがらき	648	125 - 96 - 79 - 348	19.3%	34.1%	46.3%	80円	85円	ノーザンF生産の関西馬
ミッドウェイF	89	15 - 9 - 9 - 56	16.9%	27.0%	37.1%	74円	79円	ゴドルフィン、伊藤圭、高柳瑞厩舎
西山牧場(旧西山牧場第一分場)	20	3 - 0 - 2 - 15	15.0%	15.0%	25.0%	97円	62円	ニシノ＆セイウン馬
森本スティーブル	28	4 - 0 - 1 - 23	14.3%	14.3%	17.9%	233円	65円	武市、杉浦、安田隆厩舎
下河辺牧場日高支場	21	3 - 0 - 0 - 18	14.3%	14.3%	14.3%	57円	22円	下河辺牧場生産馬の北海道開催
シュウジデイF	50	7 - 5 - 4 - 34	14.0%	24.0%	32.0%	295円	97円	ライオン馬、矢作厩舎
下総トレーニングセンター	23	3 - 1 - 1 - 18	13.0%	17.4%	21.7%	99円	40円	田中清、清水英、柴田厩舎
アップヒル	79	10 - 7 - 5 - 57	12.7%	21.5%	27.8%	248円	91円	南井、小崎、森厩舎
吉澤ステーブル	33	4 - 3 - 3 - 23	12.1%	21.2%	30.3%	132円	125円	吉澤克己氏所有馬の北海道開催
ジョイナスF	85	10 - 2 - 4 - 69	11.8%	14.1%	18.8%	221円	84円	奥村武、国枝、中舘厩舎
目名共同育成センター	34	4 - 2 - 2 - 26	11.8%	17.6%	23.5%	45円	135円	石栗、高柳大厩舎
ケイアイF千葉	38	4 - 5 - 7 - 22	10.5%	23.7%	42.1%	73円	79円	ロード、ダノン馬
山元トレーニングセンター	596	60 - 70 - 59 - 407	10.1%	21.8%	31.7%	53円	73円	社台F、追分F生産の関東馬
吉澤ステーブルWEST	660	65 - 71 - 68 - 456	9.8%	20.6%	30.9%	68円	82円	吉澤克己氏、サンライズ馬
遠野馬の里	73	7 - 5 - 4 - 57	9.6%	16.4%	21.9%	99円	61円	スズカ、グランド牧場、橋田厩舎
追分リリーバレー	21	2 - 3 - 3 - 13	9.5%	23.8%	38.1%	53円	94円	追分F生産馬の北海道開催
ヒイラギステーブル名張	22	2 - 2 - 2 - 16	9.1%	18.2%	27.3%	73円	64円	カナヤマHD馬、高橋亮厩舎
グリーンウッドトレーニング	490	44 - 43 - 48 - 355	9.0%	17.8%	27.6%	49円	73円	社台F生産の関西馬
EISHIN STABLE	68	6 - 8 - 6 - 48	8.8%	20.6%	29.4%	87円	92円	エイシン馬
ディアレストクラブイースト	92	8 - 14 - 6 - 64	8.7%	23.9%	30.4%	225円	122円	ディアレストクラブの所有馬
クイーンズ・ランチ	23	2 - 1 - 2 - 18	8.7%	13.0%	21.7%	30円	113円	ケイアイ＆クインズ馬
大東牧場	59	5 - 4 - 5 - 45	8.5%	15.3%	23.7%	63円	67円	グリーンF、テソーロ、ミルF馬
awaiトレーニングセンター	119	10 - 11 - 7 - 91	8.4%	17.6%	23.5%	116円	62円	牧浦厩舎
山岡トレーニングセンター	100	8 - 5 - 5 - 82	8.0%	13.0%	18.0%	61円	58円	高橋康、河内、鈴木孝厩舎
チームプレアデス	25	2 - 0 - 1 - 22	8.0%	8.0%	12.0%	138円	48円	ナムラ馬の新馬戦
ミホ分場	38	3 - 2 - 6 - 27	7.9%	13.2%	28.9%	46円	63円	藤沢和、鹿戸、宗像厩舎
山田ステーブル	53	4 - 5 - 2 - 42	7.5%	17.0%	20.8%	130円	119円	相沢、山内、鈴木孝厩舎

新馬戦ではノーザンF天栄に逆らうことができません。約半数が馬券に絡み、回収値は単複とも100円を超えています。ケイアイF千葉は、3着内率が42.1％と高いです。ロードやダノン冠などのケイアイF生産馬は、デビューから好走が期待できます。

外厩×調教師 ◀ 好成績ランキング

外厩名	厩舎名	総数	1着 2着 3着 着外	勝率	連対率	3着内率	単回値	複回値
グリーンウッド・トレーニング	友道康夫	40	11 - 3 - 0 - 26	27.5%	35.0%	35.0%	222円	94円
ミホ分場	尾関知人	21	5 - 3 - 2 - 11	23.8%	38.1%	47.6%	154円	153円
テンコートレーニングセンター	高木登	28	6 - 2 - 5 - 15	21.4%	28.6%	46.4%	145円	142円
グリーンウッド・トレーニング	中内田充正	168	34 - 10 - 10 - 114	20.2%	26.2%	32.1%	120円	74円
山元トレーニングセンター	藤沢和雄	35	7 - 3 - 6 - 19	20.0%	28.6%	45.7%	90円	142円
グリーンウッド・トレーニング	藤原英昭	61	12 - 8 - 3 - 38	19.7%	32.8%	37.7%	66円	59円
吉澤ステーブルWEST	藤原英昭	125	24 - 22 - 11 - 68	19.2%	36.8%	45.6%	74円	84円
awajiトレーニングセンター	高橋義忠	26	5 - 2 - 1 - 18	19.2%	26.9%	30.8%	147円	87円
山元トレーニングセンター	堀宣行	205	36 - 20 - 15 - 134	17.6%	27.3%	34.6%	67円	70円
山元トレーニングセンター	菊沢隆徳	69	12 - 6 - 3 - 48	17.4%	21.7%	30.4%	101円	63円
山元トレーニングセンター	吉村圭司	29	5 - 3 - 1 - 20	17.2%	27.6%	31.0%	99円	67円
グリーンウッド・トレーニング	小崎憲	35	6 - 9 - 1 - 19	17.1%	42.9%	45.7%	126円	119円
EISHIN STABLE	中尾秀正	24	4 - 0 - 0 - 20	16.7%	16.7%	16.7%	322円	97円
山元トレーニングセンター	奥村武	24	4 - 0 - 1 - 19	16.7%	16.7%	20.8%	100円	48円
エスティF小見川	田村康仁	25	4 - 2 - 4 - 15	16.0%	24.0%	40.0%	390円	162円
大山ヒルズ	松元茂樹	25	4 - 3 - 1 - 17	16.0%	28.0%	32.0%	136円	76円
吉澤ステーブルWEST	藤岡健一	166	26 - 18 - 15 - 107	15.7%	26.5%	35.5%	111円	96円
吉澤ステーブルWEST	中内田充正	89	14 - 11 - 7 - 57	15.7%	28.1%	36.0%	75円	71円
阿見トレーニングセンター	加藤征弘	53	8 - 4 - 4 - 37	15.1%	22.6%	30.2%	168円	104円
awajiトレーニングセンター	小崎憲	20	3 - 1 - 0 - 16	15.0%	20.0%	20.0%	248円	96円
グリーンウッド・トレーニング	河内洋	20	3 - 1 - 2 - 14	15.0%	20.0%	30.0%	106円	64円
大山ヒルズ	高橋亮	20	3 - 1 - 2 - 14	15.0%	20.0%	30.0%	143円	76円
グランド牧場	藤原辰雄	27	4 - 3 - 1 - 19	14.8%	25.9%	29.6%	287円	113円
ミッドウェイF	高柳瑞樹	48	7 - 4 - 2 - 35	14.6%	22.9%	27.1%	144円	88円
グリーンウッド・トレーニング	吉田直弘	41	6 - 4 - 5 - 26	14.6%	24.4%	36.6%	66円	98円
京北育成牧場	木原一良	42	6 - 2 - 1 - 33	14.3%	19.0%	21.4%	150円	232円
イクタトレーニングF	野中賢二	35	5 - 2 - 3 - 25	14.3%	20.0%	28.6%	230円	128円
有限会社高橋トレーニングセンター	小西一男	35	5 - 4 - 1 - 25	14.3%	25.7%	28.6%	143円	81円
エスティF小見川	加藤征弘	21	3 - 2 - 0 - 16	14.3%	23.8%	23.8%	183円	87円
チャンピオンズF淡路	大久保龍志	21	3 - 2 - 3 - 13	14.3%	23.8%	38.1%	84円	141円

ノーザンF系以外の外厩でも、厩舎と外厩の組み合わせを頭に入れることで的中につながります。理想は総数が多く、3着内率が高いこと。藤岡健一厩舎×吉澤ステーブルWESTは、この条件を満たしており、下級条件から重賞まで狙うことができます。